信息化教学研究方法

张一春 主编

南京大学出版社

简 介

本书从初识研究、文献研究、设计研究、调查研究、行动研究、评价研究、理论研究、数据分析、图表制作、成果总结十个方面系统介绍了在信息化教学领域开展教学研究的理念、方法、工具与策略，为开展信息化环境下的教育教学改革和研究工作打下理论和方法论基础，培养能够从事科学研究和对教育信息化领域中的现象与规律进行探索的教育工作者和研究者。

本书是教育技术及教育学相关专业本科与研究生的基础核心课程教材，是师范生、教师和教育信息化工作者的方法论参考书，是中小学教师、职业院校教师、高等院校教师信息化教学能力提升的专用培训教材，亦可为教育管理者、教育教学改革和教育信息化研究者提供帮助。

图书在版编目（CIP）数据

信息化教学研究方法 / 张一春主编. —南京：南京大学出版社，2025.5. — ISBN 978-7-305-28311-6

Ⅰ.G434

中国国家版本馆 CIP 数据核字第 2024BX7558 号

出版发行	南京大学出版社	
社　　址	南京市汉口路 22 号　　邮　编　210093	
书　　名	**信息化教学研究方法** XINXIHUA JIAOXUE YANJIU FANGFA	
主　　编	张一春	
责任编辑	钱梦菊　　　　　　　编辑热线　025-83592146	
照　　排	南京开卷文化传媒有限公司	
印　　刷	南京人文印务有限公司	
开　　本	718 mm×1000 mm　1/16　印张 19.5　字数 330 千	
版　　次	2025 年 5 月第 1 版　　印　次　2025 年 5 月第 1 次印刷	
ISBN 978-7-305-28311-6		
定　　价	58.00 元	

网　　址：http://www.njupco.com
官方微博：http://weibo.com/njupco
微信服务号：njuyuexue
销售咨询热线：(025) 83594756

* 版权所有，侵权必究
* 凡购买南大版图书，如有印装质量问题，请与所购
　图书销售部门联系调换

前言

随着信息技术的快速发展，以人工智能为代表的新技术正在深刻地改变着社会的生产、生活和学习方式，也对教育教学产生了重大的影响，教学模式和学习方式都在发生着颠覆性的改变。如何积极应对数字革命，有效利用信息化的技术与方法开展研究，推动数智技术与课程建设、课堂教学的深度融合，探索"智慧＋课堂教学"新形态，提升教师数字素养和信息化教研能力，是提升教学质量、促进新质人才培养的重要保障，是教育工作者面临的迫切需求和重大挑战。

本书系统介绍了在信息化教学领域开展教学研究的理念、方法、工具与策略，为开展信息化环境下的教育教学改革和研究工作打下理论和方法论基础，培养能够从事科学研究和对教育信息化领域中的现象与规律进行探索的教育工作者和研究者。

全书从初识研究、文献研究、设计研究、调查研究、行动研究、评价研究、理论研究、数据分析、图表制作、成果总结十个方面共10个单元、30个活动、90个步骤，全新打造了"单元—活动—步骤"和"学习—研究—实践"的知识体系和行动路径，力求复杂的研究过程简单化、抽象的理论学习实践化、海量的资源获取系统化、自主的学习过程互动化。

全书以研究环节为经，以工具技术为纬，系统编织信息化教学环境下的研究能力谱系；以案例分析为点，以实践应用为面，深入破译信息化环境下的研究方法密码；以理论方法为纲，以工具技术为目，整体提升学习者信息化环境下的研究能力素养。

全书力求"融理论于技术，用技术辅助研究"，采用了研究性学习、合作化学习、案例学习、行动学习等学习方法，强调工具性、真实性、有效性，通过理论探讨、案例揣摩、方法研习、工具训练、学习模仿、研究实践、反思总结等，鼓励学习者通过团队合作和采用自主研究来进行学习。

本书是教育技术及教育学相关专业本科与研究生的基础核心课程教材，是师范生、教师和教育信息化工作者的方法论参考书，是中小学教师、职业院校教师、高等院校教师信息化教学能力提升的专用培训教材，亦可为教育管理者、教育教学改革和教育信息化研究者提供帮助。

本书是集体智慧的结晶。本书得到了众多领导和专家的帮助与支持，特别感谢南京大学出版社！全书由张一春负责策划、撰写及统稿，参与初稿材料整理和撰写的人员有：刘春芝（单元一）、王瑞喆（单元二、三）、杨宇晴（单元四）、徐杰（单元五）、马春兰（单元六）、汤玲（单元七）、钟秋菊（单元八、九）、任屹远（单元十）、魏兰兰、徐洁、孙小然、魏家财参与了部分工作。

本书参考与引用了大量文献与资料，其中的主要来源已在参考资料目录中列出，如有遗漏，恳请原谅，对资料作者表示衷心感谢。此书也是江苏省社科基金重点项目（24JYA004）、江苏省教育科学规划重点课题（Bb/2024/01/118）和江苏省高等教育教改研究重点课题（2023JSJG173）的研究成果之一。由于作者经验与学识所限，书中谬误在所难免，欢迎读者批评指正。

作　者

2025 年 4 月于随园

目录

单元 1　初识研究 ·· 001
　活动一　初识信息化教学 ··· 002
　活动二　了解信息化教学研究 ··································· 012
　活动三　规划自己的研究 ··· 019

单元 2　文献研究 ·· 024
　活动一　检索文献资料 ·· 025
　活动二　管理文献资源 ·· 033
　活动三　撰写文献综述 ·· 051

单元 3　设计研究 ·· 060
　活动一　确立研究课题 ·· 061
　活动二　分析研究课题 ·· 073
　活动三　设计研究方案 ·· 079

单元 4　调查研究 ·· 085
　活动一　设计调查指标 ·· 086
　活动二　实施调查研究 ·· 100
　活动三　分析调查结果 ·· 117

单元 5　行动研究 ·· 128
　活动一　开展实验研究 ·· 129

活动二　进行观察研究 …………………………………………… 140
　　活动三　分析课堂教学行为 ……………………………………… 146

单元 6　评价研究 …………………………………………………………… 166
　　活动一　开展评价研究 …………………………………………… 167
　　活动二　进行内容分析 …………………………………………… 176
　　活动三　开展综合评价 …………………………………………… 182

单元 7　理论研究 …………………………………………………………… 190
　　活动一　了解逻辑分析法 ………………………………………… 191
　　活动二　熟悉图式理论分析法 …………………………………… 199
　　活动三　使用模型分析法 ………………………………………… 204

单元 8　数据分析 …………………………………………………………… 214
　　活动一　数据汇总与整理 ………………………………………… 215
　　活动二　描述性统计分析 ………………………………………… 218
　　活动三　推断性统计分析 ………………………………………… 229

单元 9　图表制作 …………………………………………………………… 255
　　活动一　绘制数据描述图 ………………………………………… 256
　　活动二　制作概念结构图 ………………………………………… 259
　　活动三　编制科研原理图 ………………………………………… 267

单元 10　成果总结 ………………………………………………………… 275
　　活动一　撰写研究论文 …………………………………………… 276
　　活动二　总结研究成果 …………………………………………… 285
　　活动三　展示研究成果 …………………………………………… 288

参考文献 …………………………………………………………………… 300

单元 1 初识研究

活动导图

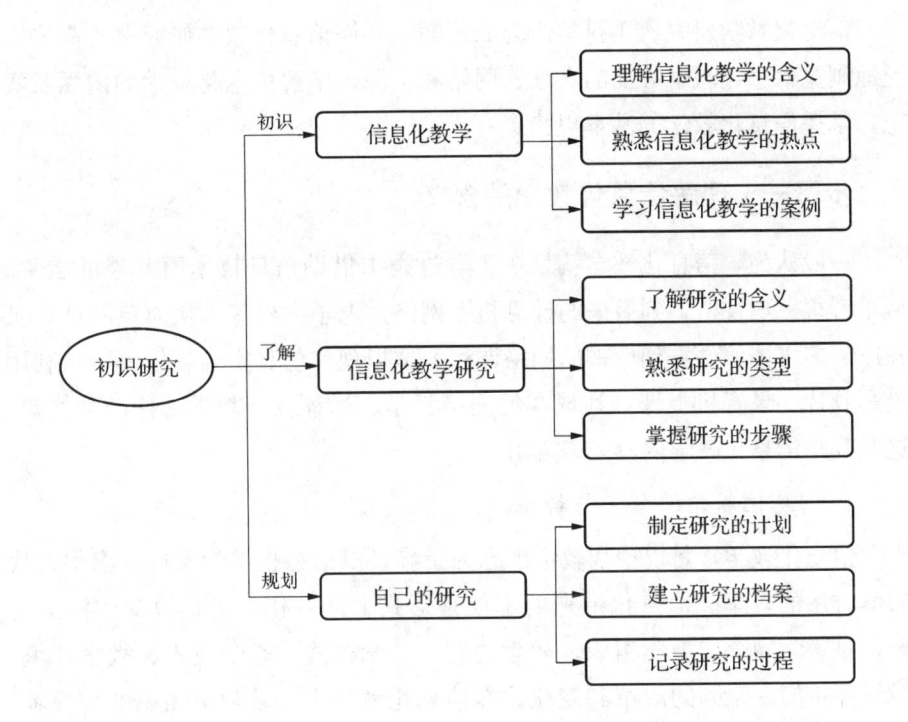

```
                    ┌─ 初识 ─ 信息化教学 ─┬─ 理解信息化教学的含义
                    │                    ├─ 熟悉信息化教学的热点
                    │                    └─ 学习信息化教学的案例
                    │
   初识研究 ────────┼─ 了解 ─ 信息化教学研究 ─┬─ 了解研究的含义
                    │                        ├─ 熟悉研究的类型
                    │                        └─ 掌握研究的步骤
                    │
                    └─ 规划 ─ 自己的研究 ─┬─ 制定研究的计划
                                          ├─ 建立研究的档案
                                          └─ 记录研究的过程
```

活动目标

1. 理解信息化教学的内涵与特征。
2. 了解科学研究和信息化教学研究的内涵与方法。
3. 能够制定信息化教学研究的计划并做好研究准备。

提起"研究"这个词，你可能会联想到科学家与高精尖技术等，感觉很深奥、很复杂，其实在我们身边处处都有研究。在《现代汉语词典》中，"研究"有钻研、考虑的意味，指人对事物真相、性质、规律等进行的无穷尽的积极探索。信息化教学研究就是对信息化教学的对象、过程、效果及相关领域开展的研究。

活动一　初识信息化教学

信息化教学研究属于科学研究的范畴。开展信息化教学研究首先需要广泛地浏览信息化教学方面的文献、网站和资源，了解信息化教学的内涵及实施，掌握信息化教学的基本规律。

步骤一　理解信息化教学的含义

一般认为，信息化教学就是在教学过程中借助信息技术而开展的教学。从录音机、电视机，到后来的计算机、网络、电子白板等，从简单的计算机程序、多媒体课件，到后来的网络课程、虚拟现实仿真实验软件等，从利用投影胶片、录音机上课，到现在的网络教学、远程视频教学、移动学习等，这些都是信息化教学的具体表现形态。

1. 信息化教学的含义与特征

信息化教学，是以现代教学理念为指导，以信息技术为支持，应用现代教学方法的教学。信息化带来的不仅是形式上的变化，更是教学内涵的更新，是教学观念、教学组织、教学内容、教学模式、教学技术、教学环境、教学评价等一系列的改革和变化。在信息化教学中，教师由知识的传授者、灌输者转变为学生主动获取信息的帮助者、促进者；学生由外部刺激的被动接受者和知识的灌输对象转变为信息加工的主体、知识意义的主动建构者；教学过程由讲解说明的过程转变为通过情景创设、问题探究、协商学习、意义建构等以学生为主体的过程；媒体作用也由作为教师讲解的演示工具转变为学生主动学习、协作式探索、意义建构、解决实际问题的认知工具。信息化教学明确以学生为中心，强调情境对信息化教学的重要作用，强调协作学习的关键作用，强调对学习环境的设计，强调利用各种信息资源和技术来支持"学"。

信息化教学的主要特征有：

（1）教材多模化。信息化教学利用多媒体及增强现实等智能技术，使教学内容可以结构化、动态化、形象化、多模态地表示出来。

（2）资源共享化。互联网使全世界的教育资源连成了一个整体，所有的使用者可以共享这些教育教学资源。

（3）教学个性化。利用计算机及人工智能的交互性特点，可以根据学生的不同特点和需求实施教学或提供帮助，真正做到个别化教学、因材施教和分类施教。

（4）学习自主化。信息技术支持下的教学强调以学生为主体，利用在线课程等资源和任务驱动等教学模式可以开展网络环境下的异步教学，使学生有更多自主学习的机会。

（5）活动协作化。通过网络等信息技术手段，学生可以面对面或远距离沟通，也可以实时或非实时地交流，学生可以通过协作互动方式来完成学习任务。

（6）管理智能化。借助智能技术可以完成无纸化考试与评分、学习问题诊断、学习任务分配、教学管理等任务，实现教学管理的自动化，提高管理的效率与效果。

（7）环境虚拟化。信息技术可以营造全新的教育教学环境，如建立虚拟教室、虚拟实验室、虚拟校园、虚拟社区、虚拟图书馆等，可以脱离物理空间和时间的限制开展虚拟环境下的教育教学。

在信息化教学中，教师应根据现代化教学环境中信息的传递方式和学生对知识信息加工的心理过程，充分利用现代信息技术手段，调动尽可能多的教学媒体和信息资源，来构建一个良好的学习环境。在教师的组织和指导下，充分发挥学生的主动性、积极性和创造性，使学生能够真正成为知识信息的主动建构者，达到良好的教学效果。

2. 电化教育与教育技术

"电化教育"与"教育技术"是一对彼此关联的概念，电化教育可以看作教育技术发展的早期阶段。

（1）电化教育

"电化教育"一词是在20世纪30年代开始使用的，意指利用电影、广播、幻灯等工具来施行教育[①]。后指根据教育理论，运用现代化教育媒体，有目的地传递教育信息，充分发挥多种感官的功能，以达到最优化的教育活动。随着信息技术的不断发展，电化教育的内涵也在逐步丰富。

南国农先生认为电化教育就是在现代教育思想、理论的指导下，运用现代教育技术进行教育活动，以实现教育过程的最优化。他强调：一是以现代教育媒体的研究和应用为中心，二是现代教育思想、理论的指导[②]。

（2）教育技术

"教育技术"这个术语最早出现在 1948 年[③]，后随着成立于华盛顿的美国教育协会视觉教学部的更名与协会研究领域的确定，正式步入人们的视野。二十世纪八九十年代，受美国教育传播与技术协会（Association for Educational Communication and Technology，简称 AECT）定义的影响，我国逐渐从电化教育转向教育技术。

对"教育技术"一词的定义与内涵影响较大的是 AECT 的 94 定义：教学技术（Instructional Technology）是为了促进学习，对有关的学习过程和资源进行设计、开发、应用、管理和评价的理论与实践。

教育技术有广义和狭义之分。从广义上来说，教育技术指的是"教育中的技术"，指人类在教育活动中所采取的一切技术手段和方法的总和。它分为有形（物化形态）和无形（智能形态）两大类。物化形态的技术指的是凝固和体现在有形的物体中的科学知识，它包括从黑板、粉笔等传统的教具到计算机、卫星通信等一切可以用于教育的器材、设备、设施等及相应的软件；智能形态的技术指的是那些以抽象形式表现出来，以功能形式作用于教育实践的科学知识，如系统方法等。从狭义上来说，教育技术指的是在解决教育教学问题中所运用的媒体技术和系统技术[④]。

3. 信息化教育与数字化教育

随着教育信息化步伐的加快，"信息化教育"的称法在我国逐步普及。2003 年，南国农先生再次撰文指出："关于名称，……我赞成用'国产'的名称，即电化教育、信息化教育或现代教育技术，这三者名称虽不同，实质

---

① 南国农. 谈谈电化教育的几个理论和实际问题 [J]. 电化教育研究，1981（2）：11-15.
② 南国农. 从视听教育到信息化教育——我国电化教育 25 年 [J]. 中国电化教育，2003（9）：22-25.
③ 任友群. 现代教育技术的建构主义应用 [D]. 华东师范大学，2003.
④ 尹俊华. 教育技术学导论 [M]. 北京：高等教育出版社，2002.

一样，可以互相换用。关于名称的过渡，……我赞成'由视听教育向信息化教育过渡'的提法。"[1] 2004 年，他又指出："信息化教育是信息时代的电化教育"，信息化教育就是在现代教育思想、理论的指导下，主要运用现代信息技术，开发教育资源，优化教育过程，以培养和提高学生信息素养为重要目标的一种新的教育方式。[2] 他将电化教育与现代教育技术的关系概括为：电化教育＝现代教育思想和理论×现代教育技术。他强调："现代教育思想、理论与现代教育技术之间不是相加的关系，而是相乘的关系"[3]。2000 年，黎加厚先生把电化教育翻译为 e-Education，这也适用于信息化教育。[4]

2022 年，教育部在全年工作要点中，首次提出要"实施教育数字化战略行动"。2023 年工作要点中又提出要"深入实施数字化战略行动"。2023 年中共中央、国务院印发《数字中国建设整体布局规划》，提出了数字中国建设的整体框架。教育数字化是人类信息技术与教育教学深度融合的必然结果，对教育体系和教育者的理念、素养、能力、方式带来了变革，促使人们的思维认识、教育规划、教学方式、工作实践、教育文化等加速向数字化演进和深化，以数字化的认知和方式来解决教育教学问题。数字化教育是指在现代教育理论理念的指导下，通过计算机、网络、人工智能、大数据等技术手段，将教育内容、教学过程和教学管理等数字化，实现教育的信息化、数字化、网络化和智能化。教育数字化转型就是通过数字技术及其应用，促使教育教学全流程、全要素、全场域实现数字化，更新理念，融通业务，简化流程，加强治理，提高绩效，建构教育教学新范式，建立教育新体系，服务师生与社会。

人类社会技术革命的进程是机械化—电子化—信息化—智能化—智慧化，数字化强调的是信息的形态是数字的，数字化教学强调的是教学过程中采用了数字化的技术与手段。因此，数字化也可以理解为是实现信息化、智能化、智慧化的一种手段、一种方法、一种途径，通过数字化来实现信息化、智能化和智慧化。

---

[1] 南国农. 从视听教育到信息化教育——我国电化教育 25 年 [J]. 中国电化教育，2003 (9)：22-25.
[2] 南国农. 信息化教育概论 [M]. 北京：高等教育出版社，2004.
[3] 南国农，李运林. 电化教育学 [M]. 北京：高等教育出版社，1998.
[4] 黎加厚. e-Education：电化教育的新定义——关于《电化教育研究》杂志英文译名更新的建议 [J]. 电化教育研究，2000 (1)：3-6.

研究与思考

请查询阅读相关文献，思考电化教育、教育技术、信息化教育、数字化教育之间的含义与关系，并填写表 1-1-1，比较信息化教学与传统教学的异同。

表 1-1-1　信息化教学与传统教学的比较

类别	传统教学	信息化教学
教师角色		
学生角色		
教学目的		
教学地点		
教学方法		
课程设置		
教学媒体		
学习内容		
学习行为		
互动交流		
学习动力		
评价方式		
学习效果		
其他（　　）		

步骤二　熟悉信息化教学的热点

信息化教学的研究热点很多，也在不断发生变化。我们可以通过阅读和检索期刊上发表的文献、学术会议的主题、国家和省市科研项目指南等来了解。比如以下研究热点：

【例 1-1-1】教育数字化

以人工智能为代表的数字技术正以不可阻挡之势融入整个教育过程，为教育领域带来了颠覆性的革新，而推动教育数字化与数字化转型则是教育适应新一轮科技革命发展的必由之路。近年来，我国从顶层设计层面颁布了诸多政策，推动了教育信息化进程的跨越式发展。从战略层面而言，教育数字化是教育信息化走深、走实的高级发展阶段，而教育数字化转型是推进教育数字化战略与政策落地的必然路径。教育数字化转型与信息化教学变革是一个系统工程，它要求教育系统内外的多方协同努力，以技术创新促进教育理念和教学模式的根本变革，从而实现教育质量的整体提升和教育公平的实质进步。

参考文献：

[1] 祝智庭，胡姣. 教育数字化转型的本质探析与研究展望 [J]. 中国电化教育，2022（4）：1-8+25.

[2] 陈丽，张文梅，郑勤华. 教育数字化转型的历史方位与推进策略 [J]. 中国电化教育，2023（9）：1-8+17.

[3] 张一春，钟秋菊，任屹远. 高校教学信息化创新发展的核心内容与实践进路——基于教育数字化转型的TASH视角 [J]. 电化教育研究，2024，45（2）：71-76+83.

【例 1-1-2】智能教育

2017年，国务院发布的《新一代人工智能发展规划》首次提出"智能教育"一词，指出"要利用智能技术加快推动人才培养模式、教学方式改革，构建包括智能学习、交互式学习的新型教育体系"。人工智能赋能教育高质量发展，推动了智能教育场景示范应用与教育改革，构筑了规模化的高质量教育智能环境，提升了师生智能教育素养，培养了智能时代的创新型人才。智能教育的发展涉及智慧教育的学习空间和场域、教育环境的设计与开发，智慧教育平台、智慧校园、智慧教室的建设；涉及智能技术在教育领域内的伦理道德风险、应用规范、监管与教育治理；涉及智能技术支持的教学评估方式的创新与构建、教学成效评估工具的开发，以及评价结果促进教学质量改进与提升；涉及智能技术、人机协同、智能教育模式改革等方面。

参考文献：

[1] 国务院. 国务院关于印发新一代人工智能发展规划的通知 [OL]. http://www.gov.cn/zhengce/content/2017-07/20/content_5211996.htm

[2] 胡小勇，孙硕，杨文杰，等. 人工智能赋能教育高质量发展：需求、愿景与路径 [J]. 现代教育技术，2022（1）：5-15.

[3] 张一春，王瑞喆，杨宇晴. 改革开放45年：我国教育信息化政策演进机制分析 [J]. 数字教育，2023，9（5）：8-14.

【例 1-1-3】教师信息化教学能力

教师的信息化教学能力是教育质量提升的关键因素之一。信息化教学能力是教师在现代教学理论指导下，以信息技术为支持，利用教育技术手段进行教学的能力。它要求教师在观念、组织、内容、模式、技术、评价、环境等一系列教学相关要素上进行设计与创新，促进教师的专业发展。随着技术的快速发展，教师不仅需要掌握基本的信息技术操作技能，更重要的是能够融合各种数字工具和资源，创新教学方法，提高教学互动和学生学习的有效性。信息化教学环境下教师应该具备媒体技术、信息应用、教学实践、评价研究等方面的能力要求。

参考文献：

[1] 杨海茹，马明月，向前臣，等. 教师信息化教学能力发展轨迹与提升策略研究——基于认知网络分析法 [J]. 中国电化教育，2022 (11)：90-98.

[2] 郭绍青. 教育数字化赋能新课程实施与教师培训转型策略研究 [J]. 中国电化教育，2023 (7)：51-60.

[3] 张一春. 培训赋能：提升中小学教师信息技术应用能力的理念、路径与策略 [J]. 江苏教育，2021 (77)：30-32.

【例1-1-4】信息化教学设计

信息化教学设计与实践是教育技术领域中一个重要的研究方向，旨在通过科学的教学设计理论和方法，有效地整合信息技术与教学过程，以提高教学效果和学习效率。信息化教学设计是充分利用现代信息技术和信息资源，科学安排教学过程的各个环节和要素，为学生提供良好的信息化学习条件，实现教学过程全优化的系统方法。信息化教学设计的目的是激励学生利用信息化环境进行探究、实践、思考、综合运用、问题解决等高级思维活动，培养学生的信息素养、创新精神和问题解决能力，从而完成教学任务，增强学生的学习应用能力。教师需要根据学生的学习需求和课程特点，设计适宜的教学活动和学习资源，同时利用信息技术进行教学过程的监控和评价，实现教学策略的持续优化。

参考文献：

[1] 郑旭东，王美，尹佳，任友群. 教学设计的理论、模型与技术——《教育传播与技术研究手册（第四版）》基础部分述评之一 [J]. 远程教育杂志，2016，34 (6)：63-69.

[2] 钟绍春，钟卓，范佳荣，等. 智能技术如何支持新型课堂教学模式构建 [J]. 中国电化教育，2022 (2)：21-29+46.

[3] 张一春，汤玲，马春兰. 人工智能助推教师发展的路径与对策研究 [J]. 电化教育研究，2023，44 (10)：104-111.

研究与思考

1. 请查询以下网址中每年的课题指南和最后立项的课题名称，了解相关研究主题和研究热点。

(1) 国家自然科学基金委员会：https：//www.nsfc.gov.cn/

(2) 全国哲学社会科学规划办公室：http：//www.nopss.gov.cn/

(3) 全国教育科学规划领导小组办公室：https：//onsgep.moe.edu.cn/

(4) 中国高校人文社会科学信息网：https：//www.sinoss.net/

(5) 中国高等教育学会：https：//www.cahe.edu.cn/

2. 请阅读文献，选择一个信息化教学的研究热点，并将支持此研究热点的文献填入表 1-1-2。

表 1-1-2　研究热点支持文献表

研究热点 序号	主要参考文献
1	
2	
3	
4	
5	
6	
7	
8	
9	
10	

步骤三　学习信息化教学的案例

在对信息化教学研究有了一个初步、宏观的了解后，请学习信息化教学典型案例，进一步加深对信息化教学的认识。

【例 1-1-5】《计算机基础初探》网络课程的信息化教学案例

一、课程背景

本案例选自某在线平台的《计算机基础初探》网络课程。该课程旨在提高学生的计算机基础知识水平，包括软件编程、网络安全、数据管理等方面。在信息化教学实施中，教师采用了多种信息技术工具和在线资源，以提升课程的互动性和学生的实践能力。

二、课程目标

1. 掌握基本的编程概念和技能；
2. 理解网络安全的基本原则；
3. 学会使用数据库管理软件；
4. 提高解决实际问题的能力。

三、教学实施

本课程的教学实施设计如表1-1-3。

表 1-1-3　《计算机基础初探》课程教学计划表

周次	主题	内容	工具	活动	评估与反馈
第1周	引入编程基础	介绍编程语言的基本概念，如变量、循环、条件判断等	使用在线编程平台（如Codecademy）进行实践练习	1. 观看编程基础的入门视频。 2. 在线平台上完成指定的编程练习	1. 每周的实践活动后设有在线测验和同学间的互评，以加深理解和技能掌握。 2. 综合项目的完成度、创新性和实用性将作为课程成绩的重要组成部分
第2周	网络安全简介	讲解网络安全的基本知识，包括密码学、安全协议等	使用网络安全模拟软件（如Cisco Packet Tracer）进行实验	1. 参加网络安全的Webinar。 2. 在模拟软件中配置简单的网络安全设置	
第3周	数据库管理基础	介绍数据库的概念、数据模型、SQL语言等	利用MySQL或SQLite进行数据库设计和查询实践	1. 观看数据库设计的教学视频。 2. 完成数据库表的创建和基本SQL查询的练习	
第4周	综合项目	学生分组，利用所学知识解决一个实际问题，如开发一个小型的管理系统	GitHub协作，使用Visual Studio Code等开发工具	1. 小组讨论确定项目主题和计划。 2. 分工合作，使用GitHub进行代码管理和版本控制。 3. 最终演示项目成果，并进行同学互评	

通过使用以上实施表进行课程实践，"计算机基础初探"课程的信息化教学不仅能够提升学生的技术技能，还能够激发他们的创造力和团队协作能力，极大地提高了教学质量和学习效果。

【例 1-1-6】双绞线及其制作[①]

本案例选自计算机网络技术专业核心课程——《综合布线技术》中的《双绞线及其制作》。课程在《专业目录及专业简介》《专业教学标准》指导下，根据人才培养目标及综合布线国家标准规范《综合布线系统工程设计规范》《综合布线系统工程验收规范》制订课程标准，并选取职业教育国家规划教材《网络综合布线案例教程》实施教学。为更好地实现理实一体的教学效果，此次课将教材模块 3 中的"双绞线"及模块 4 中"双绞线制作"进行了整合。

专家点评：

该设计贯彻"以学生为主体"的教学理念，紧紧围绕教学重点与难点，以激发学生的学习动力为着力点，采用任务驱动、混合式教学模式，依托信息化教学手段，优化了教学过程。主要有以下几个特点：

(1) 闯关式的学习任务，激发学生学习动力

该设计根据专业教学标准、综合布线国家标准规范和岗位职业能力要求，紧扣高职学生好胜心强等特点，将教学内容分设为三个闯关任务，要求层层递进，过程环环相扣，并分别通过云班课测试、技能测评、对抗比赛环节实施闯关考核，增加了趣味性与竞争性，不断激发学生的学习欲望，达到学习目标。

(2) 多样化的混合学习，培养自主学习能力

该设计中始终体现学生的主体地位，采用线上线下的混合式教学模式，注重学生自主学习能力的培养。"认知关"中，课前线上学习，完成动画配音、线下调研的学习任务，课上通过配音视频找茬、线序游戏自测、市场调研汇报等活动检查课前自学情况，并进行答疑解惑；"技能关"中，先开展看微课自学直通线制作的自主学习活动，然后进行线上与线下相结合的解疑与演示教学；"品质关"中，先针对交叉线测试结果开展线上头脑风暴活动，再通过线下实践操作进行验证，促进学生自主分析和探究学习。

(3) 信息化的教学手段，优化课堂教学过程

该设计针对传统学习自主学习差、学习动力弱、细节训练难、品质意识缺等问题，采用云班课教学平台，使学习任务自主化；采用线序游戏手段，使教学环节趣味化；采用动画演示与视频直播手段，使技巧训练细节化；采

[①] 张一春. 信息化教学设计精彩纷呈 [M]. 北京：高等教育出版社，2018：328-340.（案例作者：张艳、朱骏，苏州信息职业技术学院）

用自主开发的质量控制系统，使品质意识可控化。信息化手段的有效运用，突出了教学重点，突破了教学难点，培养了学生的严谨认真、精益求精的工作态度和规范化的操作素养，使职业技能与职业精神的培养有效融合。

(4) 适时化的教学诊改，提高课堂教学质量

该设计基于自主开发的质量控制系统及云班课，通过自评、互评和师评三种方式实施过程性评价。尤其在每个学习阶段，根据评价数据的可视化分析，师生都能找到教与学的问题，从而及时调整教学策略，实现了课堂教学的适时诊改，提高了课堂教学质量。

研究与思考

请仔细研读以上案例，并做分析：案例中的讲授方式、教师角色、学生角色、技术作用都是怎样的？请查询研究学习其他案例，并做分析。

活动二　了解信息化教学研究

要开展一项研究，必须先了解研究的基本概念、常见类型以及基本方法，熟悉一般研究的开展步骤与原则方法。

步骤一　了解研究的含义

1. 科学研究的方法与特征

科学研究是指人对事物真相、性质、规律等进行的无穷尽的积极探索，由不知变为知，由知少变为知多，并以系统的方法寻找问题答案的过程。

人们通常把达到目的的途径、手段和工具等称为"方法"。科学研究方法是认识客观世界的方法，按其普遍性程度可分为三个层次：

(1) 哲学方法。又称为"全学科方法"，是适用范围最广的方法，无论是社会科学、自然科学，还是思维科学都适用。哲学方法要求我们用哲学的观点去分析问题和解决问题。

(2) 一般研究法。这是指某类学科具体研究过程中所使用的一般方法。

可分为三类：第一类是经验方法，即调查、观察、实验等；第二类是理论方法，如科学抽象、数据处理、逻辑推理等；第三类是系统科学方法。一般研究法是我们在研究过程中最常用的方法。

（3）专门研究法。即对专门问题所采用的特殊的研究方法，如信息化教学研究中的内容分析法、弗兰德斯分析法、社会网络分析法等。

科学研究方法的主要特征：一是程序化，科学的研究必须是按照一定程序有步骤地进行的。二是客观化，科学研究是建立在客观事实的基础上的。三是数据化，科学研究注重用数学的方法进行量化分析和处理。四是技术化，科学研究能够充分利用现代科学技术手段进行资料的收集、分析和整理，提高研究的质量和效率。

2. 教育研究的内涵与要素

教育研究是人们以一定的科学理论为依据，运用一定的方法技术，去探讨以客观事实方式存在的教育问题，得出科学理论的过程。

教育研究包含客观事实、科学理论、方法技术三个基本要素。

（1）客观事实。教育作为一种客观事实和存在，它内在的各种各样的关系是确定的，具有一般性和普遍性，是可以认识、把握和遵循的。没有客观事实，教育研究就失去了研究对象。教育问题就是实际教育结果与期望教育结果之间的差距与矛盾。

（2）科学理论。教育研究需要科学的理论支撑，在科学理论的指导下，研究者积极从事教育理论与实践研究。科学理论是教育研究的有力工具，为教育研究提供理论基础。同时，科学理论是教育研究的重要成果，内含科学存在与价值规范的统一。

（3）方法技术。教育研究方法是教育工作者有效地认识教育现象，探索教育规律和创新教育理论的重要手段。教育研究的方法技术就是解决教育现实问题的钥匙和工具，能够指导人们正确开展教育研究，科学总结和推广教育实践经验。

3. 信息化教学研究的含义

信息化教学研究属于科学研究的范畴，是通过科学的研究方法，按照一定的系统程序，对信息化教学领域中的现象和问题进行研究分析，从而探究信息化教学的本质和规律，解决信息化教学发展中的问题的一种方法。

信息化教学研究的任务就是通过科学的研究方法，对信息化教学应用的资源和过程做出科学的解释、控制和预测。具体来说是揭示和发现信息化教学中的科学事实，探索和挖掘信息化教学中的科学规律，建立和发展信息化教学中所使用到的科学理论。

在教育信息化的进程中，信息化教学研究的内容越来越丰富。比如：信息化教学的内涵探讨、信息化教学的理论发展、信息化教学的环境营造、信息化教学的资源开发、信息化教学的技术应用、信息化教学的策略设计、信息化教学的模式创新、信息化教学的评价管理、信息化教学的师生发展、信息化教学的体系构建等等。

步骤二　熟悉研究的类型

研究是一项复杂的、综合性的活动，从不同的依据与视角出发，可以将教育研究分为不同的类型。从信息资料收集的方式角度，可以分为问卷法、观察法、访谈法、文献研究法、个案研究法、典型调查法、比较研究法等；从对教育实践影响的角度出发，可以分为实验法和行动研究法等；从研究的属性角度出发，可以分为质的研究法与量的研究法等；从资料分析的角度出发，可以分为定性分析法和定量分析法。定性分析法又可以分为归纳法、演绎法、经验总结法等；定量分析法又可以分为系统分析法、数学模型法、预测法、归因分析法、因素分析法等。在我们实际开展研究时，常常需要将多种研究方法组合使用。

1. 质的研究与量的研究

质的研究与量的研究是相辅相成的，分别反映客观事物的质与量的关系。在教育研究中，既采用质的研究收集各种教育资料，对教育现象进行定性研究，明确教育现象的性质；也需要采用定量研究，通过对教育现象进行量化和测量，获得数据，以检验教育理论假设。

（1）质的研究

质的研究也称为实地研究或参与研究，是指研究者针对在自然情景中发生的事件或现象进行实地研究，通过参与观察和深度访谈，以归纳叙述事件发生、发展和结果的研究方法。质的研究是基于经验和直觉之上的研究方法，以研究者本人作为研究工具，凭借研究者自身的洞察力在与研究对象的互动中理解和解释其行为和意义建构。

质的研究的主要特征：研究是在自然情景中进行的；研究者既是研究的工具，又是研究的主体；研究过程注重描述性资料的收集；研究的结论和理论主要通过归纳法；研究结果是描述性的；研究是动态、演化的过程。

质的研究的基本程序：确定研究的现象、问题及对象；建构概念框架，形成理论假设；采用多种方法收集资料；整理和分析资料；撰写研究报告。

质的研究非常重视笔记以及言语形式的对话记录，仔细整理、分析、整合对话是得出结论的关键。在做质的研究时需要做大量的文献考察，积累知识和经验以及需要在分析时进行洞察。质的研究的主要表现形式有行动研究、个案研究和叙事研究等。

质的研究与定性研究存在不同。首先，在认识论上，质的研究认为现象与本质相分离，必须透过现象看本质，而且本质是超越现象与个人价值的；定性研究认为现象与本质是统一的，对现象的全面与深入的理解就是对本质的把握。其次，在研究对象上，质的研究以教育现象的原始资料为出发点，通过对原始资料的收集与分析进行研究，是情境研究；定性研究以概念与术语为出发点，通过对它们之间逻辑关系的推导进行分析与研究，是概念研究。再次，在研究目的上，质的研究追求理解性、情境性与策略性价值，强调对情境的把握与对个体的反思，强调对现象的理解与优化；定性研究追求研究结果的理论性、概括性与推广性价值。

(2) 量的研究

量的研究，又称定量研究或量化研究，是一种对事物可以量化的部分进行测量和分析而进行的研究方法。量化研究的实质就是用数学符号、数学语言表达和解释所要研究的问题。量的研究有一套完备的操作技术，包括抽样方法、资料收集方法、数字统计方法等。

量的研究的主要特点：研究情境的实验性，研究思维的演绎性，研究取向的价值中立性，研究程序的科学性，研究结论的普遍性、验证性和预测性。

量的研究的基本程序：提出问题和确立假设，选择研究对象，控制研究变量，收集资料与数据，整理分析数据，验证假设。

量的研究将研究对象看作确定的、单一的、客观的实体，任何现象都是可以精确测定的，并且可以恰当地用数量化的形式来表达。通过量的研究，我们能够对研究对象现在及将来的发展做出一定的判断，且其结论具有一定的推广性。量的研究程序十分完备、科学与严谨。

(3) 质、量的研究的区别与联系

量的研究与质的研究分别代表了两种不同的哲学基础和研究范式。量的研究方法的哲学基础是实证主义和科学主义，而质的研究方法的哲学基础是自然主义、人文主义、解释主义和建构主义。量的研究依靠对事物可以量化的部分及其相关关系进行测量、计算和分析，是用数据来表示研究对象的状况，以期达到对事物"本质"的一定把握。而质的研究是通过研究者和被研究者之间的互动，对事物进行深入、细致、长期的体验，然后对事物的"质"得到一个比较全面的解释性理解。在研究设计上，量的研究重在实验，而质的研究强调尽可能在自然情境下收集原始资料。具体比较如表1-2-1所示。

表1-2-1 质的研究与量的研究的比较

质的研究	量的研究
在研究的过程中形成假设	在开始的时候明确地陈述假设
在研究的过程中和在特定的环境中进行定义	在研究开始的时候明确地陈述定义
使用叙述性的描述	将数据简化为数量化分数
一般假设所做的推断都具有足够的信度	注重评价和提高使用工具所得的分数的信度
通过不同信息来源的检验来评价效度	通过一系列统计指数来评价效度
使用熟练报告者（或目的）的样本	用随机技术来获得有意义的样本
对过程进行叙述性文学性描述	对过程进行明确的描述
使用逻辑分析来控制或解释无关变量	使用设计或统计方法来控制无关变量
主要依赖研究者来处理过程偏差	用特殊的设计来控制过程偏差
对研究结果进行叙述性概括	对研究结果进行统计概括
对复杂的现象进行整体的描述	将复杂的想象划分为具体的部分来进行分析
不愿意干涉自然发生的现象	自发的操纵方法、情景或条件

2. 基础研究与应用研究

教育研究需要有明确的研究目的。根据研究目的的不同，教育研究可分为基础研究和应用研究。

（1）基础研究

基础研究的主要目的在于发展和完善理论，提示教育活动本身所固有的法则或一般规律，建立具有普遍性的理论，也称"纯研究"或"理论研究"。在基础研究中，研究者们既可以着力去发现教育实践在发展过程中凸显出来的新动向，从中归纳出新理论，以便更好地发挥教育的作用；也可以从已有的理论入手，从新问题和新视角去重新审视教育过程中的问题，更新原有的认识。基础研究不仅有发展理论的价值，而且具有挖掘事物本质的功能。

基础研究注重研究者的思辨和理论敏感力，要求研究者能够从错综复杂的理论中梳理出一条研究的主线和路径，以服务于已有问题的理论化解决或者基于新的教育发展现状，给出新的路径、指向等。

(2) 应用研究

应用研究是泛指教育研究者为解决教育现实中的某种问题所进行的研究，其目的在于应用或检验理论，评价它在解决教育实际问题中的作用，即将基础研究所揭示的法则或规律运用于教育实践活动，以直接指导或改进教育实践活动，提高教育实践活动的有效性与合理性。

应用研究指向对基础研究中所发展与完善理论的实践化应用，旨在实践的过程中发现理论完善的不足或是验证理论完善的举措是否得当。

(3) 基础与应用研究的区别与联系

一方面，基础研究旨在认识世界，增加教育科学知识本身，它不必考虑研究结果能在什么地方付诸实践，不一定会产生直接有用的结果；应用研究则旨在改造世界，解决某些特定的实际问题，为实践者提供直接有用的知识。另一方面，基础研究提供解决教育问题的理论，应用研究提供丰富材料去支持和完善理论，或促进新理论的产生。应用研究如果只限于解决当前某些具体问题，而不考虑从基础研究的角度探究其根本原理，那么得到的结果也会往往只限于解决局部问题，而不能广泛应用。

3. 宏观、中观与微观研究

从研究的对象出发，教育研究可以分为宏观研究、中观研究和微观研究三类研究。

(1) 宏观研究

宏观研究是对教育系统大范围内的整体研究，包括两个方面：一是教育与外部的关系，如教育与政治、经济、科技、文化、人口等关系的研究；二是对教育内部带全面性问题的研究，如教育方针、教育目标、教育结构、教育管理、教育政策、教育投资、教育评价、教育督导等的研究。这种研究一般课题较大，范围广，对象多，大多是学校以外的职能部门的研究。

(2) 中观研究

中观研究是介于宏观研究和微观研究之间的研究，它是在一定范围内的综合研究，如少数民族教育的研究、社区教育研究、某地区中学生心理健康状况调查与对策研究等。

（3）微观研究

微观研究是对教育教学过程中某一具体问题或某个单独因素进行的具体研究。如对某种教法、学法的研究，对某类学生（如差生）的研究，对某学科内容的研究，对学生生理、心理问题的研究等，这类研究大多数是对学校以内实际问题的研究。

（4）宏、中与微观研究的区别与联系

宏观研究、中观研究和微观研究既有区别，又有联系。一项宏观研究，包含许多微观研究，宏观研究制约、指导着微观研究，微观研究是宏观研究的基础；宏观研究一般要借助于中观研究，经过中间转化，才能在微观得到实现；微观研究也必须经过区域性的中观实验与验证，才能具有宏观推广的价值。

步骤三　掌握研究的步骤

不同类型不同层次的研究，虽然模式不同，但研究的总体思路和基本程序都是一致的。信息化教学的研究一般有以下四个阶段：

1. 研究设计阶段

研究设计阶段是对开展的研究进行规划与设计，主要包括拟定研究主题、调查研究背景、确立研究课题、设计研究方案等。

（1）拟定研究主题。根据研究的需求和目标，拟定初步的研究方向和主题。

（2）调查研究背景。在研究过程中，并不是所有的问题都值得研究或有能力研究，要判断问题本身的理论价值或应用价值，考虑研究者研究实力和学术兴趣，还需要考虑资料、仪器、设备等物质条件。

（3）确立研究课题。根据研究的问题，精准研究方向，确立研究课题，提出研究假设。

（4）设计研究方案。根据实际研究的情况，确定研究目标，制定研究步骤，规划研究时间，设计研究过程，预定研究成果，形成整个研究的方案。

2. 研究实施阶段

这个阶段主要是根据研究方案，利用相关研究方法开展研究，获得研究数据。

（1）开展实际研究。根据研究方案开展实际的研究工作，如文献研究、观察研究、调查研究、实验研究、访谈研究等。

（2）搜集研究资料。在研究实施过程中收集各种资料。

3. 研究分析阶段

这个阶段主要是利用研究分析方法对研究实践获得的数据进行整理分析，从中找出规律与特点。研究分析阶段需要对收集到的研究数据进行整理，去伪存真，再采用专门的分析工具和分析方法对研究的数据和材料进行分析，探寻研究结果。

4. 研究总结阶段

根据分析的结果，进行研究总结，撰写研究论文、开展鉴定评价等。

研究与思考

1. 请大家查阅文献了解各类研究的特点，并分析实际信息化教学中的各类案例属于什么样的研究。

_____

_____

2. 讨论如果要开展一项研究，一般有哪些步骤和阶段，应该如何进行。

_____

_____

活动三　规划自己的研究

在信息化教学研究中，无论采用什么样的研究方法，都必须先规划好自己的研究，才能在研究过程中把握好研究进度，圆满完成研究任务。

步骤一　制定研究的计划

研究计划是研究者在研究之初需要做的工作，一般是撰写一个文档，包括研究的方向、关于该研究方向目前已知的知识和待学习知识、研究的进度安排以及预期的研究成果等。

研究计划不是研究课题方案。研究计划旨在帮助我们尽快找到自己较为感兴趣的研究方向，从而进一步厘清关于该研究方向下自身所掌握的知识与待学习的知识，以便在后续的研究与学习过程中能带着问题进行研究、带着思考进行学习。

研究计划的填写不一定在研究之初就写得非常全面,可以随着研究的逐步开展而逐渐完善。研究计划如表1-3-1所示。

表1-3-1　研究计划表

研究方向或主题		
关于该研究方向的已知知识	理论基本知识	
	研究资料的收集	
	研究方法的应用	
	研究数据的处理	
	研究结果的分析	
	研究成果的撰写	
关于该研究方向的待学习知识	理论基本知识	
	研究资料的收集	
	研究方法的应用	
	研究数据的处理	
	研究结果的分析	
	研究成果的撰写	
研究进度安排		
预期的研究成果		

步骤二　建立研究的档案

档案袋评价是一种评价技术，最早使用档案袋评价的是摄影师与画家，他们收集自己感到满意的作品，定期向他们的代理人展示自己的成果，后来这种方法迅速普及教育领域，用于对学生和教师的评价。

学习档案是根据预设的标准而收集起来的学习作品的集合，它通常以一个文件夹的形式收藏具有代表性的学习成果（作业、作品）和反思报告。从理论和实践两个层面来看，学习档案全面记录了学习者在某一时期的课程学习情况，它以学习者的现实表现作为评价其学习质量的重要依据，因此，能够较为客观地反映学习者的进步过程、努力程度、反省能力以及所取得的成就。其目的是帮助学习者有效调控自己的学习过程，使之获得成就感、增强自信心。

电子档案袋是基于计算机的学习档案袋，它允许以多种媒体形式收集、组织档案袋内容，如音频、视频、图片、文本等，所有与自己学习有关的文档、网站、演示文稿等都要保存在该文件夹中。电子档案袋丰富了学习档案袋的内容，提高了学习档案的存储及管理水平。

我们在研究中常常采用电子档案袋的方法来收集整理研究材料，记录研究过程。现在不仅可以在电脑上建立电子档案袋，还可以在云盘网盘上建立。

研究与思考

请在电脑上或百度网盘上建立一个专门用于研究和学习的档案文件夹，在这个文件夹下建六个子文件夹：

● 方案设计（主要存放设计的研究方案及汇报 PPT）；
● 研究资源（主要存放与研究课题相关的国内外同类研究的资源）；
● 研究工具（主要存放研究过程中准备使用的问卷、量表、实验材料、评价量表等）；
● 数据分析（主要存放研究过程中的数据）；
● 成果总结（主要存放研究的成果、撰写的论文、评价材料、学习体会等）；
● 同伴交流（主要存放交流信息，包括 Email、讨论记录等）。

也可以只建立三个文件夹：研究课题、资源素材、成果评价。或者根据自己的需要建立相应的文件夹。

步骤三　记录研究的过程

反思是指行为主体立足于自我以外、批判地考察自己的行为及情景的能力。杜威指出："反思是对经验进行重构或重组，使之增加经验的意义并增强指导后续经验方向的能力。"研究的过程或经验并不会自然地成为有效资源，只有经过反思才是研究的财富。撰写研究叙事是进行研究反思的重要方式。

撰写研究叙事，也就是由研究者本人"叙述"自己的研究过程中所发生的一系列事件，包括如何提出研究问题；如何设计解决问题的方案；在研究过程中遇到了什么困难；问题是如何解决的；最后取得了什么样的成果；有何感想与思考等。

我们现在一般可以利用微信、微博、博客、QQ空间、简书、笔记、在线文档等来记录研究过程。

研究与思考

请学习并使用以下工具来记录自己的研究过程：

1. 学习使用在线文档 Google Docs、腾讯文档、石墨文档等在线文档记录自己的研究历程与心得，并与同伴交流感想。

2. 学习使用印象笔记、有道笔记、为知笔记、OneNote、简书等记录自己的研究结果。

研究阅读

[1] 南国农. 信息化教育概论 [M]. 北京：高等教育出版社，2004.

[2] 南国农. 信息化教育理论体系的形成与发展 [J]. 电化教育研究，2009 (8)：5-9.

[3] 南国农. 中国教育技术发展概述 [J]. 现代远距离教育，2010 (5)：17-18.

[4] 何克抗. 我国教育信息化理论研究新进展 [J]. 中国电化教育，2011 (1)：1-19.

[5] 祝智庭. 教育技术前瞻研究报道 [J]. 电化教育研究，2012，33 (4)：5-14+20.

[6] 阿伦娜. 电化教育的孕育与诞生 [J]. 电化教育研究，2010 (12)：111-120.

[7] 李龙. "电教百年"回眸——继承电化教育优良传统　开创教育技术辉煌未来 [J]. 中国电化教育，2012（3）：8-15.

[8] 裴娣娜. 教育研究方法导论 [M]. 合肥：安徽教育出版社，1995.

[9] 陈向明. 质的研究方法与社会科学研究 [M]. 北京：教育科学出版社，2000.

[10] 来凤琪. 教育研究的方法、步骤、逻辑及其发展 [J]. 开放教育研究，2017，23（3）：29-36.

[11] 陈光海，汪应，杨雪平. 信息化教学理论、方法与途径 [M]. 重庆：重庆大学出版社，2018.

[12] 吕晓娟，杨海燕，李晓漪. 信息化教学的百年嬗变与发展愿景 [J]. 电化教育研究，2020，41（7）：122-128.

[13] [美] 艾伦·贾纳斯泽乌斯基（Alan Janaszek），[美]迈克尔·莫伦达（Michael Molenda）. 教育技术：定义与评析 [M]. 程东元，王小雪，刘雍潜，等译. 北京：北京大学出版社，2010.

[14] [美] J. M. 斯伯克特，[美] M. D. 迈瑞尔，[美] J. G. 迈里恩波. 教育传播与技术研究手册（Handbook of Research for Educational Communications and Technology）[M]. 3版. 任友群，等译. 上海：华东师范大学出版社，2012.

[15] 张一春. 教育技术研究 [M]. 福州：福建教育出版社，2022.

[16] 张一春. 教育技术及学术发展史 [M]. 福州：福建教育出版社，2021.

[17] 张一春. 信息化教学设计精彩纷呈 [M]. 北京：高等教育出版社，2018.

[18] 张一春. 信息化教学设计实例精析 [M]. 北京：高等教育出版社，2016.

[19] 张一春. 信息化教学技术与方法 [M]. 北京：高等教育出版社，2013.

[20] 张一春，魏家财，杨宇晴. 新质教育信息化的内涵意蕴、推进逻辑和实施进路 [J]. 中国教育信息化，2024（11）：3-14.

活动实践

1. 为什么要进行研究？信息化教学研究有何意义？

2. 质的研究和量的研究有何异同？在一个研究中如何有效开展质的研究和量的研究？

3. 查询信息化教学相关的文献和网站，阅读和分析研究的案例。

4. 思考教育数字化转型下的教育教学哪些地方需要改进和提升。

5. 学习和掌握研究的工具，并运用到自己的研究中。

单元 2　　文献研究

活动导图

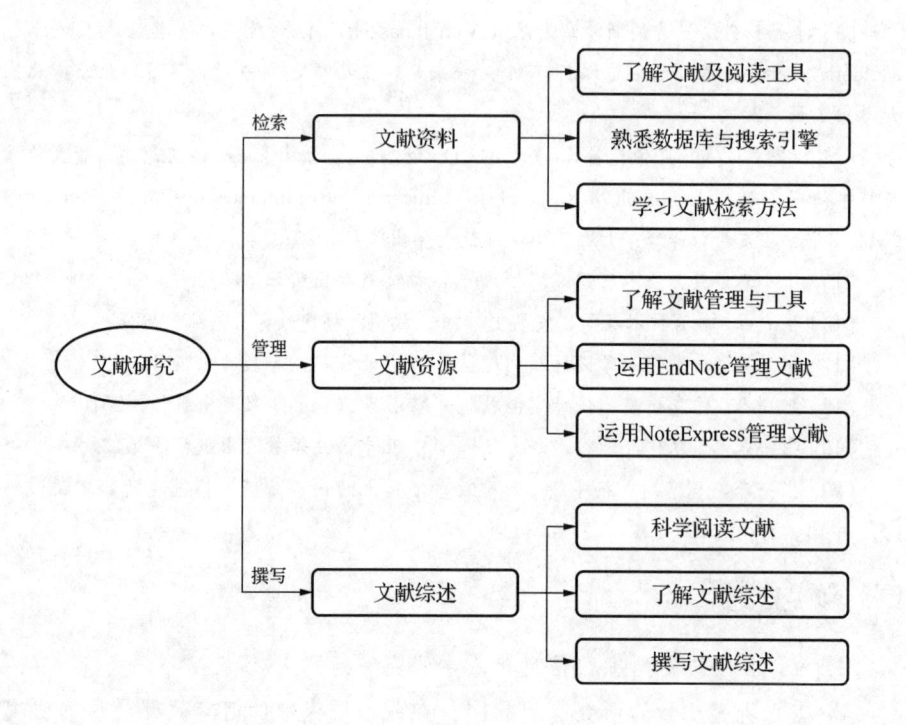

```
                              ┌── 了解文献及阅读工具
                              │
                ┌── 检索 ── 文献资料 ──┼── 熟悉数据库与搜索引擎
                │             │
                │             └── 学习文献检索方法
                │
                │                    ┌── 了解文献管理与工具
                │                    │
   文献研究 ────┼── 管理 ── 文献资源 ──┼── 运用EndNote管理文献
                │                    │
                │                    └── 运用NoteExpress管理文献
                │
                │                    ┌── 科学阅读文献
                │                    │
                └── 撰写 ── 文献综述 ──┼── 了解文献综述
                                     │
                                     └── 撰写文献综述
```

活动目标

1. 了解文献研究的内涵和方法。
2. 掌握常用的文献研究工具使用方法。
3. 能根据研究主题开展文献研究并撰写文献综述。

科学研究是在继承和借鉴他人研究和发现的基础上不断进行新探索的过程。文献是长期以来人们在实践活动中积累的以文字为主体的各种成果。进行文献研究是研究的起点，也是研究工作的基础。

活动一　检索文献资料

阅读大量的文献资料是文献研究的前提，获取文献资料是科研工作者应该掌握的最基本技能之一，文献检索的"全"和"准"是学术研究成功的关键。随着各种工具、网站的开发，文献检索的方法也变得日益丰富。

步骤一　了解文献及阅读工具

1. 了解文献基本内涵

（1）文献的内涵

文献是长期以来人们在实践活动中积累的以文字为主体的各种成果。通过收集和摘取文献以获得与研究课题有关的资料的方法，是调查研究的重要方法之一。目前我们所说的文献不仅是指以文字为载体的信息，包括图像、符号、声音、视频等记录人类知识的多种物质形态，是以一定记录方式记录在一定物质载体上的知识。因此，文献具有知识性、记录性和物质性。它具有存贮知识、传递和交流信息的功能。

（2）文献的特点

文献作为现代社会最常用的、最重要的信息源，它具有以下特点：

① 系统性。文献所记载的信息内容往往是经过加工的知识型信息，因此大多比较系统深入，易于表达抽象的概念和理论，能够反映事物的本质和规律。

② 稳定性。文献信息是通过文字、图形、音像或其他代码符号固化在纸张、化学材料或磁性材料等物质载体上的，在传播使用过程中具有较强的稳定性，不易变化。

③ 易用性。用户可根据个人需要随意选择自己感兴趣的内容，决定自己利用文献的时间、地点和方式，并可对照其他文献进行补充印证。

④ 可控性。文献信息的管理和控制比较方便。信息内容一旦被编辑出版成各种文献，就很容易对其进行加工整理。

⑤ 时滞性。由于文献生产需要花费一定的时间，因而会出现文献时滞情况。文献时滞过长将导致文献内容老化过时，丧失或削弱其使用价值。

⑥ 复杂性。文献来源于多种学科相互交叉渗透，各学科的文献分布分散且不平衡，还存在翻译文献多、术语不统一、格式不规范等情况。

（3）文献的类型

文献的种类繁多、各具特色，不同类型文献所记载的信息内容也各有侧重。

① 根据文献的信息类型，可以分为文字、图形、代码、符号、音频、视频等。

② 根据文献载体不同，可以分为甲骨、竹木、丝帛、青铜器、纸质、光盘、电子等。

③ 根据信息源的表现形式，可以分为图书、期刊、报纸、学位论文、会议文献、专利文献、标准文献、科技报告、技术档案、产品资料等。

④ 依据文献传递知识、信息的质和量的不同以及加工层次的不同，可以分为零次文献、一次文献、二次文献和三次文献。零次文献是指未经记录，未形成文字材料，或未公开的原始的文献。一次文献是人们直接以自己的生产、科研、社会活动等实践经验为依据生产出来的文献。二次文献是将大量分散、零乱、无序的一次文献进行整理、浓缩、提炼，并按照一定的逻辑顺序和科学体系加以编排存储，使之系统化，以便于检索利用。三次文献是选用大量有关的文献，经过综合、分析、研究而编写出来的文献。

2. 熟悉文献阅读工具

由于电子类文献格式不同，需要用不同的文献阅读软件来阅读。常见的文献阅读工具有：

（1）Adobe Acrobat Reader Pro

Adobe Aerobat Reader 是一个查看、阅读和打印 PDF 文件的工具，它支持 PDF 格式和 Word、PPT、Excel、图片格式之间的相互转换，可以对文件编辑、调整、拆分或合并、压缩、加密、增加或去除水印等。

（2）CAJ Viewer

CAJ Viewer 是中国期刊网的专用全文格式阅读器。它支持中国期刊网的 CAJ、NH、KDH 和 PDF 格式文件，可直接在线阅读原文。CAJ Viewer

可以进行文字识别、添加笔记、词语解释等，并支持多种注释方式。

（3）SS Reader

SS Reader 是超星公司开发的阅读超星数字图书馆图书的浏览器，它可对超星数字图书进行阅览、下载、打印、版权保护和下载计费等，还可用于扫描资料、采集整理网络资源等。

（4）知云文献翻译

知云文献翻译是一款 PDF 阅读器，也可以对英文 PDF 文献或 PDF 书籍进行翻译，并能保持原文排版，确保阅读体验。它支持拆分阅读和多种注释方式以及多种功能。

（5）Copy Translator

Copy Translator 是一款开源的即时翻译工具，选中要翻译的内容后直接复制，可对复制的内容进行处理，同时自动完成翻译，并且能够自动完成后续的粘贴和翻译工作。

（6）SCI Translate

SCI Translate 是适用于生物医学专业的 SCI 翻译工具，提供单词翻译、段落翻译、全文翻译、中英文对照阅读等功能，采用 Google 翻译引擎，高度接近人工翻译。

（7）Margin Note

Margin Note 是一款阅读和学习软件，适用于 Mac、iPad 和 iPhone，支持用语音、图片、手写等多种方式进行批注，对文献划重点筛选有用信息，支持直接将笔记梳理形成条理清晰的思维导图。

（8）BookxNote

BookxNote 是一款阅读和笔记工具，可以在摘录原文的同时自动生成脑图及定位功能，具备对原文进行摘录、高亮、下划线、标注等功能。

（9）Scholarcy

Scholarcy 是文献阅读综述工具，具有自动综述功能，可以对文献提炼关键概念、标注重点内容、抽取文章图表、链接参考文献、支持团队共享等，帮助科研人员快速阅读和提取研究论文中的关键点。

（10）Paper Digest

Paper Digest 是利用 AI 技术生成给定研究论文的自动摘要工具。通过录入 DOI、PDF 文件的 URL，Paper Digest 将返回该项目的项目摘要，文章必须来源于开放获取期刊。

步骤二 熟悉数据库与搜索引擎

1. 文献数据库与搜索引擎

(1) 文献数据库

文献数据库,是指计算机可读的、有组织的相关文献信息的集合。在文献数据库中,文献信息按一定的数据结构有组织地存储在计算机中。

按文献的编辑方法和出版特点可以将文献划分为图书、期刊、报纸以及介于图书与期刊之间的特种文献,如科技报告、政府出版物、会议文献、学位论文、专利文献、技术标准、产品资料及其他零散资料如图片、乐谱等。将传统文献数字化成数据库以后,则成为不同类型的数据库,常用的数据库有电子图书数据库、数字化期刊数据库、报刊数据库、会议论文数据库、学位论文数据库、专利数据库、标准数据库、产品数据库、科技报告数据库等。

(2) 搜索引擎

搜索引擎是指专门用来搜索资源的工具,学术搜索引擎可以搜索来自学术出版商、专业性协会、各高校的文章、论文、专著等。

根据组织信息的方式,搜索引擎主要分为目录式分类搜索引擎、全文搜索引擎、智能搜索引擎。目录式搜索引擎指将信息进行分类,适合希望了解某一方面信息但又没有明确目的的研究者,查准率较高、查全率较低,如 Yahoo、Sohu、Open Directory。全文搜索引擎指能够对网页中的每个单字进行搜索,搜索范围较广,提供信息较多,但缺乏清晰的层次结构,重复链接比较多,如 Google、百度等。智能搜索引擎是指建立了知识库,引擎根据已有的知识库来检索词的意义并以此产生联想,从而找出相关的网站或网页,如 FSA、FAQFinder 等。

2. 常见的中文数据库与引擎

表 2-1-1 常见的中文数据库与引擎

序号	名　称
1	CNKI,中国知识基础设施工程(China National Knowledge Infrastructure,CNKI)
2	CSSCI,中文社会科学引文索引(Chinese Social Science Citation Information,CSSCI)
3	CSCD,中国科学数据库(Chinese Science Citation Database,CSCD)

续 表

序号	名 称
4	CALIS学位论文数据库,中国高等教育文献保障系统(China Academic Library & Information System, CALIS)
5	万方数据知识服务平台
6	国家图书馆博硕士论文库
7	中文科技期刊数据库
8	方正数据数字图书馆
9	超星数字图书馆与超星百链学术搜索
10	百度学术搜索

3. 常见的外文数据库与引擎

表 2-1-2 常见的外文数据库与引擎

序号	名 称
1	ISTP,科技会议录索引(Index to Scientific & Technical Proceedings, ISTP)
2	EI,工程索引(The Engineering Index, EI)
3	SCI,科学引文索引(Science Citation Index, SCI)
4	SSCI,社会科学引文索引(Social Science Citation Index, SSCI)
5	A&HCI,艺术与人文科学引文索引(Arts & Humanities Citation Index, A&HCI)
6	Web of Science (SCIE),引文索引类数据库,包括SCI、SSCI、A&HCI三个子库
7	EBSCO,多学科全文数据库
8	Springer Link,电子图书数据库
9	SAGE Journals Online,学术期刊数据库
10	ProQuest,全球博硕论文数据库(ProQuest Dissertations & Theses, PQDT)
11	Google 学术搜索(Google Scholar Search)
12	微软学术搜索(Microsoft Academic Search)

步骤三 学习文献检索方法

1. 文献数据库的检索方法

(1) 导航浏览

图书数据库与文献数据库一般会具有支持导航浏览,比如学科导航、按文献类型浏览等,选择导航中不同类别,便可针对某种类型的图书或文献集中查询。如图 2-1-1 所示，图中有大量关键词或链接，可以直接点击进入。

图 2-1-1　知网 CNKI 首页

（2）快速检索

不同的文献数据库的页面是不同的，但一般主页上都有一个快速检索框，如图 2-1-1 所示，可以直接输入关键词进行快速检索。

为了提高检索的准确率和时效，需要在下拉列表中选择合适的检索范围。比如主题、篇关摘、关键词、篇名、全文、作者、第一作者、通讯作者、作者单位、基金、摘要、小标题、参考文献、分类号、文献来源、DOI 等，如图 2-1-2 所示。

（3）高级检索

一般数据库和搜索引擎提供高级检索。高级检索支持多字段逻辑组合，并可通过选择精确或模糊的匹配方式、检索控制等完成较复杂的检索，得到符合需求的检索结果。多字段组合检索的运算优先级，按从上到下的顺序依次进行。除主题外，其他检索项均提供精确、模糊两种匹配方式。如图 2-1-3 所示。

图 2-1-2　知网的检索范围

图 2-1-3　知网的高级检索页面

在该页面中可以利用添加逻辑项，即利用布尔运算符进行检索。主要包括逻辑与"AND"、逻辑或"OR"、逻辑非"NOT"。其中逻辑与"AND"是指检索结果必须同时满足两个条件，检索包含所有关键字的文献；逻辑或"OR"是指检索结果只要满足其中任意一个条件即可，用于检索同义词或者词的不同表达方式；逻辑非"NOT"是指在满足前一个条件的检索结果中不包括满足后一条件的检索结果，以排除含有某一特定关键字的数据。

（4）专业检索

专业检索用于图书情报专业人员查新、信息分析等工作，使用运算符和检索词构造检索式进行检索。专业检索的一般流程：确定检索字段构造一般检索式，借助字段间关系运算符和检索值限定运算符可以构造复杂的检索式。

专业检索表达式的一般式：〈字段代码〉〈匹配运算符〉〈检索值〉

如知网文献总库中提供以下可检索字段：SU%＝主题，TKA%＝篇关摘，KY＝关键词，TI%＝篇名，FT%＝全文，AU＝作者，FI＝第一作者，RP＝通讯作者，AF＝作者单位，FU＝基金，AB%＝摘要，CO%＝小标题，RF%＝参考文献，CLC＝分类号，LY%＝文献来源，DOI＝DOI，CF＝被引频次。如图 2-1-4 所示，可以检索到篇名包括"信息化教学"并且关键词包括"信息化教学"并且作者为"张"姓的所有文章。另外，还有支持句子检索、作者发文检索等其他检索方法。

图 2-1-4　CNKI 的专业检索页面

2. 搜索引擎的检索方法

搜索引擎的检索方式与数据库检索类似，一般包括简单检索与高级检索。简单检索直接输入关键词即可，但通过这种检索方式获取信息效率较低。高级检索可以利用限定词和检索符进行检索。在搜索引擎检索中，有一些重要的检索方式。

（1）作者搜索

作者搜索是利用搜索引擎找到某篇特定文章最有效的方式之一。在搜索文献作者时使用全称、简称皆可，英文文献需使用拉丁字母，中文文献需使用中文，还要注意外国人的名字还包括中间名。如果需要搜索某位作者的全名或姓氏及首字母，则输入加引号的姓名。

（2）标题搜索

采用学术著作、论文或报告的标题作为关键词进行学术搜索，可以查找到更准确的学术信息。在搜索编辑中要输入加引号的标题。

（3）运算符检索

一般情况，可以利用运算符，包括布尔逻辑运算、位置算符、截词符等进行检索，方法与数据库检索一致。

（4）出版物限制

出版物限制选项只适用于高级学术搜索页。在明确查找目标的情况下，出版物限制的搜索是有效的，但搜索范围比期望值要窄。

（5）检索结果排序

在初次检索后，可以利用一些限定或指标对初选结果进行排序，以提高准确率。如百度学术提供了相关度、发表时间、被引、下载、影响因子等。

影响因子（IF），是一个国际上通行的期刊评价指标，它不仅是一种测度期刊有用性和显示度的指标，而且也是测度期刊的学术水平，乃至论文质量的重要指标。影响因子是一个相对统计量。

研究与思考

1. 请逐个了解常见的中文和外文数据库和搜索引擎，熟悉其开发者、主要收录文献内容和数量、主要特征等，并实际探究其使用方法与适用情景。

2. 熟悉常见的数据库与数据引擎，填写表 2-1-3 比较分析数据库与搜索引擎的异同。

表 2-1-3　数据库与搜索引擎

	数据库	搜索引擎
基本类型		
支撑功能		
工具特点		
检索范围		
检索步骤		
检索结果		
检索方式		
下载方式		
适用情境		
其他		

3. 请利用图书馆提供的资源库进行文献检索，熟悉各类检索方法，尝试进行比较分析，并思考哪种检索方法的检索速度最快，哪种检索方法的检索结果最精确。

_____

_____

活动二　管理文献资源

科学研究需要研究者检索、阅读、研究、管理大量的科技文献资料，对海量文献资料进行高效、准确、便捷的管理会对研究起到重要的支撑和保障作用。

步骤一　了解文献管理与工具

1. 文献管理的含义

对于图书馆而言，文献管理就是对加工整理后的文献进行科学的组织、完整的保管，提高文献的利用率。其内容通常包括文献的布局、贮存、阅览、保护、清理等，是传统图书馆的主要工作。随着计算机、网络、通信技术的逐步发展，电子文献、网络文献成为使用量最多的文献形式，文献管理进入自动化阶段。

对于研究者而言，文献管理是科研生活的重要一环，主要包括文献收集、整理、分析与追踪，目的是获取当前研究趋势。这个过程可以分成三个阶段：从无到有、从有到精与从精到用。随着信息时代的来临，文献数量急剧增加，采用文献管理软件和工具来对研究文献进行管理已经成为主流。

2. 文献管理的工具

在科研工作和论文写作中对文献信息管理工具的利用能让科研人员如虎添翼，令研究工作起到事半功倍的效果。常见的文献管理工具有：

（1）EndNote

Endnote 是世界上最有名、历史最悠久、功能最齐全的文献管理软件之一，可以搜索、建立、管理、统计、分析、导出参考文献信息等。EndNote 支持数千种参考文献格式和数百种写作模板，直接连接上千个数据库，并提供通用的检索方式，能管理的数据库没有上限，占用系统资源少，具有较强的扩展功能，可嵌入多种办公软件。

（2）知网研学

知网研学是一款以汇聚资源、理解知识、实践应用、创作表达、个人知识管理等功能于一体，面向个人的研究型学习平台、一站式阅读和管理平台。它支持多设备同步，支持在线阅读，实现全文结构化索引、知识元智能关联，提供强大的原文编改工具，可进行知识深度学习，支持对比研读、数字笔记、文献检索和下载、写作与排版、在线投稿等。

（3）NoteExpress

NoteExpress 是一款文献检索与管理系统，其功能涵盖文献检索、下载、管理、分析、发现与写作等各环节。它可以用来管理参考文献的题录，以附件方式管理参考文献全文或者任何格式的文件、文档。具备日记、科研心得、论文草稿、参考文献引用格式化等功能，其中数据挖掘的功能可以帮助用户快速了解某研究方向的最新进展、各方观点等。

（4）Mendeley

Mendeley 是一款免费的跨平台文献管理软件、在线学术社交网络平台。它支持各种期刊格式的 CLS 文件的参考文献，免费提供一定的存储和共享空间，支持一键抓取网页文献信息，可安装 MS Word 和 Open Office 插件，方便在文字编辑器中插入和管理参考文献。

（5）Zotero

Zotero 是一个免费易用的 Firefox 扩展与客户端软件，可以协助我们收集、管理及引用研究资源，包括期刊、书籍等各类文献和网页、图片等。它既可以单独使用，也可以内嵌于 Firefox 与 Google 浏览器等环境下使用。

（6）RefWorks

RefWorks 是一个新型的联机文献数据库管理系统，用于帮助用户建立和管理个人文献书目信息，并可以实现在撰写文稿的同时，即时插入参考文献，同时在文稿末尾生成规范的、符合出版要求的参考文献列表。它的主要的功能是通过协助文献引用、文献分享、切换不同的引用格式，支持与 ProQuest、HighWire、EBSCO、ISI、BioOne 等连结参与论文管理，使研究工作更简便、高效。

（7）Citavi

Citavi 是一款收集、储存、查询及管理文献数据，以及帮助研究者快速地使用正确的论文格式撰写文章、整理知识组织、规划日常任务的软件。它支持图书、期刊论文、影音媒体、法律文件、图片等数据，并可以通过群组将数据归类，方便调阅查询，同时内建论文模板和自动形成引用格式的功能可以在撰写论文时大幅地减少各项文书工作的时间。

（8）NoteFirst

NoteFirst 是一款网络版文献管理软件。针对个人用户，它集成了文件管理、文献收集、论文中参考文献的自动形成和自动校对、免费科技文献等功能，支持多种其他软件的文件格式，并集成了多语言系统和团队科研协作的功能。

步骤二 运用 EndNote 管理文献

1. 建立文献库

EndNote 建立文献库有四种途径：手工导入、本地 PDF、数据库、在线检索。

（1）手工导入

打开 EndNote，点击菜单栏的"References"，选择"New References"

或者直接点击工具栏的如图 2-2-1 所示的图标,即可打开手动输入文献的页面,如图 2-2-2 所示,在导入文献时需要选择与之匹配的过滤器。

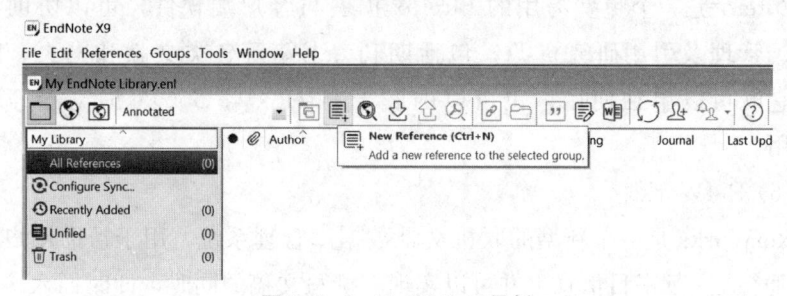

图 2-2-1　EndNote 工具栏

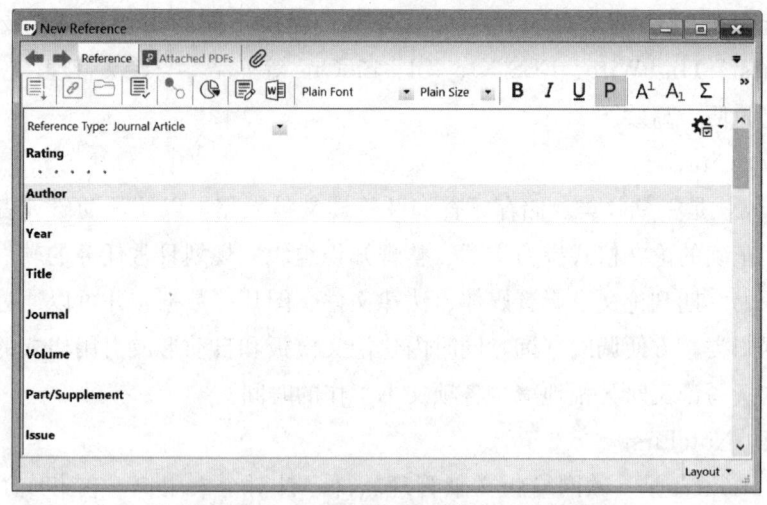

图 2-2-2　EndNote 的手动输入文献页面

(2) PDF 导入

PDF 导入支持单个 pdf 导入、批量导入。点击菜单栏的"File",选择"Import"—"File/Folder",即可打开 EndNote 的导入文件页面或导入文件夹页面,选择过滤器为 PDF 后即可完成 PDF 导入。

(3) 数据库导入

导入数据库文献时,目标对象选择 EndNote 即可。以知网为例,选择待导出文献后,点击"导出/分析",选择"EndNote"。即可打开如图 2-2-3 所示的 EndNote 文献导出页面。单击此页面中的"导出"选项后,获得后缀为"*.txt"的文献题录文件。

图 2-2-3　CNKI 的 EndNote 文献导出页面

打开 EndNote 导入文件页面，选择题录文件位置，选择过滤器为"EndNote Import"后，点击"Import"即可完成数据库导入。

（4）在线检索

点击工具栏中搜索标志，即可打开选择数据库的窗口，如图 2-2-4 所示。

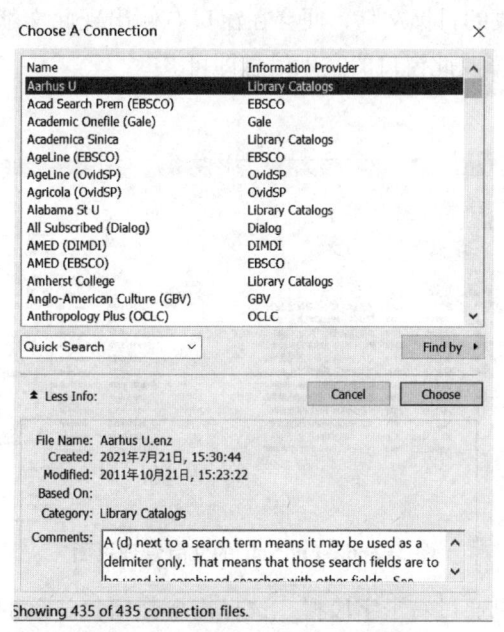

图 2-2-4　EndNote 选择数据库窗口

选择目标数据库后，单击"Choose"即可进入搜索页面，在线搜索文献。例如选择"Web of Science Core Collection"，进入如图 2-2-5 所示页面。

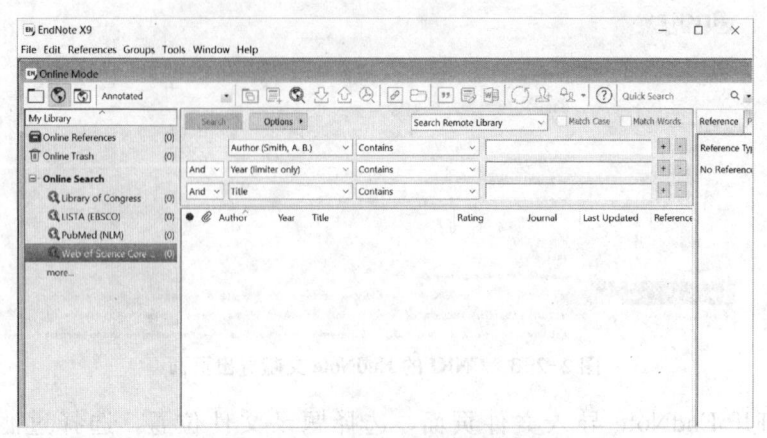

图 2-2-5　EndNote 的文献搜索页面

2. 管理文献

(1) 修改

点击需要修改的目标文献，便会在窗口右侧出现此文献的相关信息，如图 2-2-6 所示，修改此窗口的文献信息即可。

图 2-2-6　EndNote 的文献管理页面

此外，还可以通过右击字段栏，选择需要在窗口显示的字段，自定义哪些字段显示在窗口内，如图 2-2-7 所示，最多可显示 10 个字段。

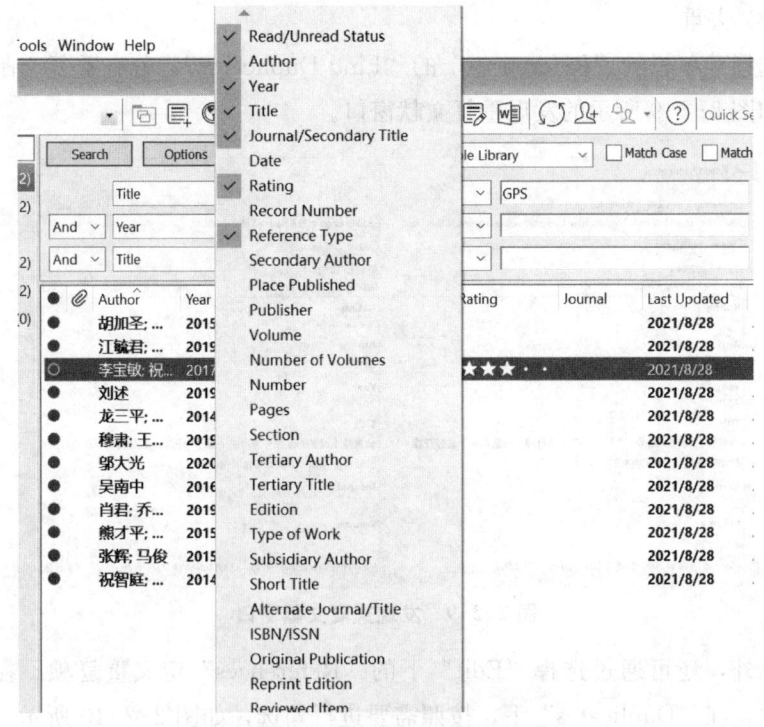

图 2-2-7　自定义显示字段页面

（2）排序

点击字段栏，便可以按标题、作者等信息对文章进行排序。例如点击"Year"即可按年份对文献进行排序，如图 2-2-8 所示。

图 2-2-8　按年份排序页面

(3) 去重

选择菜单栏的"References"的"Find Duplicates",若有重复文献便会打开如图 2-2-9 所示的发现重复文献窗口。

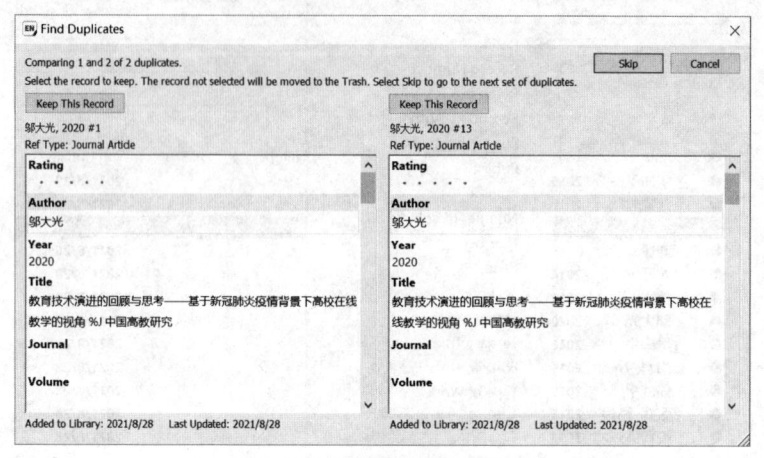

图 2-2-9 发现重复文献窗口

此外,还可通过选择"Edit"下的"References"定义重复项。在弹出窗口中,在"Duplicates"下,按照需要进行勾选,如图 2-2-10 所示。例如去掉作者、年份和题目重复的文献需要勾选"Author""Year"和"Title"。

图 2-2-10 自定义重复项窗口

（4）统计

选择菜单栏"Tools"下"Subject Bibliography"可打开统计窗口，如图 2-2-11 所示。

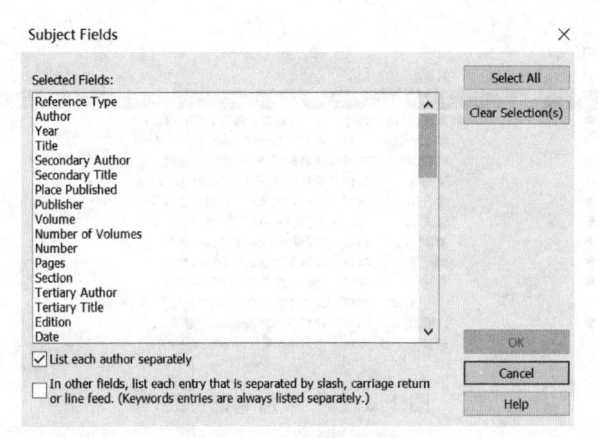

图 2-2-11　统计窗口

在该窗口中可以选择一个或多个统计主题。例如选择"Year"会弹出如图 2-2-12 所示窗口。

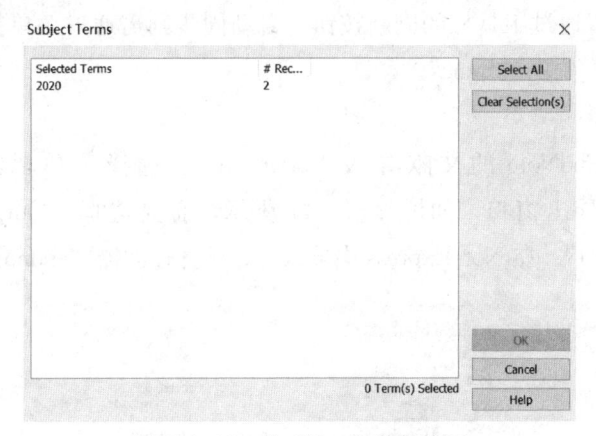

图 2-2-12　按"Year"统计窗口

（5）分组

分组分为普通分组、智能分组、基于组的分组。根据需要选择菜单栏"Groups"下的"Create Group""Create Smart Group""Create From Group"。右键单击希望纳入分组的文献，在弹出下拉栏选择"Add References To"，选择目标分组。

(6) 笔记

通过"Research Notes"字段可添加笔记,如图 2-2-13 所示,也可在文章的 pdf 全文中直接添加注释、高亮显示等,还可对笔记、附件、pdf 全文进行检索。

图 2-2-13　添加笔记页面

(7) 同步

EndNote 支持同步"EndNote Desktop"和"Online Libraries",其在线存储空间可以存储 100 万篇文献,可以最多达 5 000 个分组,附件的存储达 5G。手动同步通过工具栏的刷新按钮。自动同步则需通过菜单栏"Edit"下"Preferences"中的"Sync"。

(8) 导出

可以将 EndNote 的文献导入 NoteExpress。选择菜单栏的"File"的"Exprot",在导出窗口,如图 2-2-14 所示,需要选择"Output Style"为"endnote export"。在 NoteExpress 中导入时,选择过滤器"endnote import"。

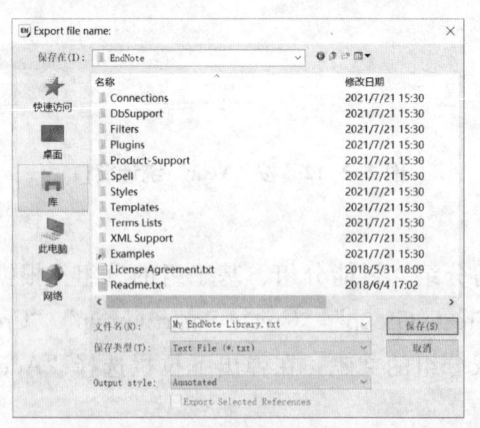

图 2-2-14　导出窗口

(9) 共享

EndNote 支持不同电脑终端云盘共享 library，或者将". enl"和". Data"同名文件夹同时复制到另一个电脑终端。

3. 引用文献

(1) 引用

在 Word 中利用 EndNote 引用文献有多种方法。主要包括以下三种：

① 鼠标定位引用位置，在 EndNote 中选中需要引用文献，点击工具栏中双引号图标。

② 选中 EndNote 中待引用文献，鼠标定位引用位置，点击 Word 中 EndNote 插件下"Insert Selected Citation（s）"，如图 2-2-15 所示。

③ 直接复制、粘贴 EndNote 中引文到引用位置。

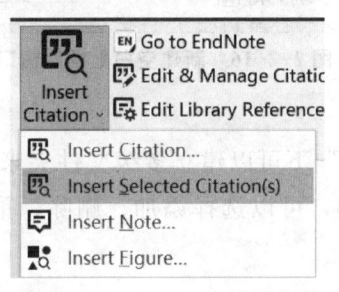

图 2-2-15　Word 中引用文献

(2) 删除引文

删除引文时点击 Word 中 EndNote 插件下的"Edit & Manage Citation（s）"，选择"Remove Citation"。

(3) 将引文转为普通文献

定稿后，需要将 Word 中的引文转为普通文本。点击 Word 中 EndNote 插件下的"Convert Citations and Bibliography"，选择"Convert to Plain Text"。

(4) 更改格式

点击 Word 中 EndNote 工具条中的"Style"，选择需要的引文格式。

步骤三　运用 NoteExpress 管理文献

1. 自定义数据库

(1) 新建数据库

在 NoteExpress 中，选择"主菜单"的"文件"或者直接点击工具栏中的"数据库",选择"新建数据库",选择文件保存位置后,即可新建空白数据库,如图 2-2-16 所示。

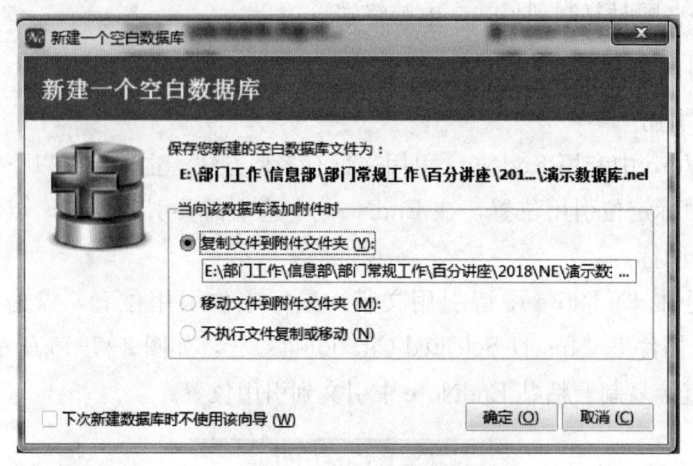

图 2-2-16 新建空白数据库窗口

(2) 分类文献

在数据库的"题录"下可以建立多级文件夹来分类管理文献。在目标文件夹上点击鼠标右键,可以选择添加、删除、重命名等,如图 2-2-17 所示。

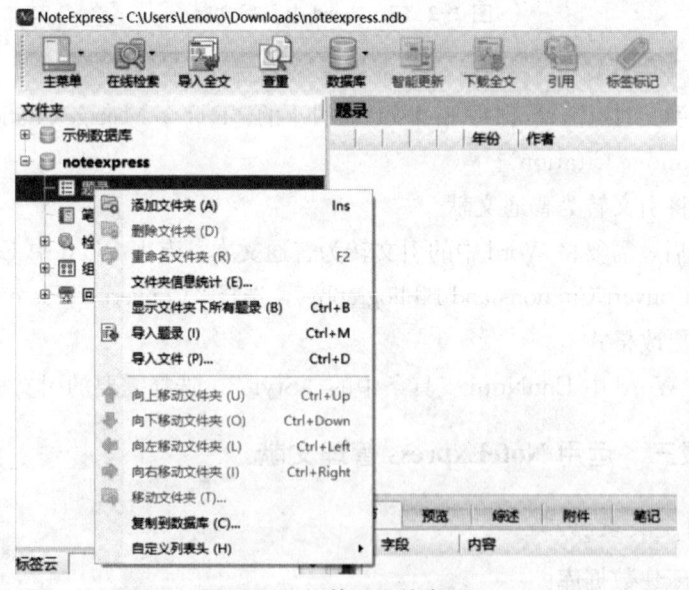

图 2-2-17 管理文件夹页面

(3) 数据库备份

如果需要更换电脑，需要将扩展名为".ndb"的文件以及 attachment（附件文件夹）一起拷贝到新的电脑。或者通过点击"主菜单"中的"文件"，选择"备份数据库"。

2. 导入题录/全文

文献（题录）录入分为全文导入、在线检索、批量导入三种方式，同时也可以利用手工录入、浏览器插件进行导入。

(1) 导入全文

选择目标文件，右键单击选择"导入文件"，或点击工具栏中的"导入全文"，在导入文件窗口中，如图 2-2-18 所示，可以添加文件、添加目录，设置题录类型、字段默认值、目标文件夹等。

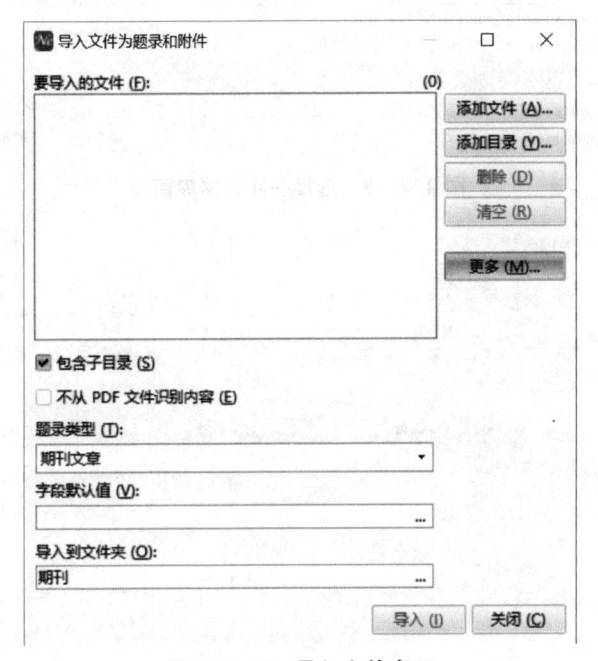

图 2-2-18　导入文件窗口

(2) 在线检索

选择工具栏中的"在线检索"下的"选择在线数据库"，在如图 2-2-19 所示窗口中选择检索数据库。例如选择"CNKI 中国知网"，可以打开对应检索窗口，如图 2-2-20 所示。

图 2-2-19 选择在线数据库窗口

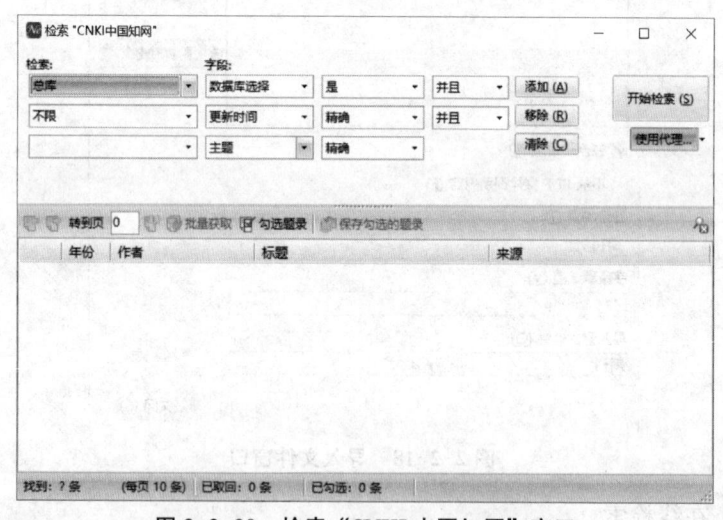

图 2-2-20 检索"CNKI 中国知网"窗口

在该页面可以选择检索数据库、检索字段等，研究者可点击"勾选题录"，自行调整，还可以选择"保存勾选的题录"将勾选的检索结果保存到指定目录。

(3) 批量导入

导入数据库文献，目标对象选择 NoteExpress 即可。以知网为例，选择目标文献后，选择"导出/分析"下的"NoteExpress"。即可打开 NoteExpress 文献导出页面，如图 2-2-21 所示。单击此页面中的"导出"选项，获得以 *.net 为后缀的文献题录文件。

图 2-2-21　知网的 NoteExpress 文献导出页面

选中目标文件夹，点击鼠标右键，选择"导入题录"，打开导入题录窗口，如图 2-2-22 所示，选择文件位置，过滤器设为 NoteExpress 后即可导入。

图 2-2-22　导入题录窗口

3. 文献整理

(1) 查重

选中待查重的文件夹，点击工具栏的"查重"按钮，打开查重窗口，如图 2-2-23 所示。视情况可勾选不同选项，如"大小写不敏感""忽略标点符号和空格"，并在检索下显示查重窗口，如图 2-2-24 所示。

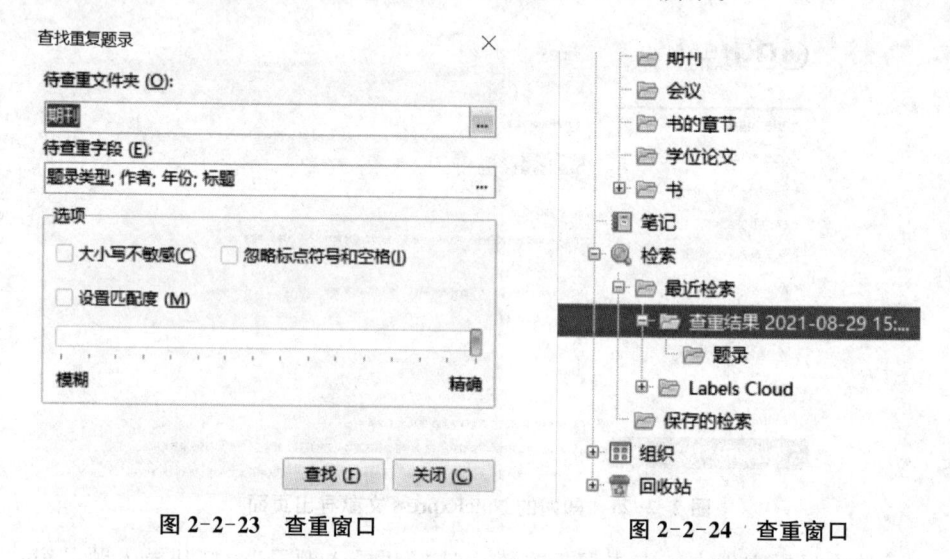

图 2-2-23　查重窗口　　　　图 2-2-24　查重窗口

(2) 搜索

在窗口上端搜索框即可搜索，检索历史自动保存（默认最近 5 次，可设置），并可在右键菜单选择"保存检索"。也可以选择"主菜单"—"检索"—"在个人数据库中检索"，实现本地高级检索，打开检索窗口，如图 2-2-25 所示。

图 2-2-25　检索数据库窗口

（3）标记

NoteExpress 以小方块的形式进行展示题录情况，左上红块表示关联文件，右上紫块表示关联笔记，左下黄块表示关联文件夹，右下棕块表示关联题录，如图 2-2-26 所示。利用标签工具可标记文献题录。右键点击"星级与优先级"，选择"设置标签"或直接点击工具栏"标签标记"。

图 2-2-26　NoteExpress 题录页面

（4）显示与笔记

文献信息栏包括细节、预览、综述、附件、笔记、位置，根据需要选择不同功能，具体如图 2-2-27 所示。

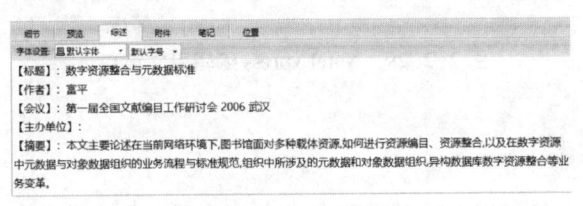

图 2-2-27　文献信息栏

4. 引用文献

NoteExpress 支持 Word 和 WPS 两大主流写作软件。

（1）插入引文

鼠标定位引用位置，在 NoteExpress 中选中需要引用文献，点击工具栏"引用"，或回到文档点击"选择引用"。如要删除某引文，删除引用标号即可，删除后自动重新排序。

（2）修改格式

点击"格式化文献"，或选择"样式"下的"浏览更多样式"，如图 2-2-28 所示，选择目标样式，即可一键替换。

图 2-2-28　修改引文样式

(3) 编辑引文

点击"编辑引文",打开编辑引文窗口,如图 2-2-29 所示。在这个窗口中可以去除格式化,但要注意这是不可逆的操作,需要备份。

图 2-2-29　NoteExpress 编辑引文窗口

研究与思考

1. 请学习并使用图书馆提供的各类文献管理工具,通过比较分析填写以下内容。

　　支持数据库最多的工具：_____

　　适合处理中文题录的工具：_____

　　抓取网页文献便利的工具：_____

　　抓取 PDF 题录便利的工具：_____

　　支持文献查重与全文检索功能的工具：_____

2. 请选择合适的文献管理工具,建立一个专门用于研究和学习"信息化教学"的文献数据库,并确定这个数据库的各个要素,完成表 2-2-1。

表 2-2-1　文献数据要素表

要素	内容
数据库名称	
文献分类	
导入方式	
文献数量	

续 表

要素	内容
笔记标记	
引用文献	
引文格式	
其他	

活动三　撰写文献综述

文献综述是科学研究的基础和起点,也是判断学术论文质量高低的标准之一。研究者需要通过文献综述澄清贡献、提供理论框架、提出理论缘由、勾勒研究领域、寻找理论视角。

步骤一　科学阅读文献

1. 常用文献阅读方法

阅读既是一个消费过程,又是一个生产过程。阅读不仅贵在深刻理解原文,而且还贵在超越原文。一般有以下几种方法:

（1）循序渐进法

循序渐进法是从泛读找到研究方向,粗读了解全文概要,快读了解其内容体系和观点,精读核心和重要内容,再深入研究探讨需要研究的问题。

（2）比较法

比较法是通过对比阅读文献的方法,找出异同,分析差异及其原因,从而认识事物发展的原因、关系、趋势和规律。有横向比较、纵向比较等,也可以体系比较、章节比较、概念比较、指标比较、观点比较、资料比较、语言比较、文体比较、研究方法比较等。

（3）联想法

联想法是通过已知知识联系相关知识的阅读文献的方法。依据一个概念、一个观点、一个论据、一种现象等,由此及彼、由表及里、触类旁通、举一反三。可以有相同内容联想和相关内容联想、对比联想和因果联想、纵向联想和横向联想等。

（4）创造性读法

创造性读法,是在阅读文献中通过独立思考,发挥创造性思维、进行创造性探索以获取新知识的阅读文献的方法。在对原文献内容深入学习的基础上，用创新思维方式去观察问题、分析问题和发现问题。如质疑法、求异法等。

（5）编码法

编码法是美国安大略理工大学的菲利普·钟和顺教授在《会读才会写：导向论文写作的文献阅读技巧》中设计的文献阅读方法[①]，让阅读者能够进行系统化的阅读、笔记，并以易辨识、易提取的格式实现海量信息的组织。

（6）问题法

问题法是在已知基础上提问题并解决问题而获取知识的阅读文献的方法。比如在阅读时可以考虑如表 2-3-1 所示问题。

表 2-3-1　阅读问题表

论文要素	阅读要点
标题	● 这个标题有新意吗？其结构合理吗？标题和内容相符吗？
内容	● 文本的主要论点是什么？理由是什么？ ● 术语、例子、图表、观点有没有特别新颖之处？
论证	● 论证充分吗？主要的证据有哪些？推理是否符合逻辑？
研究方法	● 研究是否以"问题的提出与假设""文献综述""提出假设""资料收集与分析""假设检验""结论与分析"等完整程序展开？ ● 研究是否有全面、翔实的文献介绍与分析？是否具有一定的理论框架？研究资料的类型怎样，是通过什么方式取得的？统计方法是否恰当？
参考文献	● 参考文献著录是否规范？ ● 有没有我们还未阅读过的重要文献？
作者	● 该作者还有什么著作和论文发表？

2. 编码法阅读文献

编码法适用于研究者的入门阶段，可以帮助研究者快速掌握文献结构和阅读技巧，一般的阅读结构和编码方式如表 2-3-2 所示。

表 2-3-2　文献阅读密码

序号	结构	名称	作用	编码
1	前言	他们想做什么 (What They Do)	明确作者在文中提出的主要问题	WTD

[①] 菲利普·钟和顺. 会读才会写：导向论文写作的文献阅读技巧 [M]. 韩鹏, 译. 重庆：重庆大学出版社, 2015.

续　表

序号	结构	名称	作用	编码
2	文献综述	现有文献总结 (Summary of Previous Literature)	对前人研究成果的高度概括与总结	SPL
3		现有文献批评 (Critique of Previous Literature)	评论前人研究成果并指出其局限或不足之处	CPL
4		研究空白 (GAP)	指出现有文献中缺失的部分，找到研究空白	GAP
5		理论依据 (Rationale)	提出开展研究的理论意义，证明其研究是必要的、有理由的	RAT
6	研究结果	研究结果 (Result of Findings)	描述了主要研究结果与发现	ROF
7	讨论	与现有文献观点一致的研究发现 (Results Consistent with Literature)	描述作者自己的研究工作支持他人已经做出的研究工作	RCL
8		与现有文献观点不一致的研究发现 (Results to the Contrary)	描述和现有文献观点不一致的研究发现	RTC
9	结论	他们做了什么 (What They Did)	明确回答研究问题，与WTD一脉相承	WTDD
10		对未来研究的建议 (Recommendation for Future Works)	指出目前研究工作还不完善，借此对未来研究的方向、路线等提出建议	RFW

（1）阅读前言/引言

在对文献的主体进行阅读时，我们首先要通过阅读文献的前言/引言部分，找到作者提出的主要研究问题（WTD）。

（2）阅读文献综述

文献综述包含大量信息，通过阅读此部分，我们可以找到作者对现有文献的总结（SPL）、作者对现有文献的批判（CPL）、作者描述的研究空白（GAP）、找到研究开展的理论依据（RAT）。

（3）阅读研究结果

文献研究结果是实验或观点得出的结果，这个结果一般是经过分析，但没有通过验证的结果。因此通过阅读此部分，我们可以找到研究的结果（ROF），即作者通过该文发现了什么。

（4）阅读结论与讨论部分

文献结论与讨论从研究所有材料和结果出发，经过推理、判断，得出见解，探讨研究的意义，是整篇论文的归结点，体现作者更广和更深层的认识和思考。通过阅读此部分，我们可以找到作者做了什么（WTDD）、与现有文献一直的研究发现（RCL）、与现有文献观点不一致的研究发现（RTC）与对未来研究的建议（RFW）。

(5) 形成文献摘录表

运用密码阅读文献时，读者不仅仅需要识别其各句各段的功能（WTD、SPL、CPL、GAP、ROF、RCL、RTC，RFW），还需要将找到的文献阅读密码整理到如表 2-3-3 所示的文献摘录表中，有利于读者对于文献思考与回顾。

表 2-3-3 文献摘录表

文章序号	作者年份	WTD	SPL	CPL	GAP	ROF	RCL	RTC	RFW
1									
2									
3									
4									

步骤二　了解文献综述

1. 文献综述的内涵

文献综述是研究者在相关领域广泛阅读与理解思考的基础上，对本领域已有的相关文献进行分析、归纳、思考和反思的产物，其目的是了解相关领域的研究现状，以明确仍需进一步研究的问题。文献综述是一种在分析、比较、整理、归纳一定时空范围内有关特定课题研究的全部或大部分情报的基础上，简明地综述其中的最重要部分，并标引出处的情报研究报告。

文献综述具有综合性、代表性、客观性等特点。综合性是指要尽可能地把前人在某个研究领域的所有重要研究成果都要予以体现或呈现出来。代表性是指综述需要对已有研究进行筛选，选择那些能对后续研究产生持续影响或起推动作用的观点或看法。客观性是指综述只是作者对原始文献做客观分析，不应做过多主观的评论，切忌只是叙述或引用你认为正确、赞同或喜欢的观点。

文献综述不只是原始文献的罗列，而是体现作者归纳思路的创造性的研究成果，是一种很有价值的科技信息。

2. 文献综述的类别

(1) 按照综述信息含量的不同，文献综述可以分为叙述性描述、评论性综述和专题研究报告。叙述性描述是围绕某一问题或专题，广泛搜集相关的文献资料，对其内容进行分析、整理和综合，做综合、客观的描述的信息分析报告，重在描述性。评论性综述是在对某一问题或专题进行综合描述的基础上，从纵向或横向上做对比、分析和评价，提出作者自己的观点和见解，明确取舍的一种信息分析报告，重在评价性。专题研究报告是就某一专题，进行反馈与评价，并提出发展对策、趋势预测，是一种现实性、政策性和针对性很强的情报分析研究成果，重在预测性。

（2）按时间维度划分，文献综述可分为纵向综述和横向综述。纵向综述是指就某一研究在某一时间段内的研究进展进行述评。横向综述是指就某一研究问题在某一时间点的研究状况进行述评。

（3）按研究目的划分，文献综述可分为专题综述和课题研究综述。专题综述是指围绕某一专题对相关文献进行述评。课题研究综述是指关于该课题领域的研究动态、成果的述评。

（4）按文献来源划分，文献综述可分为公开发表文献综述、会议资料综述、内部资料综述等。

（5）按文献主题划分，文献综述可分为学术会议综述、著作研究与评价综述、事业发展动态综述、作者或作品研究综述等。

3. 文献综述的内容

文献综述的内容一般包括问题缘由、历史发展、现状分析、研究趋向、对策建议、参考文献等。

（1）问题缘由。问题缘由即绪言，是问题提出部分，主要阐明本综述撰写的目的、意义，介绍本文的基本内容、性质、适用范围和读者对象等。此部分应突出重点，简明扼要。

（2）历史发展。此部分以时间为纲，叙述各个阶段的发展状况和特点，特别要指出重大进展阶段的时间、原因、特点和意义等，以及前人的不同看法、论点和研究成果。

（3）现状分析。现状分析则是对比各国、各派、各观点和各方法的发展特点、取得的成效、现有水平、发展方向和需解决的问题等，并客观地评价其优点与不足。

（4）研究趋向。即根据发展历史和国内外现状，以及其他专业、领域可能给予本专业、领域的影响，根据在纵横对比中发现的主流和规律指出几种发展的可能性及趋势。

（5）对策建议。此部分主要根据上面的分析、评论和预测，参照国内外研究情况，具体地提出应采取的途径和措施，新的研究方案或设想等。

（6）参考文献。列出代表性的、重要的、高质量的参考文献。

步骤三　撰写文献综述

1. 文献综述撰写步骤

文献综述的撰写一般有叙述性文献综述法和系统性文献综述法两种。叙述性文献综述是通过描述和评论的方式对某一时期内的某一学科或专题的研究成果进行系统的、较全面的分析研究，进而归纳整理进行综合叙述。系统性文献综述是在传统文献综述提炼研究问题的基础上，标准化地执行计划、检索文献、评估文献质量、抽取数据、整合数据和撰写综述等关键步骤，主要针对大量文献采用量化方法进行分析。

以叙述文献综述为例，主要步骤为：

（1）确定关键词。根据选题确定检索的关键词，这些关键词可以是特定的术语、领域内知名的研究者和研究机构的名字等。

（2）检索文献。将检索关键词输入数据库进行初步筛选。在检索文献过程中，不要遗漏本研究领域经典的文献。

（3）归类文献。阅读文献资料的摘要和总结，以确定它与要做的研究有没有联系，决定是否需要将它包括在文献综述中。再研究文献存在的问题、观点的不足与尚未提出的问题，对资料进行归类、分析、比较和评判。

（4）总结提炼。资料归类后，要对每一类的资料再进行划分，归纳和提炼出不同的要点。

（5）组织文献。确定文献逻辑和组织方式。可按时间、主题和方法组织。

（6）撰写成文。将零散的读书笔记组织与整合，撰写成文。

2. 文献综述撰写原则

文献综述写作过程中应遵循一些原则，如表 2-3-4 所示。

表 2-3-4　文献综述的写作原则及其重要作用

写作原则	重要作用
5W 原则	决定研究论文的科学性和继承性；保证研究论文的开放性
权威性原则	决定研究论文继承的高度；为研究论文的真正创作奠定理论基础

续 表

写作原则	重要作用
完整性原则	决定研究论文的理论基础；保证继承的高度和深度
谱系性原则	决定研究文献内在演进的轨迹
先进性原则	决定研究论文的继承是否介入学术前沿；为理论创新和解决现实问题奠定必要的理论基础
述评性原则	评述结合原则的本质是"承前启后""推陈出新"，精确导出研究问题
针对性原则	决定研究问题的单纯性；报纸研究论文内在逻辑上的一致性
有效性原则	决定研究必要性，保证研究出发点的一致性

（1）5W原则。即按照什么人（who）、什么时候（when）、在什么地方（where）、为什么（why）、提出了什么学术观点（what）的写作方式撰写文献综述的原则。

（2）权威性原则。文献综述的内容是所研究问题的经典作家的经典论著，具有权威性和代表性，在学术研究中要坚持学术标准。

（3）完整性原则。收集的材料要尽可能全面完整，为选题研究打下坚实的基础。

（4）谱系性原则。要系统梳理研究文献的演进历程，可按时间由远到近、由前到后等方式明晰内在逻辑和演进规律。

（5）先进性原则。综述要有先进性与引领性，避免平庸或重复。

（6）述评性原则。文献综述写作必须述评结合，只有"述"没有"评"便失去了撰写文献综述的目的性；只有"评"没有"述"则研究问题便会缺乏说服力。

（7）针对性原则。一篇文献综述是针对一个研究主题的，是针对一篇研究论文的，而不是通稿。

（8）有效性原则。文献综述要为研究问题服务，要具有一定的社会意义和现实意义，要可行有效。

综述撰写时要注意：观点与观点之间，标题与标题之间要有逻辑联系；避免过多引用原文；文献观点的引用需具有代表性；要说明文献综述的局限性及有待拓展的问题；不遗漏重要观点，不堆砌闲杂内容等。

研究与思考

1.请选择信息化教学方面的学术文献，利用编码法进行阅读和记录分析，填写文献摘录表。

表 2-3-5　文献摘录表

文章序号	作者年份	WTD	SPL	CPL	GAP	ROF	RCL	RTC	RFW
1									
2									
3									

2.请分析研究相关文献案例，分析其类型、撰写方式与依据。

研究阅读

[1] 钟志贤,卢洪艳,张义,等.教育数字化转型成熟度模型研究——基于国内外文献的系统性分析[J].电化教育研究,2023,44(6):29-37.

[2] 周晓清,焦建利,詹春青.中小学移动学习教学法研究的系统性文献综述[J].现代教育技术,2023,33(8):58-66.

[3] 张俊涛,杨先娣,宋伟,等.在线教育环境中学习共同体研究综述[J].软件学报,2023,34(11):5058-5083.

[4] 盛小平,欧阳娟.国内外开放科学评价研究综述[J].情报理论与实践,2023,46(11):174-181.

[5] 王洪江,李作锟,廖晓玲,华秀莹.在线自主学习行为何以表征元认知能力——基于系统性文献综述及元分析方法[J].电化教育研究,2022,43(6):94-103.

[6] 赵宏,蒋菲.我国继续教育质量保证研究的发展脉络——基于CNKI文献的可视化分析[J].中国远程教育,2022(10):29-39+76-77.

[7] 胡晓玲,韦慕春,袁民,等.教育领域的系统性文献综述:本质、价值与实现[J].电化教育研究,2024,45(1):43-51.

[8] [美]劳伦斯·马奇(Lawrence A. Machi),[美]布伦达·麦克伊沃(Brenda T. McEvoy).怎样做文献综述:六步走向成功[M].陈静,肖思汉,译.上海:上海教育出版社,2011.

[9] 张一春,杨宇晴,王瑞喆.数字化转型背景下我国教育评价政策演进之路——基于21世纪我国154项政策文本的分析[J].中国教育信息化,2023,29(12):3-14.

[10] 张一春,王瑞喆,杨宇晴.改革开放45年:我国教育信息化政策演进机制分析[J].数字教育,2023,9(5):8-14.

[11] 邓敏杰,张一春,范文翔.美国循证教育的发展脉络、应用与主要经验[J].

比较教育研究，2019，41（4）：91-97.

［12］范文翔，张一春，李艺. 国内外计算思维研究与发展综述［J］. 远程教育杂志，2018，36（2）：3-17.

［13］范文翔，赵瑞斌，张一春. 美国STEAM教育的发展脉络、特点与主要经验［J］. 比较教育研究，2018，40（6）：17-26.

［14］兰国帅，张一春. 境外教育技术研究：进展与趋势——教育技术领域20种SSCI和A&HCI期刊的可视化分析［J］. 电化教育研究，2015，36（7）：114-120.

［15］兰国帅，张一春，王岚. 国外教育技术研究趋势管窥与反思——基于ET&S（SSCI）（2003—2012）中高被引论文分析［J］. 中国电化教育，2014（3）：12-18.

［16］周晶，兰国帅，张一春. 基于CSSCI（1986—2014）的信息素养与媒介素养的比较研究［J］. 现代远距离教育，2015（3）：17-24.

［17］陈继祥，张一春. 我国SPOC研究热点与展望——基于CNKI（2014—2019年）收录的核心期刊文献［J］. 成都师范学院学报，2020，36（4）：1-8.

［18］中国国家数字图书馆：http://www.nlc.gov.cn/

［19］国家科技图书文献中心：https://www.nstl.gov.cn/

［20］国家哲学社会科学文献中心：https://www.ncpssd.org/

活动实践

1. 请使用不同的工具检索文献，比较检索结果，并分析这些工具的特点。

2. 在进行文献检索时，如何设计检索方法提高检索效率？

3. 文献管理的作用是什么？应该如何高效地进行文献管理？

4. 分析综述与研究问题、研究背景的关系。

5. 请检索与信息化教学主题相关的文献，尝试撰写一篇文献综述。

单元 3　设计研究

活动导图

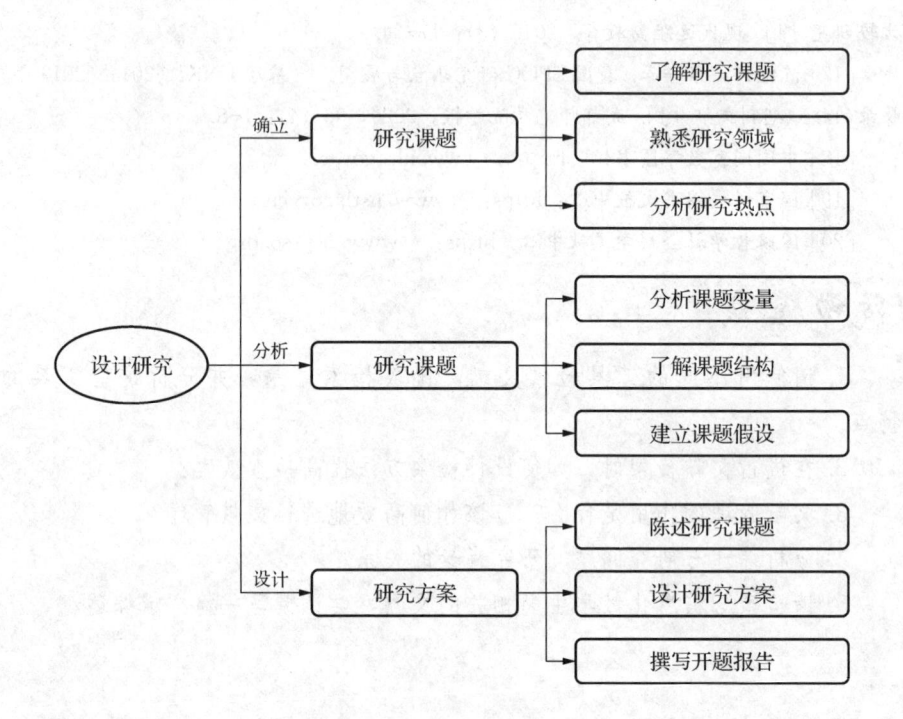

```
                    ┌─ 研究课题 ─┬─ 了解研究课题
              确立 ─┤            ├─ 熟悉研究领域
                    │            └─ 分析研究热点
                    │
                    │            ┌─ 分析课题变量
设计研究 ─── 分析 ─┤ 研究课题 ─┼─ 了解课题结构
                    │            └─ 建立课题假设
                    │
                    │            ┌─ 陈述研究课题
              设计 ─┤ 研究方案 ─┼─ 设计研究方案
                                 └─ 撰写开题报告
```

活动目标

1. 掌握课题的分析工具与研究方法。
2. 能够分析课题的变量并建立合适的假设。
3. 能够设计研究方案并撰写开题报告。

信息化教学的研究设计是对信息化教学研究活动的全过程的设计，是确保研究质量的关键环节，一般包括确立研究课题、提出研究假设、选择研究对象、分析研究变量，确定研究方法，最后形成研究方案。

活动一　确立研究课题

确立研究课题是研究的第一步，也是最重要的一步。研究的许多问题都是在实践中产生的，平时要养成随时记录出现的研究灵感与想法的好习惯。

步骤一　了解研究课题

1. 研究课题的内涵

课题就是尚未解决的问题，但不是所有的问题都能成为课题。课题是在前人研究的基础上继续开展的有价值的研究活动，是一种开创性的研究与探索。一个好的研究课题，可以明确研究方向、体现研究水平、制约研究过程并预示研究成果。

发现问题比解决问题更重要。研究课题既是研究的现实起点，也是整个研究的关键点，决定了整个研究的方向与质量。开展研究必须具备两个前提：一是对自己研究的领域有一定的了解并经常关注研究动态的发展；二是要有不断思考、不断创新的精神。研究选题的能力也体现了研究者敏锐的问题意识、扎实的文献基础及熟练的研究方法运用和把握能力。

随着信息技术的飞速发展，信息化教学也在不断地变化发展。研究信息化教学就应该了解其过去、现状和未来，了解有哪些人在研究、研究什么、研究成果如何，这样才能在信息化教学领域中认清方向，把握前沿。研究者需要广泛浏览相关的专业期刊和网站，了解目前研究的情况，并且能够总结与归纳，从中确立自己的研究课题。

2. 研究课题的类型

（1）按研究的性质分类，可分为理论性课题和应用性课题。理论性课题是指对教育规律和方法论的研究。这类课题一般不针对某一具体教育现象，其研究成果具有较广泛的指导意义。应用性课题是指针对教育的具体实践，为解决教育实践中某一个领域或某一方面的具体问题展开的研究。应用性研究的成果一般可以直接用于教育实际。

(2) 按资料来源和时间分类，可分为历史性课题和现实性课题。历史性课题是指通过对历史资料的分析探讨不同历史时期教育的特点，揭示教育的规律，吸取历史经验和教训。现实性课题是指对现实性课题资料的研究，认识和解决现实教育中的问题。其中也包括建立在现实基础上的教育预测及未来教育研究。

(3) 按研究的内容分类，可分为综合性课题和单一性课题。综合性课题主要是指同时涉及若干领域或若干方面内容的课题。综合性课题一般要分成几个子课题，组织较多的研究者协作完成。单一性课题主要是指对教育的某一方面或某一现象进行探讨。

(4) 按研究的手段分类，可分为实验性课题和描述性课题。实验性课题主要是指通过实验设计来实现研究目的的课题。描述性课题主要是指通过调查研究、资料分析、逻辑推理等手段实现研究目的的课题，又称论理性课题。

(5) 按课题选定形式分类，可分为委托课题和自选课题。委托课题是指有关部门委托研究的课题，一般是一些规模较大的科研项目。自选课题是指研究人员自己选取的课题。

(6) 按研究范围大小分类，可分为宏观研究、中观研究和微观研究。宏观研究是对系统较大范围内的整体性、综合性和系统性的研究。中观研究是对一定范围、一个领域、一条战线、一个部门内的研究。微观研究是对某一具体问题或某个单独因素进行具体细致的研究。

3. 研究课题的特点

研究选题应当是具有"价值"，是"可行"的，同时应当是基于研究者"研究积累"的。研究课题的选择要遵循"小、精、准、新"的原则，还要注意以下几点：

(1) 科学性。科学性是科学研究的根本。科学性原则是指在选择课题时，必须有理论根据或事实根据，从而保证研究的方向性和成功的可能性。在确定研究课题时，指导思想及目的要明确，立论根据要充实、合理，推理要合乎逻辑，不可无根据地臆断。

(2) 需要性。需要性是科学研究的出发点，也体现了研究的目的性。在选择课题时要考虑课题的实际效益。需要性一般有外部需要和内部需要两方面。

（3）价值性。价值性是科学研究的意义所在。课题的价值包括理论价值和实践价值两方面。理论价值是指该研究本身对理论的贡献，实践价值是指该研究对于社会经济发展、人类生活变迁所带来的意义。一个好的研究课题应该兼顾两方面，要解决真问题。

（4）可行性。课题要根据研究者的实际能力与客观条件的允许而建立，要考虑到可操作性。比如研究的样本和数据收集，人财物等客观条件，研究者自身知识基础，课题前期的研究积累等因素。

步骤二　熟悉研究领域

随着信息技术的发展，信息化教学领域的研究课题越来越丰富。比如：

（1）教育信息化的基本概念研究，如教育信息化含义与演变、教育信息化的特征、教育信息化的研究对象、研究方法、研究过程、信息化教育与教育信息化、信息化教学与教学信息化等。

（2）信息化教学的理论基础与基础理论研究，如教育学、心理学、教育传播学、信息论等；学习理论，如行为主义、认知主义、建构主义等；技术哲学理论，如人本主义、技术主义、后现代主义等。

（3）学习环境的研究，如智慧教室、智慧校园、智慧学习环境和虚拟环境等。

（4）学习资源的研究，如学习资源的概念与分类，视频课、微课、在线开放课程、虚拟仿真资源、资源库等学习资源的制作、应用、评价和管理等。

（5）学习过程的研究，如学习过程的概念、教学模式与教学方法、教学策略与学习策略、技术支持和信息化管理等。

（6）教学设计的研究，如教学系统、教学设计、教案的开发等。

（7）教学技术的研究，如信息化教学技术、大数据、物联网、人工智能技术等。

（8）教学评价的研究，如教学评价的概念、类型，学习过程中的评价、学习资源的评价、教学绩效评价与管理等。

（9）教学管理的研究，如教育信息化的设备管理、人才管理和技术管理等。

（10）教学实施的研究，如信息技术与学科整合的研究、智能技术教学应用研究等。

(11) 其他教育信息化研究，如企业教育培训设计、人才培养与教育信息化能力建设、教育信息化产品研究与开发、教育游戏等。

课题的来源很多，主要来源有教育实践和社会需要，教育实践经验向教育理论的转化，教育基本理论向教育应用实践的转化，教育科学研究本身的偶然发现，现有教育理论自身的不足与缺陷，其他学科研究的启示与移植等。我们可以参考国家、省市每年的科研项目指南；或利用文献检索工具，查询目前教育信息化研究的热点问题；也可以向专家了解，或者深入实践、参加学术会议等来建立研究课题。

步骤三　分析研究热点

在确立选题时，可以借助一些信息化的工具，帮助我们挖掘前沿热点、分析研究方向，获得选题思路。目前主要可用工具有：

1. 可视化课题领域

(1) 词云——明晰文本主题

词云是对文本中出现频率较高的关键词在视觉上的突出。词云图过滤掉大量的文本信息，使用者只要一眼即可了解文本的主题。以"微词云"为例，支持"简单导入""分词筛词后导入""从 Excel 中导入关键词"等，其中"分词筛词后导入"更适用于分析整篇文献。依据研究需求，进行词性过滤，如图 3-1-1 所示，可得到如图 3-1-2 所示的词云图。

图 3-1-1　词性过滤页面

图 3-1-2　词云图

（2）中国知网——了解选题方向及热点

中国知网利用大数据技术提供智能选题分析、文献推荐、格式检查等功能，包括毕业论文管理系统、课程作业管理系统以及写作助手、选题分析等知识服务工具。在"信息化教学"的检索结果页面，选择"导出与分析"下拉栏中的"可视化分析"中的"全部检索结果分析"，可了解该研究主题的总体趋势及其学科、类型、来源、机构等方面的分布趋势，如图 3-1-3 所示。其中，通过总体趋势可以了解选题方向，如图 3-1-4 所示。

图 3-1-3　CNKI 的检索结果页面

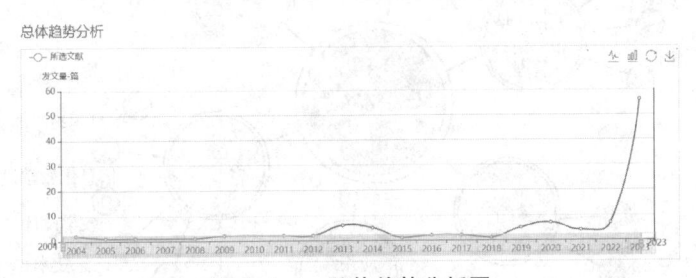

图 3-1-4　总体趋势分析图

（3）百度学术——分析研究趋势

百度学术支持课题分析，可对研究领域可视化分析、深度挖掘相关文献。通过标题/关键词搜索，分析选题研究走势、现状/关联、研究者与机构等信息，每个方向都用不同颜色进行区分，每个研究方向都会显示经典论文、最新发表论文、综述论文以及学位论文。在开题分析页面，以"信息化教学"为检索主题词可得到的研究趋势、关联研究、学科渗透，如图 3-1-5、图 3-1-6 和图 3-1-7 所示。

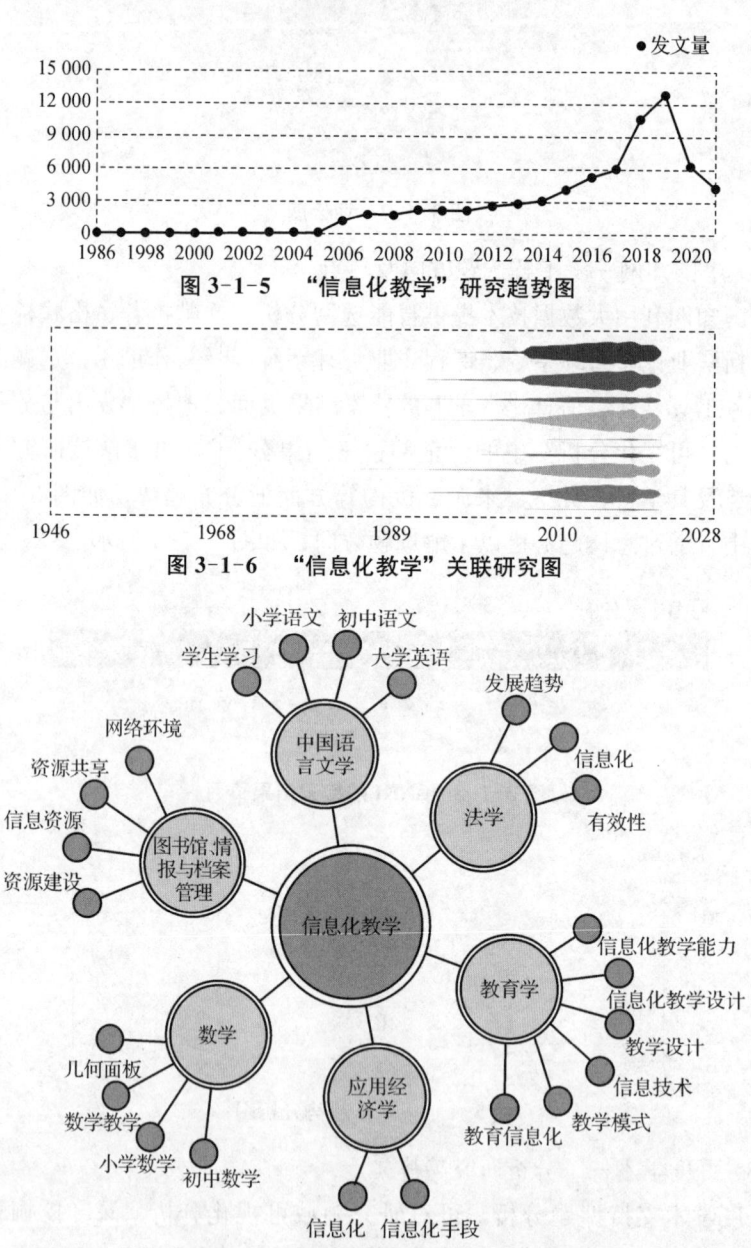

图 3-1-5 "信息化教学"研究趋势图

图 3-1-6 "信息化教学"关联研究图

图 3-1-7 "信息化教学"学科渗透图

(4) HistCite——锁定关键文献

HistCite 是一款科学文献引文链接分析和可视化免费软件，可对 ISI 的 SCI、SSCI 和 SA&HCI 等文献数据库的引文数据进行计量分析，由于是从 WOS 核心合集和 Scopus 中下载文献数据，因此仅支持英文文献。HistCite 基于参考文献的引文关系，可以快速绘制出目标研究领域的文献历史关系和发展脉络，锁定重要文献和关键学者，还可以找到某些具有开创性成果的无指定关键词的论文，帮助研究者迅速掌握某一领域的文献历史发展情况。

在 HistCite 导入文献数据后，点击菜单中 Tools 下拉栏中的 Graph Maker，即可进入 Graph Maker 界面，再点击 Make graph 可以绘制当前文献的引文关系图，如图 3-1-8 所示。

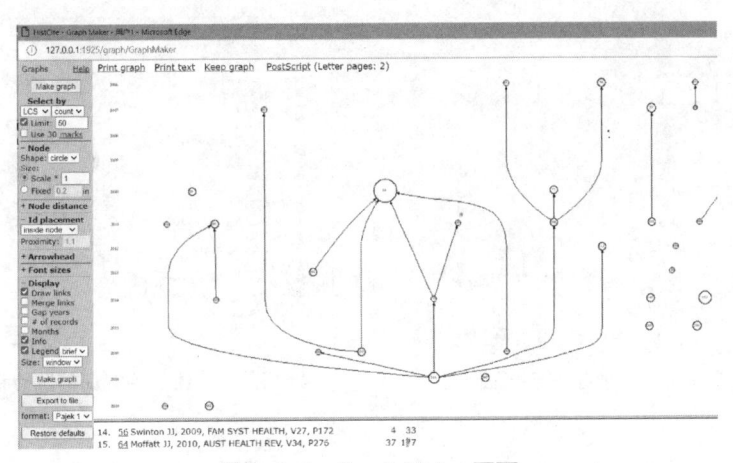

图 3-1-8　Graph Maker 页面

图上的圆圈表示筛选出此研究课题最重要的文献，每个圆圈表示一篇文献，中间的数字表示文献在数据库中的序号。圆圈大小表示引用次数，圆圈越大，表示被引用次数越多。不同圆圈之间有箭头相连，箭头表示文献之间的引用关系。一般情况下，最上面的圆圈较大，并有很多箭头指向这篇文章，那么这篇文章很可能就是此领域最经典的著作。

2. 挖掘课题热点关系

(1) VOSviewer——可视化选题方向

VOSviewer 是文献可视化分析工具，即通过"网络数据"（主要是文献知识单元）的关系构建和可视化分析，实现科学知识图谱的绘制，展现知识领域的结构、进化、合作等关系，适合于大规模样本数据。它一般用于分析

Web of Science 数据库中的英文文献。在导入数据后，便可生成合作网络分析、关键词共现分析、引证分析、耦合分析、共被引分析的可视化图谱。其中关键词共现分析有利于呈现研究热点，可视化选题方向。

在图 3-1-9 中，选择"Binary counting"，进入关键词筛选页面，如图 3-1-10 所示，在此页面可以取消对无用关键词的勾选。选择"Finish"后，便可呈现关键词共现分析图，如图 3-1-11 所示。节点越大表示期刊的重要性越高。不同的颜色则代表不同的领域，能够看出其他领域对研究课题的影响，以及多个领域间的交叉现象。

图 3-1-9　创建图谱页面

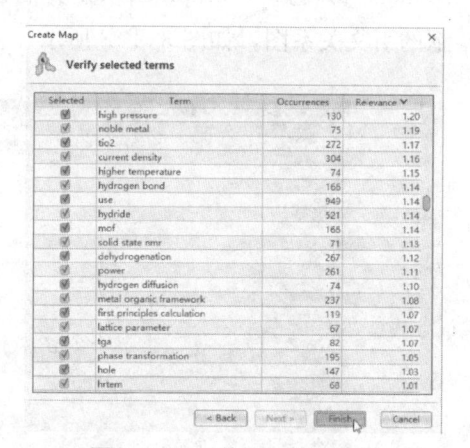

图 3-1-10　关键词筛选页面

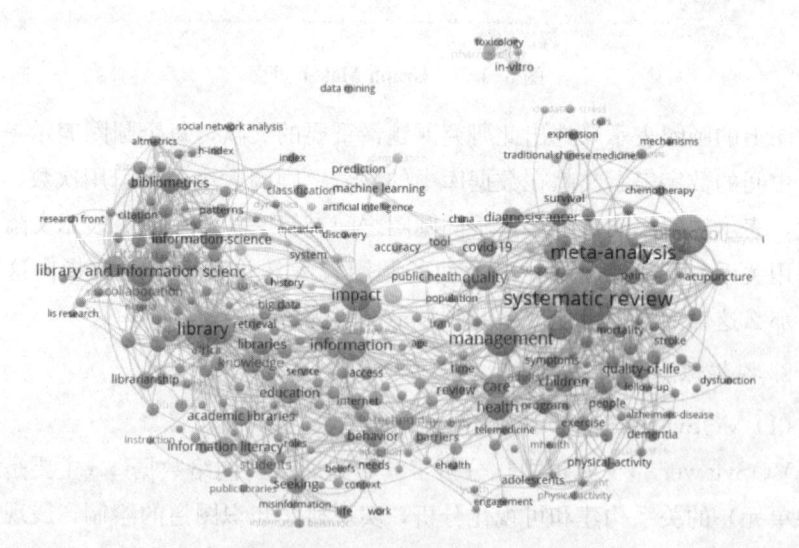

图 3-1-11　关键词共现分析图

(2) CiteSpace——挖掘前沿热点

CiteSpace 是一款可视化文献分析软件，能将学术文献中的信息关系通过可视化的方式表现出来，以科学知识图谱形式追踪研究某个领域热点和发展趋势，能够显示一个学科或知识领域在一定时期发展的趋势与动向，并生成可视化报告，帮助研究者了解研究领域的研究前沿及演进关键路径，重要的文献、作者及机构。尤其是 Burst detection（突现分析）功能，可用来探测在某一时段引用量有较大变化的情况，用以发现某一个主题词、关键词衰落或者兴起的情况，获取到研究主题的研究前沿。CiteSpace 可用于对 ISI、CSSCI 和 CNKI 等多种文献数据库进行分析。

在 CiteSpace 首页点击 "Text Processing" 下的 "Noun Phrases"，在弹出框中选择 "Create POS Tags"。然后选择 "Burst Terms"，点击 "Detect Bursts"，在弹出框中选择 "Noun Phrases"。再点击 "GO" 便可生成知识图谱。如图 3-1-12 所示。

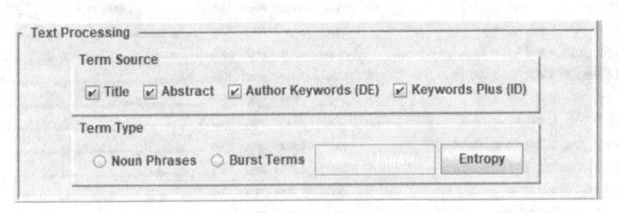

图 3-1-12　Text Processing 窗口

在知识图谱的界面，旁边有个 Control Panel，如图 3-1-13 所示，点击 "Burstness"，确定参数后点击 "Refresh"，就可以生成研究热点图，如图 3-1-14 所示，可以发现该研究主题在某个时间下的代表性文献，明确研究趋势与重点，从而挖掘前沿热点。

(3) BibExcel——挖掘文献数据

BibExcel 是一款专业易用的文献分析软件，可用于分析 ISI 的 SCI、SSCI 和 A&HCI 文献数据库。它使用简单，功能强大，为用户提供了文献计量分析、引文分析、共引分析、耦合分析、聚类分析和数据可视化等功能。

在 BibExcel 导入文献数据后，会得到一个 ".doc" 文件，并显示在窗口右下方。此文件会通过字符标识字段，如 TI-标题、AU-作者、PY-出版年、CD-引文、DE-关键词等。如图 3-1-15 所示。

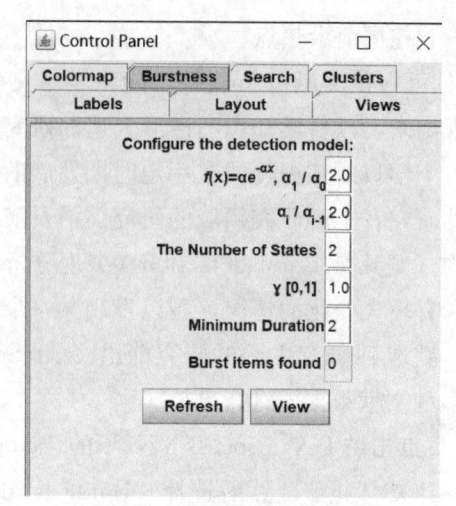

图 3-1-13　Control Panel 页面

图 3-1-14　研究热点图

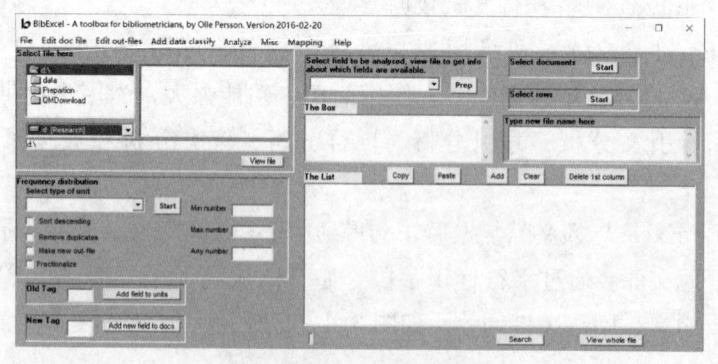

图 3-1-15　BibExcel 页面

通过简单抽取字段，来了解来源文献或者引文中的各个字段的频数。若抽取关键词字段，则在 Old Tag 填写"de"，并从中间上部的 Prep 旁边的下拉菜单选择"Any；separated field"，然后点击"Prep"，主要在弹出框选择"否"，随后便生成".out"文件用于进一步分析。如图 3-1-16 所示。

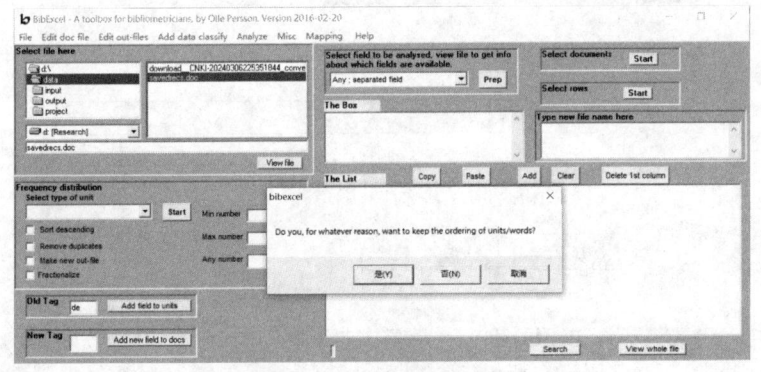

图 3-1-16 抽取关键词字段

此软件还可进行共现分析。在上述操作基础上，选择菜单栏中"Analyze"下的"Co-occurrence"，选择"Make pairs via listbox"，即可创建".coc"文件生成共现数据。

此外，若需进一步利用共现数据生成共现图谱，则需生成对应的".net"文件".vec"文件，再利用其他软件绘制共现图谱。具体操作是选择菜单栏"Mapping"下的 Create net-file for Pajek、VOSviewer、Mapequation、NetDraw、Ucinet 等，如图 3-1-17 所示，生成".net"文件。再选".cit"文件下，选择菜单栏"Mapping"下的"Create vec-file"选项，生成".vec"文件。随后利用 Pajek、VOSviewer、Mapequation、NetDraw、Ucinet 等软件打开这两个文件，便可创造共现图谱。

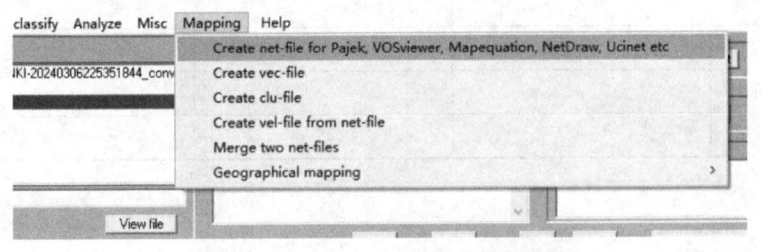

图 3-1-17 创建".coc"文件操作图

（4）维普——修改研究选题

维普有论文选题的功能，在已经确定选题方向的基础上，搜索关键词和论文类型，提供参考选题判断选题题目是否重复/修改。此外，提供推荐参考文献、下载论文模板和参考文献、在线预览参考文献的服务。如图 3-1-18 所示。

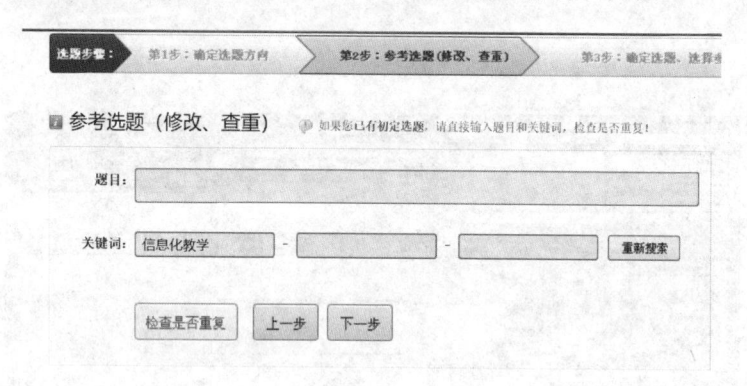

图 3-1-18　维普智能选题页

研究与思考

请利用分析工具，探究数字化教学、教育数字化转型、人工智能领域的情况，填写表 3-1-1。

表 3-1-1　研究主题分析表

	数字化教学	教育数字化转型	人工智能
前沿热点			
研究趋势			
最新研究			
关键文献			
关键学者			
关联学科			
关联研究			
其他			

活动二 分析研究课题

确定研究课题后，需要对拟选定的课题进行分析，制定课题研究的方案，确定课题研究的意义、目标和对象，促进课题研究的有效进行。

步骤一 分析课题变量

在研究过程中需要进行操纵控制和测量的各个因素称为研究变量。构成变量的一系列同性质的单项称为变数。

1. 研究变量的类型

变量是指在质或量上可以变化的概念或属性，是随条件变化而变化的因素或因个体不同而有差异的因素。研究变量则是研究者感兴趣的、所要研究与测量的、随条件变化而变化的因素。教育研究过程中的变量一般可以分为自变量、因变量、无关变量、调节变量、中介变量等。

（1）自变量。自变量又称刺激变量，是由研究者安排的、人为操纵控制的、做有计划变化的诸因素。自变量的变化会导致研究对象发生反应，它的变化能够被研究者所操纵控制，并且它的变化是受计划安排的。如对象的年龄、性别、社会经济地位、家庭结构、父母职业等。

（2）因变量。因变量又称应变量或依变量，它是随着自变量的变化而变化的，是研究者打算观测的变化因素。因变量的变化不受研究者的控制，它的变化是由自变量的变化所产生的。

在信息化教学研究中比较常见的因变量有：即时行为反应，指研究对象在刺激因素面前的即时行为反应，如语言行为反应、非语言行为反应和特殊语言行为反应等；个体状态变化，指研究对象个体学生受刺激后持续积累的状态变化，如知识的增长、能力的提高、心理的变化等；群体状态变化，指受刺激因素作用后研究对象群体的状态变化，如教学规模、教学质量、教学效率的变化等；态度倾向变化，指研究对象的评价性态度、情感性态度、行动倾向性态度、观念等；学习行动变化，指学生学习的主动性、学生学习的积极性、学生学习对参与的需求性与迫切性、学生学习的参与程度等学习行动的变化。

（3）无关变量。无关变量也叫控制变量，是指研究中与研究无关的变量，或者无法控制及测量的变量。无关变量一般是难以预料、难以控制的，它的影响有大有小，它的存在会对其他变量产生影响，如被试者的主观态度、习惯、动机等。

（4）调节变量。调节变量是一种特殊变量，具有自变量的作用，也称"次自变量"。它会同时影响自变量与因变量。

（5）中介变量。中介变量也称中间变量，是介于原因和结果之间，自身隐而不显，起媒介作用的变量。中介变量是不能直接观测和控制的变量。它的影响只能从研究的自变量和因变量的相互关系中推断出来。

2. 研究变量的关系

自变量与因变量是研究过程中的一对变量，它们之间相互联系、相互制约，又可以相互转化。自变量是因变量的基础，因变量是自变量的结果。自变量与因变量的异同如表3-2-1所示。在研究过程中要特别注意无关变量有时根据研究的目的可以与自变量相互转化。

表 3-2-1　自变量与因变量的异同

相同点		1. 均由若干变数构成； 2. 依据研究目的人为模拟控制； 3. 可定量与测量
不同点	自变量	1. 主动模拟控制； 2. 外部对对象的作用
	因变量	1. 跟随变化； 2. 对象对外部的反应

当仅考虑自变量、因变量和无关变量三种变量时，这三者关系如图3-2-1所示，原因产生结果，自变量操纵因变量，无关变量控制因变量，因变量的变化则需要用具体的研究工具进行测定。

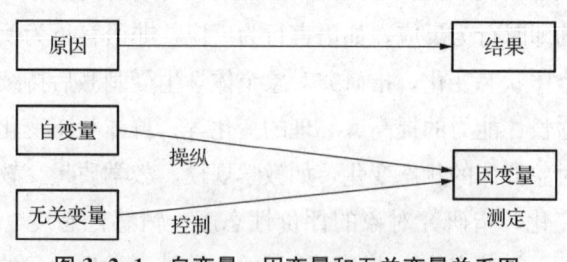

图 3-2-1　自变量、因变量和无关变量关系图

当考虑自变量、因变量、无关变量、调节变量和中介变量之间的关系时，自变量、因变量、无关变量的关系照旧，调节变量是从无关变量中分离出来的

一种变量，它的作用相当于一个次要的自变量，并与自变量一起作为原因纳入研究。中介变量是原因和结果之间、自变量和因变量之间的可能中介，它的存在会对自变量、调节变量的效果的解释产生影响。如图 3-2-2 所示。

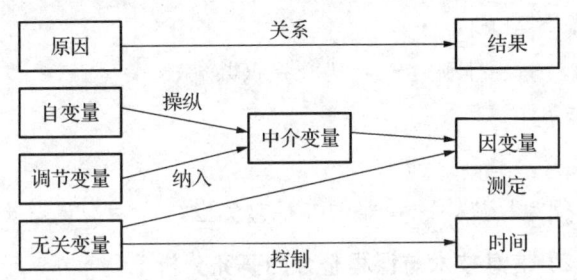

图 3-2-2　自变量、因变量、无关变量、调节变量和中介变量关系图

步骤二　了解课题结构

1. 课题的结构模型

对于信息化教学中的应用型研究课题，一般利用结构模型表示其内部各元素的关系，如图 3-2-3 所示。

图 3-2-3　研究因素结构图

课题研究就是研究对象在输入因素的作用下，发生反应，形成输出因素。我们要研究的就是这些因素。这三种因素又是由若干变数组成的：

X＝外界环境对研究对象作用的因素

$X = \{X_1, X_2, \cdots, X_n\}$

S＝研究对象结构特征与性质因素

$S = \{S_1, S_2, \cdots, S_n\}$

Y＝对象对外界作用的反应因素

$Y = \{Y_1, Y_2, \cdots, Y_n\}$

【例 3-2-1】"在大学物理教学中采用在线课程是否对教学有效果"的研究变量分析

我们可以分析各因素的主要因子：

X＝物理在线课程

$X = \{X_1, X_2, X_3, \cdots\}$

X_1＝在线课程的交互功能，X_2＝在线课程的学习内容，X_3＝练习与测试的评价功能，……

S＝大学生

$S=\{S_1, S_2, S_3, \cdots\}$

S_1＝年级，S_2＝性别，S_3＝已有知识基础，……

Y＝刺激反应

$Y=\{Y_1, Y_2, Y_3, \cdots\}$

Y_1＝语言行为反应，Y_2＝非语言行为反应，Y_3＝知识增长，……

【例3-2-2】信息技术与课程整合的研究分析

信息技术与课程整合提高了课程本身的可视性、生动性及趣味性，把信息技术作为学生学习的认知工具，可以提高学生的学习效率，以及学习的积极性、主动性。

假设：信息技术与课程的整合，对课程改革、教师及学生能力的提高很有益处。

变量分析：自变量 X＝信息技术与课程整合

$X=(X_1, X_2, X_3, \cdots)$

X_1＝信息技术的种类

X_2＝信息技术与课程整合的方式

X_3＝不同的课程情况

……

研究对象 $S=\{S_1, S_2, S_3, \cdots\}$

S_1＝学生性别，S_2＝学生信息素养，S_3＝学生学习态度，……

因变量 Y＝课程改革的效果、教师教学能力与学生学习能力的提高

$Y=(Y_1, Y_2, Y_3, \cdots)$

Y_1＝课程教学效果

Y_2＝教师信息素养的提高

Y_3＝学生学习效率的提高

……

2. 应用性研究课题

信息化教学中的应用性研究课题一般有三种类型，如表3-2-2所示。

① 探测性研究。已知输入因素和结构因素，探求输出因素。

② 结构性研究。已知输入因素和输出因素，探求结构因素。

③ 开发性研究。已知结构因素与输出因素，探求输入因素。

表 3-2-2　应用性研究课题案例

	X	S	Y	例子
探测性	√	√	?	给小学生看动画片《小蝌蚪找妈妈》，研究该动画片对学生了解青蛙的生长繁殖有无帮助
结构性	√	?	√	研究教学视频微课《英语口语进阶》给哪一年级的学生看效果最明显
开发性	?	√	√	拟给小学生讲授电的原理，用什么方法来讲解最容易理解

研究课题根据性质不同还可以分为探索性、发展性和争鸣性三类。探索性课题是对尚处在空白区的研究领域进行研究，得出创新性的成果。发展性课题是在前人研究基础上继续研究，得出前人没有得出的结果。争鸣性课题是对现有的研究成果有不同意见而进行的研究。

步骤三　建立课题假设

1. 研究假设的含义

假设是关于事物现象及其规律性的一种不完备、尚待实践证实的推测，是在研究之前对研究对象的特征及有关现象的相互关系做出的推测性的判断和设想。例如"如果合理运用现代信息技术手段开展教学，那么就可以提高教学效率"就是一个推测性的判断。研究假设是我们在实施课题研究设计之前，必须明确的问题。在信息化教学研究中，提出具体的研究假设具有非常重要的作用。

(1) 为课题研究指明方向。研究假设使研究目的更明确、研究范围更确定、研究内容更具体，避免了无目的平均用力造成时间和精力的浪费，保证课题研究的成功。

(2) 保证课题研究直指成果。课题研究的过程实质上就是检验假设的过程，课题研究的直接目的就是验证假设。验证假设的结果可以证实，也可以证伪。

(3) 使研究者能合理设计研究方案、选择研究方法。具体研究假设的提出，使研究者能够根据假设内容的性质，针对要收集的数据设计研究方案和选择检验方法。

研究假设是课题研究者根据教育科学理论和自己已有的知识经验对所要研

究课题的成果提出的初步设想和预见。假设是关于条件和结果之间关系的表述，即我们创造了什么条件，采取了哪些教育措施，就可能达到预期的结果。

2. 研究假设的特点

研究假设具有如下特点：

（1）科学性。虽然假设是以经验和理论为基础的，但假设必须有一定的事实和理论依据，应符合逻辑，理由充分，能解释与假设有关的事物与现象。

（2）预测性。假设应具有预测性，它对因果关系的解释是不确定的、或然的，即两个变量的关系非真则假，非此即彼，要么接受，要么拒绝。

（3）新颖性。假设是对变量之间关系的大胆设想，应具有创新意义，不能总是用现成的结论来代替假设。当然假设必须针对研究问题而建立。

（4）可验证性。假设涉及的概念、变量应是可以操纵、测量的，具有被证实或被证伪的可能性。

（5）简明性。假设在表述上应简要明晰。简洁的假设既利于读者理解，又便于研究者检验。

（6）概括性。好的假设大多能产生或推演出大量的推论，并且在所及范围内具有较大的概括性。

此外，在建立假设的过程中，要注意在某个领域中所提出的假设，不应与该领域已证实为正确的理论相悖，而且假设必须同已知的和验证过的事实不产生矛盾。

3. 研究假设的陈述

假设的陈述一般包括限制性条件、自变量、因变量等。假设必须包含两个以上变量之间的假想性关系的陈述，陈述中各变量必须具有明确的定义，陈述只是一种待验证的关系，必须能被验证。因此，假设一般有四种陈述方式：

（1）存在式。存在式表述的形式为：在 C 的条件下，X 具有 Y 的性质。存在式表述是对对象特征的一种描述。如：教育信息化工作开展较好的学校一定是领导重视、经费到位、人员努力的。又如：精品一流课程一定是有一流的教学队伍、一流的教学内容、一流的教学方法、一流的教材、一流的教学管理、一流的教学效果。

（2）条件式。条件式表述的形式为：在 C 的条件下，如果有 X，才有 Y。条件式表述是基于某种条件的陈述。如：对于小学某年级的学生，在语文阅读课的教学中，如果开展情境式启发教学，能增强对词语语义的记忆和理解。如果学校给教育信息化部门更大的重视与投入，其工作一定会更出色。

（3）差异式。差异式表述的形式为：在 C 的条件下，X_1 的 Y_1 与 X_2 的 Y_2 之间存在差异。差异式表述是对多种对象的比较。如：对于综合实践活动课，探究式教学方法的效果优于讲授式教学方法的效果。高校与中小学在信息技术与课程整合方面存在差异。

（4）函数式。函数式表述的形式为：在 C 条件下，随着 A 的改变，B 将做某方式的变化。函数式表示是指研究对象在随某一因素而发生变化。如：随着年龄的增长，学生的认识水平在不断提高。随着信息化水平的提高，教学的手段在不断创新。

研究与思考

请针对自己拟开展的某项研究课题分析其变量，填写表 3-2-3。

表 3-2-3　研究课题分析表

课题名称		
课题类型		
研究变量	自变量	
	因变量	
	无关变量	
	中介变量	
	调节变量	
课题结构	输入因素 X	
	结构因素 S	
	输出因素 Y	
研究假设	陈述方式	
	假设方法	

活动三　设计研究方案

研究设计主要指全面规划整个研究过程，合理安排研究中的各项工作。

它能帮助研究者明确研究范围和目标，规划研究程序和进度，为顺利完成研究任务提供保证。研究设计主要回答四个基本问题：研究什么？为什么研究？如何研究？有何成效？

步骤一　陈述研究课题

课题陈述是研究方案的最简版。课题陈述简要说明了研究范围、研究对象、研究内容、研究方法等，良好的课题陈述可以为研究者提供研究的基本方向，并指出课题的焦点和所处的背景，同时还可以阐明构成研究结果基本框架的关键因素。研究课题的陈述要简洁明了，要点明研究关键，并注意叙述的结构。

研究课题的陈述一般要包括以下几个方面的内容：

（1）课题的一般性描述，包括课题来源、类型和目标。

（2）课题的目的意义，包括重要性和价值性的说明。

（3）课题中的主要问题与次要问题。

（4）课题的相关资料分析，例如该课题研究的有关历史记录，当前有关研究问题的资料调查，或者与当前课题有关的问题分析等。

（5）研究技术中的限制性说明。

步骤二　设计研究方案

研究方案就是课题确定之后，研究人员在正式开展研究之前制订的整个课题研究的工作计划，它初步规定了课题研究各方面的具体内容和步骤，是如何进行研究的具体设想和实施蓝图。

研究方案一般分为专题研究、实验研究和学位论文研究三种。专题研究就是一般的课题研究，指针对某个主题的科学研究。比如教育科学规划课题研究、自然科学基金项目研究、人文社科项目研究等，其研究方案就是项目规划书或申请书。实验研究就是针对某个主题开展的以实验为主要研究方法的研究，其研究方案就是实验计划书。学位论文研究就是以毕业论文为主要成果的研究，比如博士学位、硕士学位和学士学位的论文研究，其研究方案就是开题报告。

不管哪种研究方案，一般都包含以下内容：

1. 课题名称

课题名称是指课题的名字。课题名称要能准确地反映研究的范围、对象、内容、方法和类型，能显示研究变量以及变量之间的关系，使人一看就能了解课题研究的内容。课题名称所用的词语和句型要规范科学，一般不超过 20 个字。

2. 研究目的与意义

研究的目的与意义，即研究的实践价值与理论价值。研究的目的和意义要具体，有针对性，可以从研究缘由、研究创新点、现实意义等方面展开论述。

3. 文献综述

文献综述是指对前人已有研究的成果进行分析和评价。文献综述有利于保证该研究的选题是建立在坚实的研究基础之上的，也论证了该研究的研究价值与创新意义。

4. 研究内容

课题研究内容包括研究假设、研究对象、研究内容、重点难点、关键点等。明确的研究内容是研究工作能集中、有效开展的必要保证。研究内容是研究方案的核心。

5. 研究方法

研究者在研究时选用规范的、合理的研究方法，可以保证研究成果的科学性、有效性、创新性。

6. 研究条件

课题的完成需要足够的人力、物力和财力保障。在方案中，要写出课题负责人、主要成员的基本情况、相关成果、具体分工等，以及经费预算、现有条件等。

7. 预期成果

研究方案要写出预期的研究成果及其形式，如研究报告、研究论文、专著、软件、专利等，以及可能产生的社会效益和经济效益。

8. 进度安排

研究方案要说明研究的时间及进度安排，以及每个阶段的主要任务。

9. 参考资料

研究方案或课题研究所需要的参考文献、参考书目或其他参考资源。

【例 3-3-1】全国教育科学规划课题申请书

全国教育科学规划课题申报书中，论证活页的内容和要求是：

> 本表参照以下提纲撰写，要求逻辑清晰，主题突出，层次分明，内容翔实，排版清晰。除"研究基础"外，本表与《申请书》表四内容一致，总字数不超过 7000 字。
> 1. 选题依据：国内外相关研究的学术史梳理及研究动态（略写）；本课题相对于已有研究的独到学术价值和应用价值等，特别是相对于全国教育科学规划已立同类项目的新进展。
> 2. 研究内容：本课题的研究对象、总体框架、重点难点、主要目标、研究计划及其可行性等。（框架思路要列出研究提纲或目录）
> 3. 创新之处：在学术思想、学术观点、研究方法等方面的特色和创新。
> 4. 预期成果：成果形式、使用去向及预期社会效益等。（略写）
> 5. 研究基础：申请人前期相关代表性研究成果、核心观点等。（略写）
> 6. 参考文献：开展本课题研究的主要中外参考文献。（略写）

步骤三 撰写开题报告

开题报告是学位论文和课题研究过程不可缺少的环节，一般有两层含义：一是指研究方案的文本，二是指研究者向专家和同行汇报研究思路。开题报告主要是由研究者就拟开展的研究回答研究什么、为什么研究、怎么研究和拟达成什么研究成果等问题。

开题报告一般并没有固定模式，但其构成的内容与要素基本一致，主要包括：

(1) 研究题目；
(2) 选题的理由及意义；
(3) 国内外关于该课题的研究现状及趋势；
(4) 研究目标；
(5) 研究内容、重难点和关键问题；
(6) 研究方法、研究手段、技术路线、实验方案及可行性分析；
(7) 研究的创新之处；
(8) 研究的预期成果（包括阶段成果和最终成果）；

（9）研究的计划；

（10）与本研究有关的工作积累和已取得的成绩；

（11）已具备的研究条件，尚缺少的研究条件和拟解决的途径；

（12）主要参考文献目录。

开题报告撰写要注意：一是要明确阐述研究问题。研究问题应当是具体明确的，与研究背景、研究选题与方向区分开来。二是要围绕研究问题进行文献综述。文献综述应当反映与研究问题相关的文献已经以什么样的方法研究或回答了什么问题，以此说明本研究问题的必要性和价值，而不仅仅是围绕每个主题陈列相关研究。三是要针对研究问题运用研究方法。研究方法部分不能只是罗列拟采用的方法，有些甚至前面罗列的研究方法后续研究过程中并没有实际使用。应当清晰说明每种方法在本研究的具体运用情况，即应体现研究问题和研究方法的对应性。

研究与思考

1. 撰写开题报告的目的是什么？要注意什么？

2. 查阅文献及相关资源，了解开题报告和研究方案的撰写方法与策略。

研究阅读

[1] 郭炯，杨丽勤. 教育信息化促进教育系统性变革路径研究——基于教育部首批教育信息化优秀试点案例的分析 [J]. 中国电化教育，2019（5）：41-48.

[2] 顾小清，卢琳萌，宛平. 教育数字化转型下的教育研究范式变革 [J]. 中国远程教育，2024，44（2）：36-46.

[3] 顾小清，白雪梅. 教育信息化推进新路径：构建以设计为中心的研究—实践共同体 [J]. 开放教育研究，2019，25（6）：66-74.

[4] 郑永和，王杨春晓，王一岩. 智能时代的教育科学研究：内涵、逻辑框架与实践进路 [J]. 中国远程教育，2021（6）：1-10+17+76.

[5] 刘振天，肖瑜. 新世纪以来我国教育学科重大课题攻关项目研究现况、趋势及其省思 [J]. 中国远程教育，2022（12）：1-7+82.

[6] 杨柳青，李祖超. 2012—2021 年国家社会科学基金教育学项目立项统计分析

[J]. 高教发展与评估，2021，37（6）：14-23+119-120.

[7] 余闻婧. 研究问题的表达之道——基于417份中小学教师课题申报书的分析[J]. 教育发展研究，2021，41（4）：17-24.

[8] 陈雅川，杨洋. 实证还是思辨——两种教育研究的路径探析[J]. 西北师大学报（社会科学版），2024，61（2）：82-90.

[9] 阮青林，程岭，杨杰. 研究生课题研究的"三个关键问题"及其破解之道——以"类故理思维框架"为视角[J]. 学位与研究生教育，2023（2）：48-55.

[10][美]大卫·克拉斯沃尔（David R. Krathwohl），[美]尼克·史密斯（Nick L. Smith）. 怎样做开题报告：给教育、社会与行为科学专业学生的建议[M]. 焦建利，等译. 上海：上海教育出版社，2015.

[11] 兰国帅. 教育学学术论文类型与工具[M]. 北京：科学出版社，2024.

[12] 张一春. 精品一流在线课程设计与开发[M]. 北京：清华大学出版社，2022.

[13] 张一春. 精品在线开放课程设计与开发[M]. 北京：清华大学出版社，2019.

[14] 张一春. 精品微课设计与开发[M]. 北京：高等教育出版社，2016.

[15] 钟秋菊，张一春. 科技强国背景下小学生科技创新能力何以提升？——基于定性比较法的实证分析[J]. 教育科学研究，2024（5）：21-26.

[16] 唐丽，张一春. 高职教师如何践行信息化教学创新——来自质性研究的发现[J]. 数字教育，2022，8（3）：42-48.

[17] 唐丽，张一春. 学生核心素养的发展：知识与思维关系的视角[J]. 现代教育技术，2020，30（6）：33-38.

[18] 刘春芝，张一春. 建构主义视角下脚手架对创客学习活动的功用剖析[J]. 中国信息技术教育，2021（16）：85-88.

[19] 张文梅，张一春. 活动视角下智慧课堂教学模式设计研究[J]. 数字教育，2021，7（3）：37-43.

[20] 李迎，范文翔，张一春. 基于认知负荷理论的问题式教学探究[J]. 数字教育，2019，5（4）：17-23.

活动实践

1. 请查阅信息化教学领域的文献，了解研究主题和研究现状。
2. 根据研究文献，分析其研究变量与结构。
3. 拟定自己的研究课题，并进行分析。
4. 比较不同类型的课题分析工具，研究其可实现的功能。
5. 根据自主确定的研究选题，尝试撰写开题报告。

单元 4　调查研究

活动导图

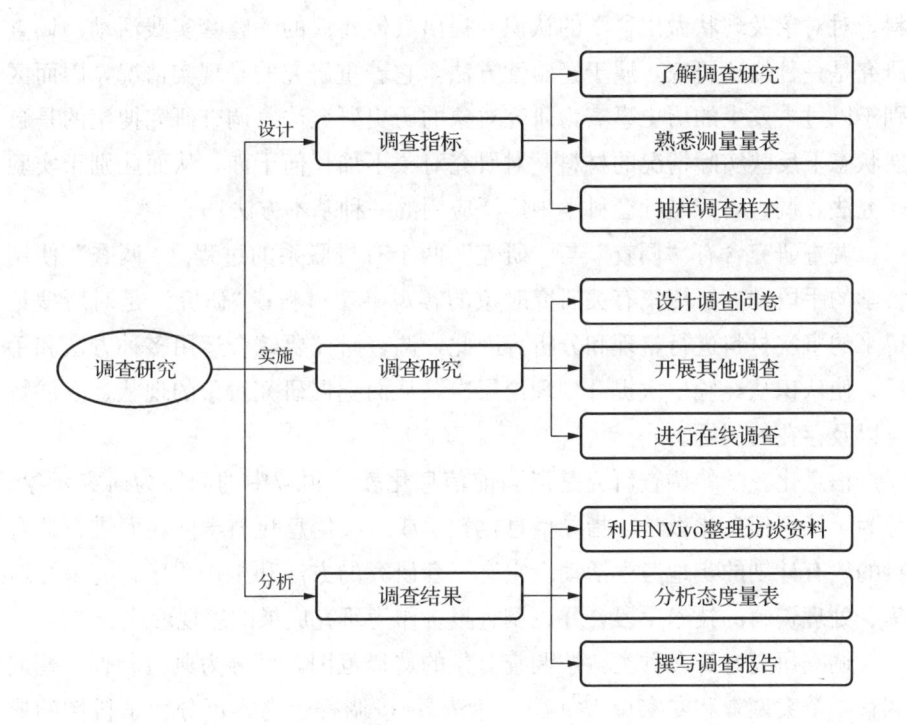

```
                        ┌─── 了解调查研究
               ┌─ 调查指标 ─┼─── 熟悉测量量表
          设计 │            └─── 抽样调查样本
               │
               │            ┌─── 设计调查问卷
调查研究 ─ 实施 ─ 调查研究 ─┼─── 开展其他调查
               │            └─── 进行在线调查
               │
               │            ┌─── 利用NVivo整理访谈资料
          分析 └─ 调查结果 ─┼─── 分析态度量表
                            └─── 撰写调查报告
```

活动目标

1. 掌握调查研究的设计和实施方法。
2. 能够根据研究方案实际开展调查研究。
3. 能够对调查数据进行分析并撰写调查报告。

调查研究是有目的、有计划、系统地搜集有关研究对象的现实或历史状况的材料，来发现问题、探索规律、开展研究的一种方法。

活动一　设计调查指标

步骤一　了解调查研究

调查研究就是通过运用观察、问卷、访谈以及测验等科学方式，搜集资料，对对象及现状做出科学的认识并提出具体建议的一整套实践活动。调查研究是一种描述研究，属于经验性方法，它着重研究的是现实情况，因而区别于以过去发生的历史事实为研究对象的历史研究法。调查研究搜集的是自然状态下反映实际情况的材料，对研究对象不加任何干涉，从而区别于实验研究法。调查研究是社会科学中广泛应用的一种基本方法。

调查研究含有"调查"与"研究"两个有机联系的过程。"调查"使用科学的手段和方法搜集有关研究对象的客观事实材料；"研究"是对所搜集得来的事实材料进行整理和分析。因此，调查研究要综合运用多种方法和手段，使认识从经验层次提升到理论层次，从而把握研究对象的现状、发展特点以及存在的问题。

信息化教学的调查研究是以当前信息化教学领域中的问题为研究对象，是为了认识信息化教学、指导信息化教学或解决信息化教学问题而进行的有目的、有计划的实地考察活动。它有一套研究的方法和工作程序，有一套搜集、处理资料的技术手段，并以调查报告作为研究成果的表现形式。

调查研究有许多种类：按调查对象的选择范围，可分为典型调查、普遍调查、个案调查和专家调查（德尔菲法）；按调查的内容可分为学科性的典型调查、反馈性的普遍调查和预测性的抽样调查；按调查采用的方式方法可分为调查表法、观察法、测验法和总结经验法等。

调查研究的主要步骤是：

(1) 做好调查准备。包括确定调查对象、地点、类型和方式。

(2) 拟定调查计划。根据调查目的和要求选择不同的调查方法，设计调查方案和计划。

(3) 进行预调查。问卷调查等调查中需要开展预调查，试验调查问卷、调查方法和安排是否合适，根据预调查情况做好方案调整。

（4）编制调查问卷。根据调查目标和要求，拟定调查、访谈、观察的提纲以及编制相关题目和问卷。

（5）实施调查。实际开展调查工作。

（6）分析数据。整理、分析调查材料并得出结论。

（7）总结调查。撰写调查报告。

步骤二　熟悉测量量表

在信息化教学研究中，我们经常使用量表来测量态度和数量性指标。

1. 测量及其标准

测量是按照规则赋值的过程，即按照特定的规则对测量对象（目标、人物或事件）的某种属性赋予数字或符号，将其属性量化的过程。测量的要素主要有对象、规则、标记和符号。对象是指我们所感兴趣的、要研究的事件或物体，如学生、学习效果等；标记是指被测量对象的某种特征记号，如性别、年龄、学习成绩等；符号是指代表对象具有某种特征的程度和符号，如考试分数、品质等级等；规则是指分派各种符号到各类事物上的标准和方法，如考试采用百分制，品质的等级标准等。

要建立一个好的测量法则，必须把测量法则建立在一定的参照标准上，并以此标准来判别测量结果的高低或优劣。常用的参照标准有三种：

（1）目标参照标准。目标参照标准又称绝对性标准，它是以某一些具体目标作为评定的标准，然后根据受试者对预定的各项目标达到的数量和质量的情况进行衡量，按其达标程度评定得分。例如规定60分为及格，100分为满分。

（2）常模参照标准。常模参照标准又称相对性标准，它是以某一研究对象的集体平均水平作为评定的标准（常模），对照此标准，然后判断在这集体中每一个别对象所处的相对位置，按其所处位置评定得分。如采用优、良、中、差的形式进行评定。

（3）自我参照标准。自我参照标准又称自我性评定，它是以研究对象自身在某一时期或状态的特征做评定的标准，通过前后对照或横向比较，判断其特征变化情况，并根据特征的变化程度评定大于、等于或小于某标准。例如某学生在两次英语测验中的成绩比较。

2. 量表的类型

量表是一种测量工具，是指根据特定的法则，把数值分派到受试者、事物或行为上，以测量其特征标志程度的数量化工具。量表一般可以分为四种：

（1）类别量表。类别量表是指根据某种法则给事物及属性指派名称或类别的量表。如性别为男或女。类别量表是最简单、最粗糙的量表，只有区分性，没有序列性、等距性、可加性等，不能进行代数运算和数量化分析，只适于进行计数统计，如次数、众数、百分比、离散相关等。

（2）顺序量表。顺序量表是一种排序量表，也称等级量表。比如名次，虽然有次序，但仍没有等距性和可加性，不能对之进行加、减、乘、除运算。它所适用的统计有中位数、百分位数、等级相关系数、肯德尔和谐系数等。

（3）等距量表。等距量表也称区间量表，它在给事物及属性指派数字和符号时，要求各数字或等级之间的差距是相同的，即具有相等的单位。比如分数。此种量表能最广泛地应用统计方法，如计算均数、变差、相关系数等统计量以及应用 t 检验等。

（4）比率量表。比率量表有相等单位和绝对零点，因此不仅可以比较差距，而且还可以计算比例，比如长度、重量、时间等测量。而教育测量由于难以确定绝对零点，因此很难达到这一量表水平。

四种量表的比较如表 4-1-1 所示。

表 4-1-1　四种量表的比较

量表类型	主要特征	基本功能	数学特征	统计方法
类别量表	分类对象	分类、描述	$=$ $\neq$	百分比、χ^2 检验、列联相关
顺序量表	分类对象 等第顺序	分类 顺序排列	$=$ $\neq$ $<$ $>$	中位数、四分位差、等级相关、非参检验
等距量表	分类对象 等第顺序 差值	分类 顺序排列 差值比较	$=$ $\neq$ $<$ $>$ $+$ $-$	算术平均数、方差、积差相关、复相关、参数检验
比率量表	分类对象 等第顺序 差值 有绝对零点	分类 顺序排列 差值比较 比值比较	$=$ $\neq$ $<$ $>$ $+$ $-$ $*$ $/$	算术平均数、方差、积差相关、复相关、参数检验、几何平均数

在测量态度时常用以下几种量表：

（1）李克特量表。李克特量表是我们最常用的一种，要求受测者对一组与测量主题有关的陈述语句发表自己的看法。李克特量表要求受测者对每一个与态度有关的陈述语句表明他同意或不同意的程度。李克特量表是顺序量表，每条态度陈述语句的得分及每个受访者的态度分数都只能用作比较态度有利或不利程序的等级，不能测量态度之间的差异。

（2）沙氏通量表。沙氏通量表是根据受测者所同意的陈述或意见的分值，通过分值平均数的计算求得受测者的态度分数。分数越高，说明受测者对某一问题持有的态度越有利；分数越低，说明持有的态度越不利。沙氏通量表是顺序量表，可以用两个受测者的态度分数比较他们对某一问题所持态度的相对有利和不利的情况，但不能测量其态度的差异大小。

（3）语意差异量表。语意差异量表就是用一对有差异的词来测量对事物的看法。在设计语意差异量表时，首先要确定测量对象相关的一系列属性，对于每个属性，选择一对意义相对的形容词，分别放在量表的两端，中间划分为3~7个连续的等级。受访者被要求根据他们对被测对象的看法评价每个属性，在合适的等级位置上做标记。

（4）配对比较量表。配对比较量表是对一系列对象两两进行比较，根据某个标准在两个被比较的对象中做出选择。这实际上是一种特殊的等级量表，要求排序的是两个对象。配对比较方法由于比较次数较多，要求被测量的对象的个数不宜太多。

3. 量表的编制

量表的设计与编制首先要设定规则，并根据这些规则为不同的态度特性分配不同的数字。其次要将这些数字排列或组成一个序列，根据受访者不同的态度，将其在这一序列上进行定位。具体的编制步骤是：

（1）拟订编制量表的计划。计划包括决定应搜集哪些相关的数据、进度、样本、经费预算、时间等。

（2）拟订量表的架构。可以参考某些看法或理论拟出架构，再不断细化完善。

（3）编制题目。确定了量表的架构后，进行编题。

（4）预试。题目编好后，在一定数量的样本中进行预试。

（5）项目分析。求出每一个题项的"临界比率"，确定有效题目。

"临界比率"（Critical Ratio，简称CR值），是将所有受试者在预测量表的得分总和从高到低排列，得分前三分之一或四分之一者为高分组，得分后三分之一或四分之一者为低分组，求出高低二组受试者在每题得分平均数差异的显著性检验（常以测验总分最高的27%及最低的27%作为高低分组界限），如果题项的CR值达显著水平（$\alpha<0.05$ 或 $\alpha<0.01$），即为有效题目。

（6）编制正式题目。根据项目分析的结果来进行选题，只要鉴别力合乎标准的题目都可以选为正式的题目。

（7）测试信度与效度。一份好的量表必须具有相当的信度和效度，所以还要分析量表各层面与总量表的信度与效度。

4. 信度和效度

（1）信度

测量的信度是指测量活动中测量主体运用某一确定的测量手段重复测量同一对象时测量值的前后一致程度，即测量结果反映测量对象实际情况的可靠性程度。信度一般有三种：

① 复查信度。复查信度又称为重测信度，是指同一批受试者做同一份量表，然后以前、后两次测验的分数做积差相关。若两次测验的相关越高，则代表其越具有稳定性。复查信度必须注意重测间隔的时间。如人格测验，重测间隔在两周到6个月之间比较合适，否则误差会比较大。复查信度需要注意：一般只反映由随机因素导致的变化，而不反映被试行为的长久变化。另外不同的行为受随机误差影响不同。

② 复本信度。复本信度是以两个测验复本来测量同一群体，然后求得应试者在这两个测验上得分的相关系数。复本信度的高低反映了这两个测验复本在内容上的等值性程度。两个等值的测验互为复本。复本信度的主要优点在于：能够避免重测信度的一些问题，如记忆效果、练习效应等，可适用于进行长期追踪研究或调查某些干涉变量对测验成绩的影响，减少辅导或作弊的可能性。复本信度的局限性在于：如果测量的行为易受练习的影响，则复本信度只能减少而不能消除这种影响；另外，有些测验的性质会由于重复而发生改变，有些测验很难找到合适的复本。

③ 折半信度。折半信度是将题目分成两半分别求得两个总分（通常是分为奇数题和偶数题），然后再以积差相关求两个分数的相关。这是只根据一次的测验结果来估计信度的，主要检测其内部的一致性。测量的题目越多，信度系数愈高。折半信度的优点在于只要测量一次即可，时间短，效率

高。局限性在于如果一次测量的题目过少则信度系数较低。

(2) 效度

测量的效度就是测量的有效性的度量，它是评价测量质量的一个重要指标。测量的效度是指在测量活动中，测量主体运用某一确定的测量手段对测量客体进行考察后，所取得的测量结果对说明该测量客体某方面属性的恰当、准确、有效的程度。效度是一个相对于一定目标的相对性概念，即使是相同的测量结果，随着目标不同，其效度也不同。效度要考虑的是测量对象是不是所要测量的变量，被测量的变量的结果是否接近真实值。

效度一般可以分为内容效度、标准效度和结构效度。内容效度指测量内容的适合性和相符性；标准效度是以一种调查为标准；结构效度是通过对某种理论概念或特质的测量结构的考察来测量对理论概念的衡量程度。

(3) 信度与效度关系

信度与效度两者既有联系又有区别。效度以信度为基础，有效的测量必须是可信的测量。同时，信度要与效度统一，信度只解释资料的真实可靠性，并不能解释这资料与研究对象是否相关以及相关的程度多大。所以我们在进行测量时，要尽量提升信度与效度，减少误差，使测量既有效又可信。

【例 4-1-1】学习者数字素养量表

表 4-1-2　学习者的数字素养调查（部分）[①]

题号	问题	非常熟练	较熟练	一般	不太熟练	极不熟练
1	在操作数字设备时，你能了解和理解操作软件工具与技术所需的数据、信息和（或）数字内容吗？					
2	在浏览相关数字信息时，你能批判性地评价数据、信息与数字内容吗？					
3	你能使用数字技术与他人分享数据、信息与数字内容吗？					
4	你能创建和编辑不同形式的数字内容，使用数字工具表达自己的想法吗？					
5	你能保护数字环境中的个人数据与隐私吗？					

(注：请根据自己的实际情况在相应的栏内打"√"）

[①] 张恩铭，盛群力. 培育学习者的数字素养——联合国教科文组织《全球数字素养框架》及其评估建议报告的解读与启示 [J]. 开放教育研究，2019, 25 (6): 58-65.

【例 4-1-2】学生多元智能检核表[①]（部分）

您的回答将帮助我更好地了解您的孩子。答案没有对错之分。请在您认为最能精确描述您的孩子的项目上画钩。

____1. 平衡能力、精细以及粗大动作能力出色，能精确地完成身体动作。

____2. 对数学非常感兴趣。

____3. 能记住乐曲。

____4. 仔细观察周围环境。

____5. 喜欢表格、图表、地图，喜欢对信息进行归纳组织。

____6. 喜欢说故事，喜欢加入谈话和讨论。

____7. 喜欢关于平等的问题，对正确和错误、公平和不公平有强烈的兴趣。

____8. 喜欢问问题来更多地了解自己观察的事物。

____9. 喜欢独自工作，自己指导自己。

____10. 展现摆弄机械的技能，能轻松地拆分和组装物体。

【例 4-1-3】艾森克人格量表

首先请输入您的性别和年龄：

请逐个回答下列问题：

表 4-1-3　艾森克人格量表[②]（部分）

题号	题目	选择	
		是	否
1	你是否有许多不同的业余爱好？		
2	你是否在做任何事情以前都要停下来仔细思考？		
3	你的心境是否常有起伏？		
4	你曾有过明知是别人的功劳而你去接受奖励的事吗？		
5	你是否健谈？		
6	欠债会使你不安吗？		

---

① [美] 荷克丝（Heacox, D.）. 差异教学：帮助每个学生获得成功（Differentiating Instruction in the Regular Classroom: How to Reach and Teach All Learners, Grades 3-12）[M]. 杨希洁, 译. 北京：中国轻工业出版社出版，2004.

② http://www.china1net.com/cinPsychology/xinliTest/AiSenKeGeXing/testPage.asp.

续　表

题号	题目	选择	
		是	否
7	你曾无缘无故觉得"真是难受"吗？		
8	你曾经贪图过分外之物吗？		
9	你是否在晚上小心翼翼地关好门窗？		
10	你是否比较活跃？		

【例 4-1-4】自我效能感量表

表 4-1-4　网络学习自我效能感量表[①]

维度	题项	赋分
一般自我效能	1. 我有信心处理网络学习过程中的大多数问题	
	2. 对我来说，坚持完成网络学习是件比较容易的事情	
	3. 利用网络进行学习是件很容易的事	
	4. 我认为我有很强的网络自主学习能力	
	5. 我对自己的网络学习很有信心	
特殊自我效能	6. 我相信我具备网络学习所需要的网络技能	
	7. 我相信我能通过网络学习取得良好的学习效果	
	8. 我相信我能在网上快速地找到自己需要的学习资源	
	9. 网络学习时，我相信我能利用 E-mail、QQ、论坛等方式与老师和同学交流	
	10. 网络学习所需要的基本技能很容易掌握	
	11. 我相信我能掌握网络学习中的大多数知识	

【例 4-1-5】课堂教学效果评价量表

表 4-1-5　对某次课堂协作学习效果的评价

请对以下项目作答，以表明你对本次协作学习效果的态度。在每对形容词中间的适当位置打"×"。

积极的　__:__:__:__　消极的
有趣的　__:__:__:__　枯燥的
有意义　__:__:__:__　无意义
创新的　__:__:__:__　传统的
高效的　__:__:__:__　低效的
简洁的　__:__:__:__　繁琐的

---

① 王改花，傅钢善. 网络环境下学习者特征模型的构建及量表的研制 [J]. 远程教育杂志, 2018, 36 (3): 64-74.

研究与思考

1. 请分析以下两个量表，研究在实际使用时还可以做哪些修改与调整。

表 4-1-6　教师教学态度量表（部分）

题号	题目	非常同意	较同意	一般	不太同意	极不同意
1	我对教学工作充满热情					
2	我重视学生的意见，将其作为改进教学的参考					
3	我经常尝试新的教学方法和技术					
4	我对同行评价持开放态度，并将其作为自我改进的机会					
5	我积极参与职业发展课程，以提升我的教学技能					
6	我认为持续学习对教师来说非常重要					

表 4-1-7　网络学习注意力量表（部分）

维度	题项	赋分
网络学习注意力	1. 网络学习时，看一小会儿，我就会走神	
	2. 网络学习时，我的注意力经常不集中	
	3. 网络学习时，我总抵制不住无关网页的诱惑	
	4. 网络学习时，我总是心不在焉	
	5. 网络学习时，我不会做与学习无关的事情	
	6. 网络学习时，发现自己走神，我会即时进行调整	
	7. 网络学习时，对于不感兴趣的内容我会尽力调整注意力	
	8. 网络学习时，我能较长时间对相关内容进行学习	

2. 分析不同类型的量表各自的特性，选择一个研究主题并设计一个相关的量表。

步骤三　抽样调查样本

样本是我们开展研究的具体对象。在开展研究时，我们一般需要选择一定的样本对象进行研究。选择样本的方法有很多，需要根据研究目的与条件进行选择。

1. 抽样的含义及类型

抽样是指从全体被研究对象中，按照随机原则抽取一部分对象作为代表进行研究，以此推论全体被研究对象的状况。抽样的优点是样本比较客观，节省人力和物力，而且调查的速度快、范围广。但抽样只研究了部分对象，因此研究不够深入和全面，与总体对象的情况存在一定的误差。

抽样有多种分类方法：根据样本是否可重复再抽，可以分为重复抽样与非重复抽样。重复抽样又称放回抽样、回置式抽样，是从总体中抽取样本，登记后放回，参加下一次抽取。非重复抽样又称无放回抽样、不回置式抽样，抽取后不再参加下一次抽样。根据抽样的目的，可以分为描述性抽样和分析性抽样。描述性抽样是为获取关于总体某些基本情况的信息，从样本推断总体的抽样。分析性抽样是为了某种分析问题的需要，采用相应的抽样设计，以获取进行分析所需要的比较细致的有关信息的抽样。根据抽样方法是否随机，可以分为概率抽样和非概率抽样。概率抽样又称随机抽样，是严格按照随机原则，按各种科学方法进行的抽样。非概率抽样又称非随机抽样，是不遵循或不完全遵循随机原则来选取样本的方法。

抽样主要用在总体范围大、调查对象多时；或者对于不能全面了解、又需全面了解的对象时；还有对于可以进行全面调查却不需要全面调查的对象时等。在抽样时，要注意：

（1）总体要明确。抽样的总体范围必须清楚，总体范围不明确的不能进行抽样。如对老教师进行调查，老教师这个总体年龄无法确定，不能用抽样。

（2）抽样要随机。抽样必须使总体中所有对象都有相同的被选取机会。

（3）样本要有代表性。样本的代表性越高，其研究结果的普遍性就越大。

（4）样本容量要合理。样本容量不是随意定的，而是要从多个方面来考虑的。它与研究的类型、统计分析的精确程度、允许误差的大小、总体的同构型、测量工具的可靠程度、研究的成本等有关。

2. 抽样的相关概念

抽样中涉及的相关概念有：

（1）总体。一组具有某种同类特征的个体的全体，也就是一定时空范围内研究对象的全部总和。总体可以分为有限总体与无限总体两种情况。

（2）单位。构成总体的每一个个体。

（3）样本。样本是从总体中抽取的、对总体有一定代表性的一部分个体，样本中所包含的个体的数量称为样本容量。一般我们把大于 30 的样本称为大样本，小于 30 的称为小样本。

（4）取样。也就是抽样，是遵循一定的规则，从一个总体中抽取有代表性的一定数量的个体进行研究的过程。取样的目的在于，从样本的特征推断总体。

（5）概率。概率是指某一事物在无限次观察中可能出现的相对次数。抽样的前提就是遵循随机原则。

（6）标志。标志是指总体中各个单位所具有的共同属性或特性。标志可以分为同质标志和变异标志，也可分为数量标志和品质标志。

（7）抽样误差。抽样误差是指样本指标与总体指标之间的差异。抽样误差体现了样本能够代表总体的真实程度。影响抽样误差的因素主要是样本的容量、总体内各单位特征参数的差异程度和抽样的组织方式。样本误差越小，样本可能代表总体的真实性越大。总体内各单位标志值的差异程度越小，抽样误差越小；反之亦然。

3. 样本的估计

抽样的样本多少不是随意确定的，而是需要根据研究目的、研究总体对象的多少、研究精确程度、研究条件等来确定的。

在抽样研究中，样本的大小可以用公式来进行估算。

$$n = \frac{t^2 \cdot \delta^2}{\Delta_{\bar{x}}^2}$$

其中：δ 为总体的标准差，t 为概率度，$\Delta_{\bar{x}}$ 为抽样误差范围。

当概率度 $t=2$，也就是当置信度为 95% 时，用样本标准差 S 代替总体标准差，用 d 代表误差范围，则样本大小 n 为：

$$n = \frac{4S^2}{d^2}$$

当概率度 $t=3$，也就是当置信度为 99% 时，用样本标准差 S 代替总体标准差，用 d 代表误差范围，则样本大小 n 为：

$$n = \frac{9S^2}{d^2}$$

【例 4-1-6】某年级学生有 150 人，现随机抽取 20 人进行试测，得到某门课程成绩标准差 $S=15$ 分。现要研究全体学生该门课程的情况，要求抽样误差范围小于 5 分，问应该抽取多少样本才合适？

答：取 $t=2$，已知 $d=5$，$S=15$，则

$$n=\frac{4S^2}{d^2}=\frac{4\times 15^2}{5^2}=36$$

因此，抽取 36 人即可满足要求。

【例 4-1-7】有项调查需要了解某个城市平均每个小学每年花多少钱购置技术设备，要求最大误差不超过 5 万元，置信度为 95%，问至少应调查多少个学校？（根据以往调查估计，标准差 $S=10$ 万元）。

答：取 $t=2$，已知 $S=10$，$d=5$，

$$n=\frac{4S^2}{d^2}=\frac{4\times 10^2}{5^2}=16$$

因此，至少抽取 16 个学校才可满足要求。

4. 抽样的方法

非概率抽样指的是由研究者主观判断决定哪些个体进入样本。如表 4-1-8 所示是常用的非概率抽样的方法。

表 4-1-8 常用非概率抽样方法

抽样方法	个体选择策略
便利抽样	根据样本的易得性进行抽样
相似性抽样	把最相似个体作为样本。在案例研究中，研究者往往通过深入探索一些彼此相似的案例来得到其中的共性
关键案例	选择对一个结果具有重要影响的案例进行研究
雪球抽样	用已经得到的样本来找到新的样本
判断抽样	根据主观判断选择样本
配额抽样	根据一定的比例抽取样本
偶遇抽样	根据随机遇到的对象选取样本

概率抽样使用随机选择机制，每一个个体的选择都是独立事件，是随机的。常用的概率抽样方法有：

(1) 简单随机抽样

简单随机抽样是最基本的、运用最广泛的抽样方法，简便易行，是其他

抽样方法的基础。这种抽样使总体中每一个个体被抽到的机会相等，比如抽签、随机数字表等方法。

抽签是先给总体中的每个个体编上号码，每个号码做一个签，将全部的签充分混合后，从中随机抽取样本，直到抽满为止。随机数表是由许多随机生成的数字组成的表，在表中任意一个位置出现数字0~9的概率是一样的。抽样时从数表中任意一个数字开始向任意方向选取数字所代表的对象作为样本。数字可以组合成两位或多位。

简单随机抽样要求所需抽取的样本不能太多，总体内各单位差异不能太大，而且样本数目占总体的单位数比例要较大，才会比较准确。

（2）系统抽样

系统抽样也称为等距抽样或机械抽样，它是将总体内各单位按某一与总体特征标志无关的标志进行排列，然后按固定顺序和间隔抽样。其一般步骤是：

① 按某种与总体特征无关的标志值排列对象。
② 确定取样间隔k，$k=N/n$。
③ 在第一段$(1, k)$中用简单随机抽样确定起始号码R。
④ 按照规则抽取样本：R；$R+k$；$R+2k$；…；$R+(n-1)k$。

（3）分层抽样

分层抽样是先对总体各单位按主要标志分组，然后每组中按随机原则抽出一定的单位作样本。

分层抽样是将总体的N个单位分成互不交叉、互不重复的R个部分，我们称之为层：

$$N = N_1 + N_2 + \cdots + N_R$$

然后在每个层内分别按比例抽选n_1，n_2，…，n_R个样本，构成一个容量为n个样本的一种抽样方式。

$$\frac{n_1}{N_1} = \frac{n_2}{N_2} = \cdots = \frac{n_R}{N_R} = \frac{n}{N}$$

$$n_i = \frac{n}{N} \cdot N_i$$

分层抽样要注意：尽量利用总体中存在的自然分层标志，若标志有品质标志、数量标志，优先选择品质标志；选择与被调查者标志最为密切的标志；分层标志要尽可能体现总体内性质的差异要求，最大限度地满足样本代表性的需要。

(4) 整群抽样

先将总体划分为若干互不重叠的群，然后在所有的群中，随机地抽取一部分，对抽中的这些群内的所有单元再进行调查的抽样方法。应用整群抽样时，要求各群有较好的代表性，即群内各单位的差异要大，群间差异要小。

【例 4-1-8】需要在一个年级 6 个班中选两个班级进行调查研究，如何选取？

答：可以采用简单随机抽样的方法，将 6 个班级排序编号，然后随机抽取两个。

【例 4-1-9】一个班级共有 50 名同学，要抽取 6 名同学参加兴趣小组，如何抽取？

答：我们可以用随机数表的方法。先将 50 名同学排序编号，然后在随机数表中选择 6 位同学。比如有随机数表的一部分如下：

7 3 5 1 6 9 0 1 9 6 3
5 1 7 8 1 6 8 3 0 4 0
9 4 3 0 8 4 2 6 4 3 8
5 6 7 5 7 3 9 0 1 8 5
9 2 4 5 3 8 7 9 0 7 5

因此，我们可以选择：35，17，43，24，16，8。

【例 4-1-10】为了了解某大学二年级学生计算机水平，拟从 300 名二年级大学生中抽取 50 名作为样本，如何采用系统抽样方法完成这一抽样？

答：可以采取系统抽样方法。

第一步，将 300 名学生用随机方式编号为 1，2，3，…，300。

第二步，确定分段间隔 k，$k = N/n = 300/50 = 6$。

第三步，在第 1~6 名学生中用简单随机抽样方法确定起始的个体编号，例如是 5。

第四步，选取：5，11，17，…，299 共 50 个样本。

【例 4-1-11】某高校的某个学院有学生 500 人，其中本市的有 125 人，本省非本市的有 280 人，外省的有 95 人。为了了解学生来源地的情况，从中抽取 100 名学生作为样本，应该怎样抽取？

答：可以采取分层抽样法。

抽取人数与学生总数的比是 100：500＝1：5，则各地区学生数依次是 125：280：95＝25：56：19，然后分别在各地区运用简单随机抽样方法抽取。

所以，本市、本省、外省的三类学生分别抽取 25 人、56 人和 19 人。

【例 4-1-12】某高校有 23 个学院，学生共有四个年级，请设计一个用整群抽样法抽样调查某高校学生学习情况的抽样方案。

答：可以用整群抽样法。抽样时，可以把全校每一个学院作为一个群，选取几个学院进行调查。也可以把每个年级作为一个群，选取几个年级进行调查。

【例 4-1-13】我们在学校门口随机调查一些男学生，这是哪种抽样方法？我们到教师办公室找老师了解一些情况，这是哪种抽样方法？如果我们要调查一个样本，包括 30％本科生、30％硕士生、40％教师，这是哪种抽样方法？

答：分别属于判断抽样、偶遇抽样、定额抽样。

研究与思考

1. 请分析比较各种抽样方法，思考在什么情况下使用，并结合自己的研究，设计一个调查方案。

---

2. 请思考如何在抽样中提高准确性和可信度，如何尽量避免偏差。

活动二　实施调查研究

问卷调查法是最常用的调查方法之一，但是要设计出一份好的问卷，需要考虑到研究对象、研究内容、研究变量、问卷结构等多方面的问题。

步骤一　设计调查问卷

1. 问卷及其结构

问卷就是根据研究的需要而编制的一套问题表格，是由调查对象填写回答的一种收集资料的工具，同时又可以作为测量个人行为和态度倾向的测量手段。问卷调查法就是将一系列事先设计好的问题组合起来，以书面形式征询被调查者的意见，通过对问题答案的回收、整理、分析，获取有关信息的研究方法。

问卷调查面广、节省费用、方便易行、资料准确、便于分析、匿名性强。但有时题目缺乏弹性，信度有时难于保证，回收率有时较低，对调查对象要求高。

问卷可以分为结构型（封闭型）和无结构型（开放型）问卷，或自填问卷和代填问卷，或报刊问卷、邮寄问卷、送发问卷和访问问卷等。

一份问卷通常包括前言、主体、结语和编码四个基本部分。

(1) 前言

每一份问卷的开头，必须有一段简短的前言，说明研究的目的和意义，解释调查内容，指导受试者如何回答，并且做某些必要的说明，以解除受试者的思想顾虑。

(2) 主体

主体部分是问卷的问题部分，一般可分为个人基本资料、事实性问题和态度性问题三类。

个人基本资料是调查者个人的信息，如性别、年龄、住所、受教育程度和家庭情况等。但不一定每份问卷都要有这些内容，要根据调查研究的目的来定。

事实性问题包括存在性事实和行为性事实。存在性事实问题是调查"是否有？""有多少？"这方面的事实。行为性事实问题是调查曾经发生过的行为，包括发生行为的时间、地点、行为方式等多方面的内容。如"本学期参加过几次班级活动？""你平均每周锻炼几个小时？"

态度性问题包括情感性、评价性、认同性和认识性四类问题。如对一节课的看法，或对一次活动的态度。

(3) 结语

结语是问卷结束时的内容，一般是表示感谢，重申一些说明，如回收方法与时间等。如果问卷较短，也可以省略。

(4) 编码

编码是在问卷问题后面留下的便于统计的代码，主要供调查者统计分析使用。目前一般的问卷都省略了这部分，由研究者收回问卷后再进行编码。

2. 问卷编制步骤

问卷的编制一般是要根据研究课题和调查对象，建立假设后确定变量，再根据变量形成题目，最后整理形成问卷经试测后使用。

问卷的编制步骤如图 4-2-1 所示。

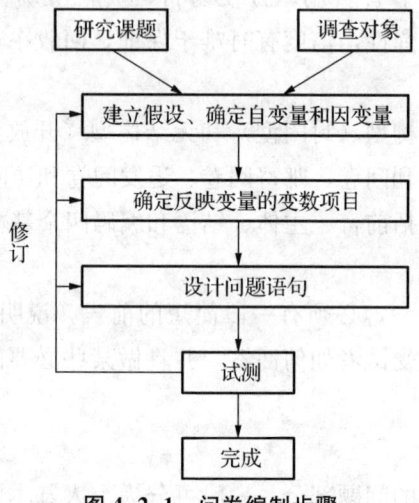

图 4-2-1 问卷编制步骤

主要步骤是：

(1) 确定对象。确定调查研究课题和调查对象。

(2) 分析变量。根据假设确立自变量、因变量和干扰变量的数目和关系。再将变量分解成若干子因素或变数。

(3) 设计问题。根据一个变数对应一个问题、多个变数对应一个问题或一个变数对应多个问题的方式形成问题，并选择合适的问题表述方式进行表述。千万不能有变数没有问题对应，也不能有问题但没有变数对应。

(4) 形成问卷。加上前言、结语、编码等部分，形成问卷。

(5) 试测调整。在小范围内进行问卷试测，检验问题的有效性，根据反馈情况进行修改，最终完成问卷。

3. 问题类型与形式

问卷问题的提出与回答方式一般有以下几种形式：

(1) 填空式

填空式一般只用于填答数字，或开放性的内容。如：

① 您的年龄是____岁。

② 您家有＿＿＿人。

③ 您对此项调查还有何意见与建议？＿＿＿＿＿＿＿

(2) 是否式

答案可以严格地分成两类，但这种极端的回答类型不能了解和分析回答者中客观存在的不同层次。如：

① 您过英语六级了吗？　　　　是□　　不是□

② 您会用电脑吗？　　　　　　会□　　不会□

③ 您喜欢摄影吗？　　　　　　是□　　不是□

(3) 多项单选式

给出的答案至少在两个以上，回答者根据自己的情况选择其一。

如：您的文化程度是＿＿＿＿＿＿。

① 小学及以下　② 初中　③ 高中或中专　④ 本科或高职　⑤ 研究生及以上

(4) 多项限选式

指在所列举的多个答案中，要求回答者根据自己情况从中选择若干个。

如：您喜欢看哪一类电视节目？（请最多选择三项打"√"）。

① 新闻节目　② 影视剧节目　③ 体育节目　④ 广告节目

⑤ 教育节目　⑥ 歌舞节目　⑦ 少儿节目　⑧ 其他（请注明）

(5) 多项排序式

要求被调查者为自己的选择答案排序。如：您最喜欢看哪一类电视节目？

第一＿＿＿；第二＿＿＿；第三＿＿＿。

① 新闻节目　② 影视剧节目　③ 体育节目　④ 广告节目

⑤ 教育节目　⑥ 歌舞节目　⑦ 少儿节目　⑧ 其他（请注明）

(6) 多项任选式

任意选择各种不同数目答案的一种问题形式。

如：您喜欢的体育运动有？（可多选，请在题号上打"√"）

① 足球　　② 篮球　　③ 排球　　④ 乒乓球

⑤ 溜冰　　⑥ 游泳　　⑦ 其他（请说明）

(7) 矩阵式

这是一种将同一类型的若干个问题集中在一起，构成一个问题的表达方式，可以节省篇幅，也节省了回答者阅读和填写的时间。

如：您对学校网络的看法如何？（请在所选方框内打"√"）

	很满意	满意	基本满意	不满意	很不满意
① 网络速度	□	□	□	□	□
② 网络费用	□	□	□	□	□
③ 网络资源	□	□	□	□	□
④ 网络服务	□	□	□	□	□

(8) 表格式

表格式是矩阵式的一种变体，也可以填答数字。

如：您对学校网络的看法如何？（请在表中框内打"√"）

表 4-2-1　学校网络情况调查表

	很满意	满意	基本满意	不满意	很不满意
① 网络速度					
② 网络费用					
③ 网络资源					
④ 网络服务					

4. 问题表述与排列

问卷调查是通过问题来和被调查者沟通的。因此，如何用文字表述问题，使被调查者能准确理解问题和回答问题，是十分重要而又较为困难的。一般说来，问题表述要注意：

(1) 具体性原则。问题的内容要具体，不要提抽象、笼统的问题。

(2) 单一性原则。问题的内容单一，不要把两个或两个以上的问题合在一起提。

(3) 通俗性原则。问题的表述要通俗，不要使用被调查者感到陌生的语言，特别是不要使用过于专业化的术语。

(4) 准确性原则。问题的表述要准确，不要使用模棱两可、含糊不清或容易产生歧义的语言或概念。

(5) 简明性原则。问题的表述应该尽可能简单明确，不要冗长和啰唆。

(6) 客观性原则。问题的态度要客观，不要有诱导性或倾向性的语言。

(7) 否定性原则。要避免使用否定句形式表述问题。

(8) 敏感性原则。尽量回避或减轻敏感程度和威胁程度，使被调查者敢于坦率做出自己真实的回答。

（9）多样性原则。问题的安排具有多样性和生动性，避免过于严肃或枯燥。

为了方便被试者顺利地回答问题并方便事后的资料整理和分析，问题编排可以采取以下原则：

（1）类别性。把同类性质的问题尽量安排在一起，这样就可避免回答问题时思路经常中断和来回跳动。

（2）时间性。将问题按时间顺序来安排，根据历史的线索，由过去到现在，再到将来。

（3）内容性。把问题按其复杂和困难程度来排列，先易后难、由浅入深，把敏感性强、威胁性大的问题，以及需要思考的、开放性的问题，放在后面。

（4）逻辑性。研究者可以有意识地将自变量问题放在前头，因变量问题放在后面，这样便于研究者进行资料的分析。

5. 问卷发放与回收

问卷的分发与回收方式有邮政投递式、专门递送式、集中填答式、报刊印刷式、网络发布式等。在实际调查时，我们还要考虑问卷的发放数量、回收率、有效率等。

（1）问卷的回收率

发出问卷后，经被调查者填答并能被研究者收回的问卷比率即问卷回收率。

$$问卷回收率(R) = \frac{实际回收的问卷数}{发出问卷总数}$$

（2）问卷的有效率

凡未作回答或者不按要求填答的问卷，都属于无效问卷。有效率等于回收问卷总数减去无效回答的问卷数再除以回收的问卷总数，即：

$$问卷的有效率(K) = \frac{实际回收的问卷总数 - 无效问卷数}{实际回收的问卷总数}$$

（3）问卷发放数量

考虑到问卷调查的回收率和有效率一般都不可能达到100%，因此选择调查对象时，其数目应多于根据抽样要求的研究对象数，即：

$$n = \frac{n_0}{R \times K}$$

其中：n_0 为通过抽样确定的研究对象数；

R 为预测问卷回收率；

K 为预计问卷有效率。

【例 4-2-1】假定通过抽样确定研究对象 $n_0=100$ 人，回收率 $R=50\%$，预计问卷有效率可达 $K=85\%$，则应发出问卷数是多少？

$$n = \frac{100}{50\% \times 85\%} \approx 235(人)$$

答：至少应该发放 235 份问卷。

【例 4-2-2】有一项研究，主题是在摄影课教学中，若采用大量实例照片进行教学，则会取得较好的效果。请设计一份问卷调查教学的效果。

答：我们先分析该课题的变量。如果：

变量 $X=$ 实例照片的教学方法，变数为：播放设备、播放时间、播放环境等。

变量 $C=$ 学生，变数为：年级的高低。

变量 $Y=$ 教学的效果。变数为：对构图的理解、对作品的评判、学习兴趣等。

假设我们对以上变量变数进行问卷设计，则可以形成的问卷问题如下：

(1) 你的年级是（　　）

(2) 你的教室

A. 明亮（　　）　　　　B. 较暗（　　）　　　　C. 正好（　　）

(3) 教室里播放的设备是

A. 投影（　　）　　　　B. 液晶大屏（　　）　　C. LED 大屏（　　）

(4) 老师播放的形式是

A. 先讲后放（　　）　　B. 先放后讲（　　）　　C. 边讲边放（　　）

(5) 你对使用实例照片讲解

A. 很有兴趣（　　）　　B. 较有兴趣（　　）　　C. 一般（　　）

D. 无兴趣（　　）

(6) 对于知识理解

	全部掌握	基本掌握	没有掌握
构图法则			
禁　忌			
常见构图			
特殊构图			

(7) 学习之后你能
A. 处理一般构图（　　）　　B. 对作品进行评判（　　）
C. 能实际应用（　　）
(8) 你认为影响学习效果的原因是（请排序）（　　）
① 图片更替太快；② 图片太多，失去兴趣；③ 配合讲解不清；④ 图片无代表性；⑤ 放映设备差；⑥ 放映环境差；⑦ 图片质量差；⑧ 其他。

此问卷加上前言，修改题目呈现格式，并做小范围试测后就可以定稿了。

研究与思考

1. 请根据自己的研究课题，设计一份简短的调查问卷草稿，包含 5—10 个问题。分析在设计过程中应用问卷设计的基本原则和考虑目标受众的特点。

_____

_____

2. 请分析问卷的问题类型、问题表述的特点，研究如何提高问卷调查的准确性和有效性。

_____

_____

步骤二　开展其他调查

调查的方法很多，我们不仅要掌握常用的抽样、问卷等调查方法，还要掌握其他的一些方法。

1. 访谈调查

(1) 访谈调查的含义

访谈调查法，也称访问法，是在一定的调查目的指导下，依据调查提纲，由访问者面对面地询问被访问者从而获得资料的一种方法。访谈调查与日常交流不同，日常交谈是一种比较平等的人际关系，访谈调查的交谈是研究性的交谈，是一种比较特殊的人际关系，由研究者控制交谈的内容、方式以及信息的类型和容量，由研究者提出问题，被研究者回答。

访谈法有许多优点：灵活性强，信息可以双向沟通；控制性好，可以适当控制环境；成功率较高，可以获得较为深入的材料；内容与范围广，可以根据实际情况追问调整。但访谈法也存在一定的局限性：费时、费力、费钱；受调查员影响大；保密性差；欠标准化。

（2）访谈调查的类型

依据在调查访谈时的控制程度不同，访谈法可划分为：

① 结构型访谈法，又称封闭式访谈法。访谈者按事先拟好的访谈大纲，对所有被访者进行相同的询问，或将问题与可能的答案印在问卷上，由被访问者自由选择答案。

② 非结构型访谈法，又称开放式访谈法。不按固定的问题去问，通过自由的交谈获得数据，适合于探索性研究。有时又可分为引导式访谈、谈话式访谈和非引导式访谈。

③ 半结构性访谈，又称半标准化访谈。为了克服结构性访谈中过多的拘束又能兼顾结构性访谈便于汇总的优点而创制出来的一种访谈方式。有事先拟订的访谈提纲和主要问题，可以根据情境灵活决定。

（3）访谈调查的技巧

访谈是一种收集资料的方法，也是一门艺术。在访谈中要注意接触、谈话、记录的技术与艺术，才能使访问顺利进行。

① 访谈准备。访谈前要准备好相关工具，如录音机、照相机等。在访谈前要尽量完善方案，多准备一些内容，对调查访谈中可能会遇到的问题必须要有充分的心理准备。另外要约定好时间地点，做好充分的准备。

② 访谈实施。在访谈过程中，要做好以下环节：一是自我介绍。要介绍自己的身份，或找有关被访者的领导或朋友或其他可信赖的人做引荐。二是交流融洽。要求访谈者热情有礼貌，不失约，要有必要的寒暄、真挚的感谢，注意对方的身份、称谓，提问要得体。三是取得对方的配合。要详细地说明访问的目的，并设法营造友好的气氛。四是控制谈话。要把握访谈的方向和目的，能避免的题外话要尽量避免。时刻注意被访人的情绪变化，不要使访谈为他的情绪所左右，不要用刺激情感的字眼，使用的言语越简单越

好，题目不能过多，时间不能太长。五是做好记录。必须抓紧一切时间和机会，随时记录，如果事先向被访问者说明，则名正言顺当面记录、录音或照相；如果没有事先说明，则应事后抓紧时间追记。

③ 访谈总结。根据访谈获得的资料进行总结，对有疑问的内容要核实，完成访谈材料后最好给被访问者审核一下，避免有误。

【例4-2-3】"农村中小学教师队伍建设现状研究"访谈提纲（教师）

访谈员自我介绍：

受教育部师范教育司委托，我们正在进行"农村中小学教师队伍建设现状研究"的课题研究。为了农村教师的专业化发展，为了提高农村教育水平和人才培养质量，从根本上解决"三农"问题，这是一个十分有意义的研究工作。为此我们需要您的帮助和参与，以共同完成对农村中小学教师队伍建设现状及相关情况的调查，使研究具有现实和历史的价值，为政府的决策提供可靠依据。

课题组向您承诺，今天访谈涉及的内容和您阐述的观点，只作为我们研究参考，您声明不宜公开的资料和观点，我们将严格为您保密。

访谈内容：

(1) 作为一名农村教师你们每天的工作量有多少？最多兼教多少门课？每天工作多少小时？

(2) 您接受信息的途径有哪些？

(3) 您在个人发展方面感到最需要的学习内容是什么？您认为最合适的培训形式是什么？

(4) 您在专业化发展方面遇到的突出问题或困惑是什么？您是如何参加校本研修的？

(5) 您参加的培训有哪些？培训效果怎么样？您对上级培训机构在开展教师培训方面有哪些建议？

(6) 您怎样评价县、市（地）、省级教师培训机构组织的各类培训？它们的针对性与实效性如何？

(7) 您的工资待遇情况如何？初级、中级、高级教师的月平均工资多少？是否足额、按时发放？

(8) 您愿意到教育发达地区参加短期教育教学实践活动吗？

(9) 您愿意到更艰苦、条件差的地方去"支教"一段时间吗？

(10) 您认为采取哪些办法才能改善贵校教师队伍人员的构成？

教育部"农村中小学教师队伍建设现状研究"课题组

2. 普遍调查

普遍调查又称全面调查，简称普查，是对全体调查对象毫无遗漏的调查。我们身边有许多普查，如人口普查、经济普查等。

普查的优点：调查的范围广、对象多、资料全面准确、时间性强、调查内容项目较为简单、结论具有普遍性。但其局限性在于工作量大、花费巨大、时效性差、资料缺乏深度。

进行普查时要有严密的组织和高质量的队伍，要有严格的时间要求，要有适当的调查项目。

3. 典型调查

典型调查是指对调查对象进行初步分析的基础上，选取有代表性的对象做典型，对其进行周密的调查，以便认识对象的总体情况的一种调查方法。典型调查是一种定性调查，是非随机的抽样调查，是有意识选择被调查者的调查。

典型调查的优点在于：可以获得比较真实可靠的第一手资料；调查细致、深入，可以获得比较广泛、丰富的认识；省时、省力、省钱。但典型调查的局限性在于：典型的选择易受主观意志的左右；典型的代表性难以科学地定量确定；结论有一定的适用范围。

典型调查的基本步骤：一是分析对象，对调查对象总体进行初步研究，对对象进行分析；二是选取典型，根据调查目标正确选取典型；三是进行调查，取得第一手资料；四是进行分析，得出结论。

典型调查要准确选择对象，要将定性分析与定量分析相结合，还要注意典型调查结论的适用范围。

4. 个案调查

个案调查是指对某个特定的社会单位进行细致深入的调查研究的一种方法。个案调查范围很广，其目的在于个案本身的分析和研究。

个案调查的优点在于：能够把调查对象放到社会、文化背景中加以考察，使对象具有生动性；调查是一个动态过程，能够注重历史与发展过程；能深入、多层次地了解对象，获得丰富的感性资料；有利于全面调查对象的研究。个案调查的局限性在于：个案不具备代表性，难以从个别中导出一般规律；个案的分析与研究没有定式，难以标准化。

个案调查的基本步骤：一是确定调查个案；二是访问个案，收集资料；三是进行分析，提出建议与方案。

个案调查应注意资料收集要全面，调查者与被调查者之间要合作与互相信任，要注意材料的真伪和结论的局限性。

5. 德尔菲法

德尔菲（Delphi）是古希腊阿波罗神殿所在地，传说阿波罗神经常派使者到各地收集聪明人的意见，所以以"预言灵验"而著称。德尔菲法，也称专家小组法，是采用征询意见表，利用通信方式，向一个专家小组进行调查，将专家小组的判断预测加以集中和反馈，并反复调查多次，最终利用集体的智慧得出预测结果的定性预测方法。

德尔菲法由美国的兰德公司最开始使用，它具有匿名性、反馈性和可量化的特点。其步骤如下：一是确定预测题目，选定专家小组；二是设计调查表，准备有关材料；三是征询专家初次判断意见；四是综合整理收回的各位专家初次判断意见，做出定量化的归纳，加以必要说明，并反馈给各位专家，请他们再次思考，提出判断意见；五是经过反复征询意见后，做出预测值。

采用德尔菲法的优点是各专家能够在不受干扰的情况下，独立并充分地表明自己的意见，做到集思广益，又不相互干扰。其预测结果是根据各位专家的意见综合而成的，能够发挥集体的智慧，这样应用面就比较广些。但局限在于综合预测结果时，仅仅是根据各专家的主观判断，缺乏客观标准，而且显得强求一致。

研究与思考

1. 分析和比较不同类型的调查方法，研究其各自的优点和适用场景。

_____

_____

2. 请研读以下访谈案例，分析如何提高访谈的成效。

【访谈主题】我国青少年数字素养教育的现状问题与提升路径[1]。

---

[1] 李晓静，刘祎宁，冯紫薇. 我国青少年数字素养教育的现状问题与提升路径——基于东中西部中学生深度访谈的NVivo分析[J]. 中国电化教育，2023（4）：32-41.

【受访人员】来自东部和中西部地区12个省/自治区/直辖市的36位中学生。

【访谈方式】网络访谈，半结构化访谈。

【访谈提纲】半结构化访谈提纲设计见表4-2-2。

表4-2-2 半结构化访谈提纲设计表

层次	编号	访谈问题描述	设计目的
情景带入	1	课内外使用的数字设备有哪些（如电脑手机、平板、Kindle等）？自己有手机或父母会给你手机用吗？	引导访谈对象进入研究情景，保证访谈的信度。
	2	学校是否有智能技术设备（如数字图书阅读室、智慧黑板、智能测评、虚拟实验室）？如有，请举例。	
	3	教室里有哪些数字设备（电脑、投影仪触摸屏等）？上课时，老师会使用多媒体来做什么？你们自己是否会参与操作多媒体？	
核心内容	4	你有关计算机或移动设备的知识与技能主要来源于？[a. 学校课程，b. 自学（包括书本学习与在线学习），c. 家庭（父母），d. 朋友、同学，e. 社会培训班。] 学校、老师和家长对于你学习信息技能、提高信息意识的态度怎样？提供了哪些方面的支持？	由浅入深，引导访谈对象围绕"数字知识与技能的学习情况和数字设备的使用情况"进行回忆性描述。
	5	信息技术课是否有专任技术老师辅导你们学习电脑/手机/网络等新技术知识和操作？老师一般会怎么上课（用何教材、上课环节、期末考核等）？你都学到了什么？请具体说说。	
	6	对于课内外所使用的数字设备（电脑、平板、手机、投影仪等），你是否能熟练操作？具体会哪些设备与软件操作（Office软件、Photoshop、腾讯会议、思维导图等）的技能？请举例。	
	7	对于互联网中的海量信息，你是否清楚什么样的信息是自己需要的？请详细说说你平时上网搜索、筛选、收藏、整理信息的过程（例如怎么选择合适的搜索引擎检索信息，怎么判断信息的真实性，如何归纳分类等）。	
	8	在互联网中，你认为应该保护哪些个人隐私信息？你平时是如何做的？你认为网络中有哪些有害、不良的信息，面对潜在风险，你会如何应对？	
深度描述	9	在课后使用数字媒介多不多，主要干什么（学习、社交还是娱乐游戏）？具体原因是什么？	引导访谈对象针对数字媒介的自主使用情况进行深度描述。
	10	在课后学习和做作业中会如何使用新媒体技术（如手机、电脑、平板），常用于课前预习、作业答疑还是课后拓展？主要在哪些App或网站上获取相关教育资源？请列举并说明选择的原因。	
	11	你日常是否会在社交媒体上围绕某一公共或政治议题进行点赞、转发、评论或发布文字、图片、视频等来表达观点？若有，请举例。若没有，请说明原因。	

步骤三　进行在线调查

1. 问卷星调查

目前许多调查都通过网络进行，并有了一些专门进行网络调查的网站和软件。问卷星（https://www.wjx.cn/）就是一个专业的在线问卷调查、考试测评、投票评议的平台，因方便、易用和低成本而被广泛使用。

比如我们以编制"信息化教学效果的影响因素调查"问卷为例，简述操作程序如下：

（1）创建问卷

进入问卷星主页，点击注册按钮，进行用户注册。注册完成后，进入创建问卷界面。问卷星提供 8 种类型的问卷，如图 4-2-2 所示。比如我们点击"调查"，创建一份调查问卷。

图 4-2-2　选择问卷类型

（2）填写问卷标题和前言

输入问卷标题，如图 4-2-3 所示，点击"立即创建"，即可生成一个空白的问卷，如图 4-2-4 所示。点击"添加问卷说明"，可添加问卷前言。

（3）编制题目

问卷星提供了丰富的题型模板，可以根据需要选择使用。比如我们需要编制单选题，点击"单选"，在右边编辑窗口中，在题干框内填入问题，在下面的选项栏中填入选择项即可，如图 4-2-5 所示。可以增加或减少答题选项，答题选项也可以根据需要随机排列或竖向排列。题目可以设置逻辑关联，也可以设置成"必答"或"不必答"等。编制好一题后可以在前或后增加新题。

图 4-2-3 填写问卷标题

图 4-2-4 问卷编辑页面

图 4-2-5 问卷题目编制

问卷星还提供了个人信息、图形模板、应用模板、分页分栏等多种功能。

(4) 发布问卷

问卷完成编辑后,可以点击"完成编辑",然后点击"发布问卷"。问卷发布之后生成问卷链接或二维码，可以将链接或二维码给填答者作答。如图 4-2-6 所示。问卷发布之后可以修改，但修改时必须停止问卷使用，待修改完善后再次发布。

图 4-2-6　问卷发布页面

（5）察看结果

问卷填答之后到"统计 & 分析"里面查看结果，如图 4-2-7 所示。在"查看下载答卷"中可下载问卷数据，还可以对问卷问题进行分类统计、交叉对比分析等进一步的研究。

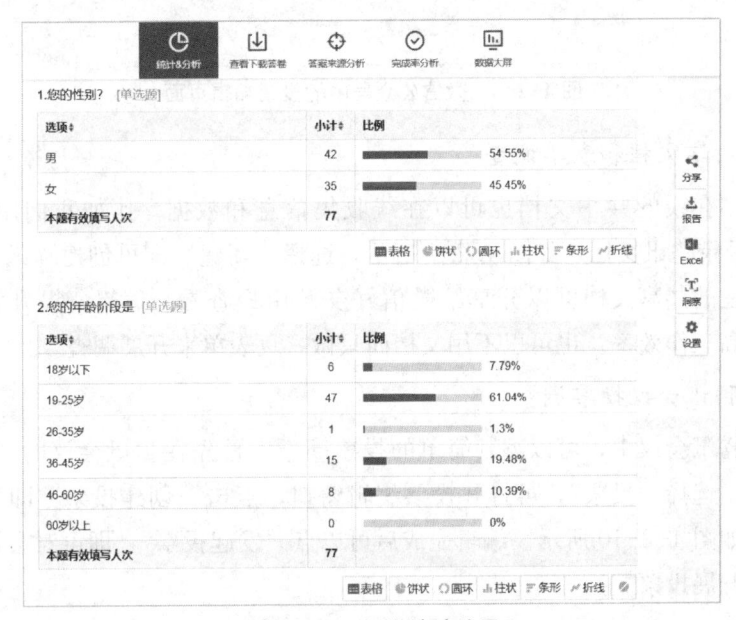

图 4-2-7　问卷统计结果

2. 微信公众号调查

利用微信公众号开展调查，可以将在其他在线问卷调查平台（例如问卷星）编制的问卷的链接或二维码插入公众号正文中，通过图文消息、自动回复、自定义菜单渠道推送出去。

也可以利用微信公众号简单的投票功能，如图 4-2-8 所示，直接编辑后使用。

图 4-2-8　微信公众号中的投票编辑页面

3. 共享文档和表单调查

利用在线的共享文档也可以在线收集信息和数据。比如我们用微信、QQ 等登录腾讯文档，如图 4-2-9 所示，选择"新建"即可创建腾讯共享文档。创建的共享文档可以分享给微信好友及用户查看、编辑，提升协作能力、提高工作效率。也可以不用文档而只做一页表单来开展调查。

4. 腾讯会议投票调查

在腾讯会议中，可以编制简单的投票问卷。首先在腾讯会议的"应用"功能中，选择"投票"，可打开投票编辑窗口，点击"创建投票"即可进行编辑，如图 4-2-10 所示。编辑完成后可以点"发起投票"，即可对会议中所有成员开展投票。

图 4-2-9　新建共享文档　　　图 4-2-10　腾讯会议投票问题编辑

研究与思考

1. 请分析在线问卷相比传统问卷的优势，探讨在线问卷可能面临的挑战（如样本偏差、低回复率、数据安全性等）。

_____

2. 试用常见的在线问卷工具（如 Google 表单、SurveyMonkey、问卷星等），编制简单的调查问卷。

_____

_____

活动三　分析调查结果

步骤一　利用 NVivo 整理访谈资料

NVivo 是一款功能强大的质性分析软件，能够有效分析多种不同类型数据，诸如文字、图片、录音、录像等数据，是实现质性研究的最佳工具。使用 NVivo 可以将研究者从以往的资料分析过程诸如分类、排序、整理等繁杂手工作业的劳累中解脱出来，让研究人员有更充分的时间去探究发展趋势，建立理论模型，并最终获得研究问题的结论。

1. 建立项目与导入文件

打开 NVivo 软件，单击"空项目"图标，进入项目建立窗口，如图 4-3-1 所示。填入标题和说明信息，选定文件保存位置后，单击"确定"即可建立项目。

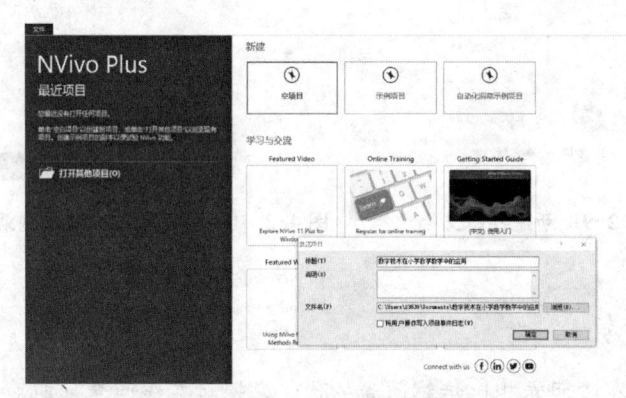

图 4-3-1　建立项目

在项目界面中，选择"导入数据"或"添加数据"选项。然后，浏览计算机文件系统，选择要导入的案例文件，这些文件可以是文本、音频、视频或其他格式的数据文件，操作界面如图 4-3-2 所示。

图 4-3-2　导入文件

2. 文献编码与组织节点

文献编码是指通过阅读把文献整理成一个个"观点""主题""人"或其他类别。这些不同类别在 NVivo 中称为"节点"。编码的结果就是把这些分散的类别组织成统一的节点。

首先选中文本右击进行编码操作，单击视图选项卡—编码带，便可以查看编辑好的编码带和编码节点。编码的过程会产生许多节点，我们可以将同类节点进行归类整理，重新组织节点，通过合并具有相同含义的节点来简化节点结构。如图 4-3-3 所示。

图 4-3-3　构建主要节点框架

3. 视频编码与文本转录

视频编码在 NVivo 中通常指的是将视频文件中的特定部分或元素标记出来，并将其归类到不同的主题或类别中。这个过程涉及观看视频材料，然后选择视频的某个部分（例如一个回答、一个反应或一个特定事件），并将其关联到一个或多个"节点"上。节点在 NVivo 中是用来组织和存储相关编码的地方，可以看作对数据进行分类的标签或容器。

视频转录是将视频内容转化为文本形式的过程。在 NVivo 中，可以通过内置的自动转录功能来转录视频和音频文件，或者手动输入转录文本。自动转录可以节省大量时间，尤其是对于长视频材料，但可能需要事后校对来确保准确性。转录完成后，文本可以直接在 NVivo 中编码和分析，就像分析其他任何文本数据一样。操作结果如图 4-3-4 所示。

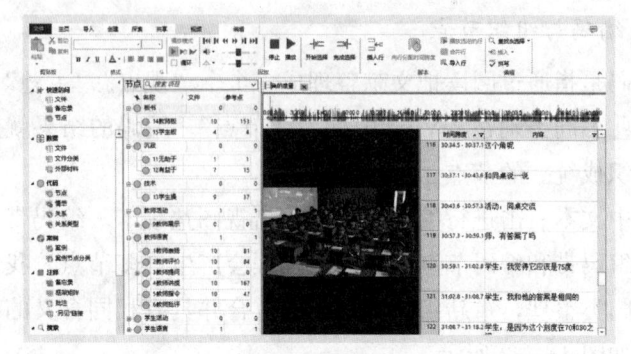

图 4-3-4　教学视频编码与文本转录

4. 直观编码带与图表

在对所有教学片段编码后，选择"编码带"即可生成彩色的"编码带"，可以显示所有种类教学行为的出现时长以及频率等，如图 4-3-5 所示。选择"可视化"下的"为视频编码制图"可以生成直观的"编码覆盖率"图表，如图 4-3-6 所示。

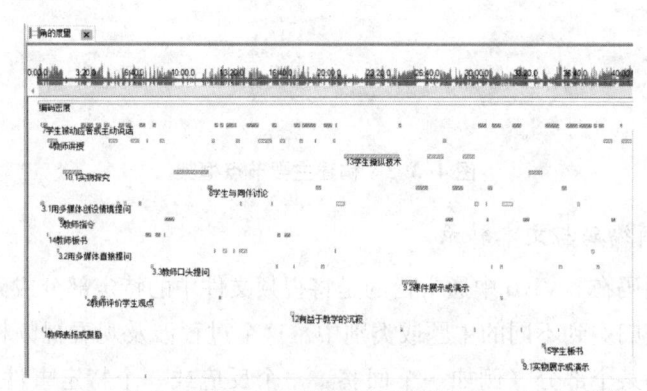

图 4-3-5　教学"编码带"图

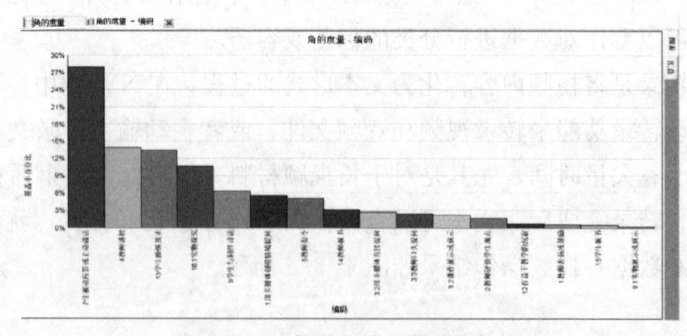

图 4-3-6　教学"编码覆盖率"图

步骤二 分析态度量表

问卷的态度量表一般有二元量表、单向评等量表、双向评等量表、多因素排序量表等。

1. 二元量表

二元量表是最简单的量表，代表变量的各问题只提供两种答案供选择。如：同意/不同意，是/否等。则其态度的综合表现 C_1 为

$$C_1 = \frac{n_1}{N} \times 100\%$$

其中：n_1 为态度的众数人数，N 为总人数。

2. 单向评等量表

单向评等量表是对提出的问题的量度等级以两端为极端，中间按程度单向顺序排列的量。如：好/较好/非常好。则其态度的综合表现 F 为

$$F = \frac{\sum a_i n_i}{a_H \cdot N}$$

其中：a_H 为最高等级分值，a_i 为各等级的分值，n_i 为各等级的人数，N 为总人数。

3. 双向评等量表

双向评等量表是对提出问题的量度等级分为正负两个方向，等级的两端表示完全相反的意见。如：好/不好，很好/较好/一般/不太好/很不好等。

$$F = \frac{\sum a_i n_i}{2N}$$

其中：a_i 为各等级的分值，n_i 为各等级的人数，N 为总人数。

4. 多因素排序量表

多因素排序量表是对于受多种因素影响的问题，常用多因素排序量表来做出排序，然后对所有因素进行综合评价。

$$F = \frac{\sum a_i n_i}{\sum a_i \cdot N}$$

其中：a_i为各等级的分值，$\sum a_i$为各等级分值总和，n_i为各等级的人数，N为总人数。

【例4-3-1】在进行教学实验后，调查参加实验的学生是否支持该实验，共收回有效问卷50份，支持的32人，不支持的18人，则大家的意见如何？

答：这是一个二元量表，态度的众数是支持，因此

$$C_{支持} = \frac{32}{50} \times 100\% = 64\%$$

所以，有64%的人支持，大家的意见是大部分支持，支持率为64%。

【例4-3-2】在教学试验后进行问卷调查，全班同学的理解情况如表4-3-1所示，问全班综合情况如何？

表4-3-1　教学实验调查情况表

调查情况	小部分理解	部分理解	大部分理解	全部理解
人数（人）	5	10	15	20
给定分值	1	2	3	4

答：这是一个单向的评等量表。我们给定每个态度等级的分值是：1，2，3，4，则：

$$N = 50 \quad a_H = 4$$

$$F = \frac{\sum a_i n_i}{a_H \cdot N} = \frac{1 \times 5 + 2 \times 10 + 3 \times 15 + 4 \times 20}{4 \times 50} = 0.75$$

因此，$F = 0.75$大于0.5，全班态度是中等偏强，即大部分人理解。

【例4-3-3】在调查大家对教学试验的欢迎态度时，大家的意见如表4-3-2所示，请问综合的态度如何？

表4-3-2　对教学试验的欢迎态度调查表

调查情况	很感兴趣	较感兴趣	不太感兴趣	很不感兴趣
人数（人）	20	23	15	2
给定分值	2	1	−1	−2

答：这是一个双向评等量表。我们给定每个态度的等级是2，1，−1，−2。则：

$$F=\frac{\sum a_i n_i}{2N}=\frac{2\times 20+1\times 23-1\times 15-2\times 2}{2\times 60}=0.37$$

因此，$F=0.37$ 大于 0，且小于 0.5，全班态度是偏向正方向，即大家对教学试验感兴趣，但不是非常强。

【例 4-3-4】在调查影响教学效果的因素时，大家对四个因素的影响情况做了比较，如表 4-3-3 所示，请问这四个因素的影响程度到底如何？

表 4-3-3　影响教学效果的因素调查表

	第1位	第2位	第3位	第4位	F
因素1	18	14	10	6	
因素2	8	10	16	14	
因素3	6	10	10	22	
因素4	16	14	12	6	

答：这是一个多因素排序量表。我们根据态度强弱给每个态度确定分值是：4，3，2，1。则因素 1 的权重 F 是：

$$F=\frac{\sum a_i n_i}{\sum a_i \cdot N}=\frac{4\times 18+3\times 14+2\times 10+1\times 6}{(1+2+3+4)\times 48}=0.291$$

同理，

$$F_2=0.225 \quad F_3=0.220 \quad F_4=0.283$$

所以

$$F_1>F_4>F_2>F_3$$

因此，这四个因素最终的排序是：F_1，F_4，F_2，F_3。

研究与思考

请比较这几种态度量表，如表 4-3-4 所示，分析使用时的方法和策略。

表 4-3-4　三种量表的比较

	单向评等	双向评等	排序
分值等级	1、2、3、4	-2、-1、0、1、2	4、3、2、1
公式	$F=\dfrac{\sum a_i n_i}{a_H \cdot N}$	$F=\dfrac{\sum a_i n_i}{2N}$	$F=\dfrac{\sum a_i n_i}{\sum a_i \cdot N}$

	单向评等	双向评等	排序
意义	表现难易程度	表现趋向性	表现地位
	$F > 0.5$	$F > 0, F < 0$	$F_1 > F_2 > F_3$
	可进行多因素比较	与多因素无关	只有多因素才有意义

步骤三 撰写调查报告

在完成调查研究后，需要撰写调查报告来总结调查结果，得出研究结论。

1. 调查报告及特点

调查报告是反映调查过程和结果的一种研究报告，它着重把调查研究取得的结果、观点或某种理论，用一定的形式表达出来，是在一定的理论指导下，通过对调查材料的整理、分析而写成的有事实、有分析、有理论观点的文章。

调查研究报告主要特点是：

(1) 真实性。调查报告中所反映的全部材料必须都是真实的、客观存在的，而不是虚构的、歪曲的。

(2) 针对性。调查报告必须明确读者对象和解决的问题。

(3) 新颖性。调查报告必须新颖，要能提出一些新的观点，形成一些新的结论。

(4) 时效性。调查报告有较强的时效性，及时反映对象的情况。

2. 调查报告的结构

撰写调查报告时要注意遵循一定的写作结构，一般包括标题、前言、主体、结尾和附录。

(1) 标题。标题就是题目，可以用调查对象和主要问题做标题，也可以用一定的判断或评价做标题，或者用提问做标题等。

(2) 前言。一般是介绍目的、交代情况、给出结论或提出问题。

(3) 主体。主体是调查报告的主干，是充分表达主题的重要组成部分。常见的有纵式结构、横式结构、纵横交错结构等。

(4) 结尾。调查报告的结尾一般是概括和深化主题，总结经验，形成结论，指出问题，提出建议，展望未来。

（5）附录。调查报告一般要提供参考的文献资料及调查中的相关问卷、量表、数据、公式、方案等材料附件。

3. 调查报告的撰写

撰写调查报告必须依靠调查资料，让调查的事实"说话"。调查资料要注意点、面结合，既有典型事例，又有反映总体情况的综合资料，同时要文字、数字和图表三种形式结合使用，使调查报告更有说服力和感染力。在调查报告中要将统计资料与座谈、访问、观察资料适当配合，以提高调查资料的信度。

调查研究报告要准确、简练、朴实和生动。准确，要求概念明确，陈述事件真实可靠，引用数字或语句正确无误，评价问题把握分寸。简练，要求行文言简意赅，对调查事件的叙述不做过多的描绘，对观点的阐述不做烦琐的论证。朴实，要求行文通俗易懂，要用朴素、明白、平易近人的文字语言，不要随意使用夸张的手法和奇特的比喻，也不要用抒情和渲染的描写。生动，要求行文活泼、形象，不呆板。

研究与思考

1. 请网上检索其他常用问卷调查工具、访谈分析工具、资料收集工具，并研究试用。

_____

2. 阅读其他调查报告及文献，学习调查报告的写作方法。

_____

研究阅读

[1] 教育部教师工作司. 深入落实国家教育数字化战略行动 全面提升教师队伍信息化素养和现代化治理水平——2022年教师队伍数字化建设情况报告 [J]. 中国电化教育，2023（4）：1-6.

[2] 胡钦太，林晓凡，张彦. 信息化何以促进基础教育的结果公平——基于中国教育追踪调查数据的分析 [J]. 教育研究，2021，42（9）：142-153.

[3] 单俊豪，闫寒冰，宫玲玲，等. 我国信息化促进基础教育公平发展现状研究——

基于近42万份学生在线学习体验的调查分析[J]. 教育发展研究, 2021, 41 (6): 1-9.

[4] 王巍, 闫寒冰, 魏非, 等. 发展师范生信息化教学能力: 支持要素、关键问题与可为路径——基于20所师范院校调研数据的分析[J]. 教师教育研究, 2021, 33 (2): 38-44.

[5] 梁云真, 曹培杰. 我国基础教育信息化融合指数的调查研究——来自12省2500余所学校的数据[J]. 电化教育研究, 2019, 40 (11): 41-47.

[6] 毛耀忠, 张锐, 陈行, 王罗那. 信息技术如何影响数学学习——基于对42位数学教师发展指导者的访谈[J]. 电化教育研究, 2018, 39 (3): 109-114.

[7] 王光华, 田宝军. MOOC平台促进教师专业发展的内在机理——基于中国大学MOOC平台16位教师学习者的扎根理论研究[J]. 中国电化教育, 2022 (4): 134-140.

[8] 郭日发, 杨成明, 李梦, 等. 数字化转型背景下高职院校信息化教学的成效、问题及建议——来自28省226所高职院校的调查[J]. 中国高教研究, 2023 (6): 101-108.

[9] 张妮, 杨琳, 程云, 等. 教师信息化教学能力量表的设计及检验[J]. 现代教育技术, 2021, 31 (4): 81-89.

[10] 曹梅, 朱晓悦, 沈书生. 父母教育卷入对中学生在线学习表现的影响——江苏省中小学在线教学调查研究报告之一[J]. 华东师范大学学报 (教育科学版), 2022, 40 (4): 16-28.

[11] 张一春, 王钧铭. 全国职业院校信息化教学发展报告[M]. 北京: 高等教育出版社, 高等教育电子音像出版社, 2020.

[12] 张一春, 王宇熙. 高职教师信息化教学能力现状及提升对策——基于江苏省74所高职院校的调查[J]. 职业技术教育, 2015, 36 (36): 70-74.

[13] 张一春, 邓敏杰, 唐丽. 微课助力教学变革, 比赛提升教师能力——江苏省高校微课教学比赛分析及启示[J]. 数字教育, 2018, 4 (5): 1-8.

[14] 范文翔, 张一春, 李艺. 翻转课堂加重中学生课业负担的程度、成因与对策[J]. 课程·教材·教法, 2020, 40 (4): 46-52.

[15] 徐梅丹, 薛辉, 张一春. 中职教师信息化教学意愿的影响因素与提升策略研究——以C市某高等职业学校为例[J]. 中国远程教育, 2016 (12): 69-75.

[16] 刘春芝, 魏兰兰, 张一春. 国内网络学习行为研究的现状与分析[J]. 数字教育, 2021, 7 (2): 9-14.

[17] 中国国家调查数据库 (CNSDA): http://www.cnsda.orgl

[18] 国家统计局: https://www.stats.gov.cn/

[19] 中国互联网络信息中心: https://www.cnnic.net.cn/

活动实践

1. 什么是样本? 如何采用随机抽样和非随机方法进行抽样?

2. 不同的调查研究方法各有哪些优点和局限性?

3. 如何开展问卷调查？如何提高问卷调查的准确性和有效性？

4. 如何根据研究主题撰写访谈提纲？请运用 NVivo 软件对访谈内容进行编码分析。

5. 针对信息化教学中的某个研究主题，利用问卷星设计一份调查问卷，并实际开展调查，对结果进行分析，撰写调查报告。

单元 5 行动研究

活动导图

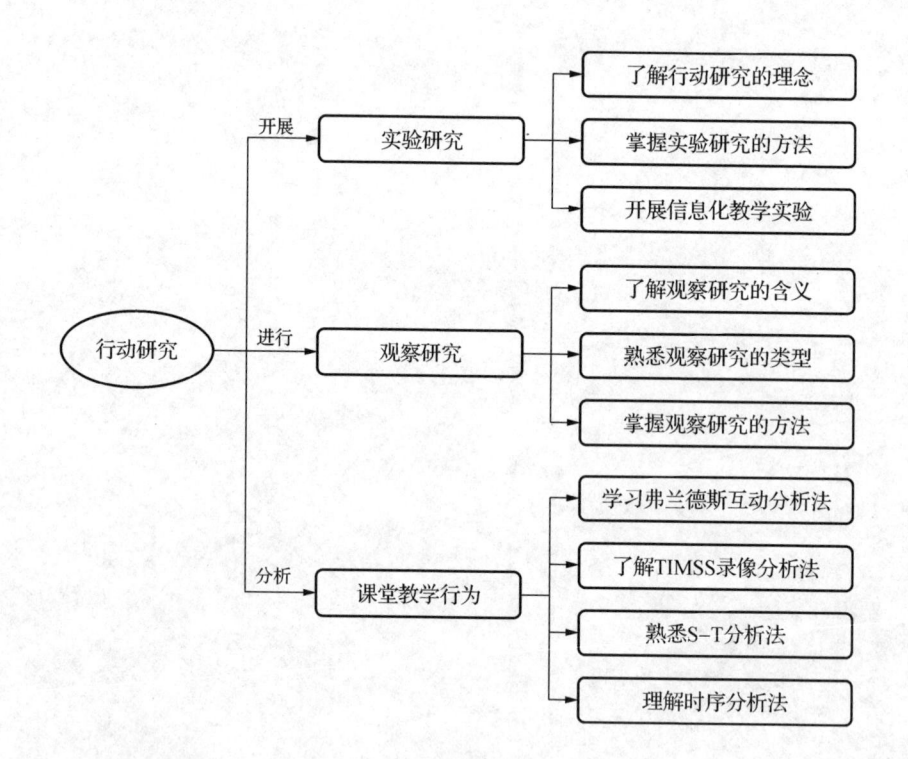

```
                    ┌─ 开展 ─→ 实验研究 ─┬─→ 了解行动研究的理念
                    │                    ├─→ 掌握实验研究的方法
                    │                    └─→ 开展信息化教学实验
                    │
         行动研究 ──┼─ 进行 ─→ 观察研究 ─┬─→ 了解观察研究的含义
                    │                    ├─→ 熟悉观察研究的类型
                    │                    └─→ 掌握观察研究的方法
                    │
                    └─ 分析 ─→ 课堂教学行为 ─┬─→ 学习弗兰德斯互动分析法
                                              ├─→ 了解TIMSS录像分析法
                                              ├─→ 熟悉S-T分析法
                                              └─→ 理解时序分析法
```

活动目标

1. 了解行动研究并能够实际开展行动研究。
2. 能够设计并开展信息化教学的观察和实验研究。
3. 能够利用课堂教学行为分析工具分析课堂教学质量。

在设立了研究课题之后，就需要根据研究方案开展相关的研究行动。我们除了采用调查、实验、观察等方法外，还可以采用多种行动研究方法进行研究。

活动一　开展实验研究

实验研究法是信息化教学研究的一项重要技术，为研究的科学化、精准化、数量化提供了有效的途径。

步骤一　了解行动研究的理念

1. 行动研究的含义

行动研究是对社会情境的研究，是从改善社会情境中行动质量的角度来进行研究的一种研究取向（埃里奥特，1991）。《国际教育百科全书》中写道："行动研究是由社会情境（教育情境）的参与者，为提高对所从事的社会或教育实践的理性认识，为加深对实践活动及其所依赖背景的理解而进行的反思研究。"由此我们可以归纳出行动研究的三个特征：由行动者研究、为行动而研究以及在行动中研究。

"由行动者研究"是指行动研究的主体是实际工作者，而不是外来的专家学者，外来专家学者参与研究扮演的是提供意见与咨询，是协作者而非研究的主体。"为行动而研究"是指行动研究的目的不是构建系统的学术理论，而是解决实践工作者所处情境遇到的问题，研究目的具有实用性。"在行动中研究"是指行动研究的情境是实际工作者所在的工作情境，并非经过特别安排或控制的场景；行动研究的研究过程，是实际工作者解决问题的过程，是一种行动的表现，是实际工作者学会反思、问题探究与解决的过程。

2. 行动研究的步骤

行动研究有多种模式，基本的操作步骤为计划、行动、观察和反思四个环节。

（1）计划。"计划"是行动研究的第一个环节，它包含三个方面的内容和要求：一是计划始于解决问题的需要和设想，设想又是行动研究者对问题的认识及他们掌握的有助于解决问题的知识、理论、方法、技术和各种条件的综合。二是计划包括总体计划和每一个具体行动步骤的计划方案。三是计划必须有充分的灵活性、开放性。

（2）行动。"行动"即实施计划，即按照目的和计划行动。实施行动应该：一是行动者在获得了关于背景和行动本身的信息，经过思考并有一定程度的理解后，有目的、负责任和按计划采取的实际步骤。这样的行动具有贯彻计划和逼近解决问题之目标的性质。二是实施计划的行动又是重视实际情况变化，重视实施者对行动及背景的逐步加深的认识，重视其他研究者和参与者的监督观察和评价建议，行动是不断调整的。

（3）观察。"观察"包含观察者和观察的内容：一是观察既可以是行动者本人借助于各种有效手段对本人行动的记录观察，也可以是其他人的观察，而且多视角的观察更有利于全面而深刻地认识行动。二是观察主要是指对行动过程、结果以及行动者特点的观察。由于社会活动，尤其是教育活动受到实际环境中多种因素的影响和制约，而且许多因素又不可能事先确定和预测，更不可能全部控制，因此，观察在行动研究中的地位就十分重要了。在行动研究中，观察是反思、修正计划和确定下一步行动的前提条件。

（4）反思。"反思"既是一个螺旋圈的终结，又是过渡到另一个螺旋圈的中介。反思包括：一是整理和描述，即对观察到、感受到的与制订计划、实施计划有关的各种现象加以归纳整理，描述出本循环过程和结果，勾画出多侧面的生动的行动过程。二是评价解释，即对行动的过程和结果做出判断评价，对有关现象和原因做出分析解释，找出计划与结果的不一致性，从而形成基本设想，总体计划和下一步行动计划是否需要修正，需做哪些修正。

行动研究的基本流程如图 5-1-1 所示。

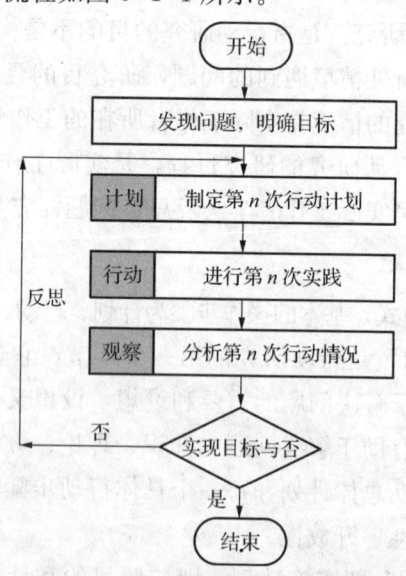

图 5-1-1　行动研究操作程序图

3. 行动研究的实践

行动研究强调实践与研究的动态结合，强调专家学者和教育一线实际工作者的合作，在实践过程中解决实际问题，以改善教育环境，提高教师和教育管理人员的教育实践及对自己实践工作的认识。开展行动研究有四个重要原则：

一是行动。行动研究是不断的行动，要从行动中发现问题，研究问题，解决问题。要从一系列的教育行动中逐渐提高教学工作的水平，逐渐改善原有状况。二是合作。行动研究常称为合作性的行动研究，它要求从事相同工作的人共同研究。三是弹性。行动研究是解决实际问题的方法。只要有利于问题的解决，一切预定的计划均可改变。在行动研究中要随时根据实际情况的需要及可能，确定要解决的问题，提出解决问题的假设，并制定研究计划。四是调整。行动研究要不断考核或检讨，不断调整。在每一个行动之后，都要予以考核或检讨，以便随时修正行动，促成问题的妥善解决。

行动研究也是所有调查研究的基础，任何一种调查研究的方法中都包含着行动研究的思想和做法。信息化教学是教育教学中的一个特殊领域，经常采用行动研究方法来进行研究。

研究与思考

1. 请大家思考行动研究与行动学习、探究式学习、基于问题的学习、基于项目的学习等概念的异同。

_____

_____

2. 请大家学习以下一些信息化教学的行动研究案例，探讨如何有效地开展行动研究。

① 基于SPOC的"电视作品编导与制作"翻转课堂实验教学行动研究[1]
② 混合式学习视域下的大学英语"线上＋线下"课程建构行动研究[2]
③ 协作思维导图策略促进小学生习作的行动研究[3]

---

[1] 卢锋，马荣炜. 基于SPOC的"电视作品编导与制作"翻转课堂实验教学行动研究[J]. 中国电化教育，2018（4）：111-118.
[2] 阮晓蕾，詹全旺. 混合式学习视域下的大学英语"线上＋线下"课程建构行动研究[J]. 外语电化教学，2021（5）：101-106＋15.
[3] 魏雪峰，杨帆，石轩，等. 协作思维导图策略促进小学生习作的行动研究[J]. 现代教育技术，2020，30（6）：47-54.

步骤二 掌握实验研究的方法

1. 实验研究的含义

实验是根据研究的目的，人为地改变和控制对象，在理想的条件下通过观察、记录、收集资料以认识对象本质及其规律的方法。通过实验研究，可以验证和检验研究假设。

教育实验是教育领域的实验研究，是研究者按照研究目的，合理地控制或创设一定条件，人为地变革研究对象，从而验证假设探讨教育现象因果关系的一种研究方法。

教育实验有一些重要的特征：首先，教育实验研究是一种科学实验活动，其方法和过程是科学的、严谨的、规范的。其次，教育实验研究是一种特殊的实验活动，实验对象是人和人所从事的教育活动，具有社会性、价值观性、模糊性。再次，教育实验有一定的原则和要求，要主动操作研究变量和控制条件。

教育实验的优点：可以控制实验对象、可以强化研究条件、可以揭示因果联系、可以重复研究过程。教育实验的局限性：实验环境不易控制、实验对象受到限制、实验变量难以控制和实验范围有一定限制。另外，教育实验的结果不能完全客观测量，教育实验中还涉及对青少年儿童的实验道德和伦理问题。

2. 实验研究的要素

信息化教学中的实验一般包含实验者、实验对象、实验手段和实验环境四个要素，如图 5-1-2 所示。

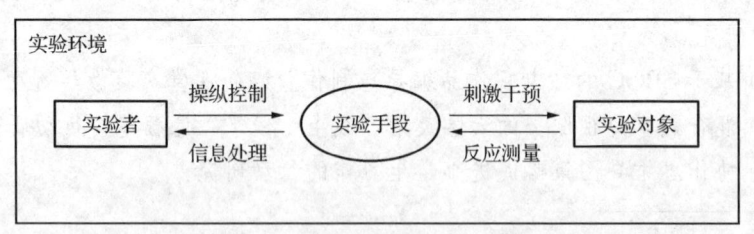

图 5-1-2 信息化教学实验的组成因素

"实验者"是整个实验活动的主体，大多数情况下实验者就是实验设计者，实验者必须进行一系列操作活动，包括对实验变量的控制，在实验过程中采集、记录信息，在实验结束后开展理论分析等；"实验对象"是实验活动的客体,信息化教学实验研究的对象主要是教育教学过程中受教育的个体或全体;"实验手段"是指刺激、干预、控制和影响实验对象的活动;"实验环境"是指实验所处的场所空间等,包括实验的场所、设备等。

3. 实验研究的类型

实验研究有多种类型:按实验场地的不同可分为实验室实验和自然实验,按对问题的已知程度可分为试探性实验和验证性实验,按系统操作自变量的程度和内、外效度的高低可分为真实验、准实验和前实验,按实验性质可分为判断实验、对比实验和析因实验。判断实验是判断某一种现象是否存在,某一种关系是否成立,着重研究对象具有怎样的性质和结构;对比试验是对两个或多个不同群体、不同时间、不同条件进行差异性比较;析因实验是分析在某一事件发生和变化过程中起主要作用或决定性作用的因素。

4. 实验研究的模式

信息化教学实验一般有单组实验、等组实验和轮组实验三种模式。

(1) 单组实验

单组实验是向一个(或一组)实验对象(O)施加实验因素(X),测定其产生的变化,来确定实验效果(Y)的实验方法。

有时为了了解对象实验之前的情况,以便与实验之后的情况做对比,常常在实验前进行一次前测,即事先测量。用Y_0表示前测的结果,那么实验结果也变为$C=Y-Y_0$。其操作过程可用表 5-1-1 表示。

表 5-1-1 单组实验操作

	效果
前测	Y_0
后测	Y
实验效果	$C=Y-Y_0$

这种实验模式主要适用于一些即时的测量,有时不知道对象原来的情况,而且没有比照,并且可能有不少干扰,因此只用在较为简单的情况下。

(2) 等组实验

等组实验以两个或两个以上条件相同的实验组为实验对象,使之分别接受不同的实验因素作用,然后将各个实验因素所产生的效果加以测量比较。实验操作过程可用表 5-1-2 来表示。

表 5-1-2 等组实验操作

组别	实验对象	实验前状态	实验因素	实验操作	实验后状态	实验结果
对照组	O_1	Y_{10}	X_1	X_1O_1	Y_1	$C_1=Y_1-Y_{10}$
实验组	O_2	Y_{20}	X_2	X_2O_2	Y_2	$C_2=Y_2-Y_{20}$
结果				\multicolumn{3}{l}{$C=C_1-C_2=(Y_1-Y_{10})-(Y_2-Y_{20})$}

整个实验结果 C 不是简单的 C_1 和 C_2 两个样本效果的数量差,而是比较的意思。另外该实验最重要的条件是 $O_1=O_2$,即各组在人数、条件等方面尽量相等。

等组实验比单组实验精确,是一般实验常采用的方法。但等组实验无法做到两个样本完全相等,并且由于两个样本中的干扰不同,因此有时误差还是比较大的。

如果我们要确定三种不同的教学方法对学习者学习效果是否有影响,就可以运用等组实验进行比较研究。因为有三个自变量,根据等组设计的理论原则,设计三个实验组,每个实验组只运用其中一种方法进行教学。这三个实验组在进行人员分配时,要保证每组同质。这个实验的基本模式是:

$$实验组1: Y_{10} - X_1O_1 - Y_1$$
$$实验组2: Y_{20} - X_2O_2 - Y_2$$
$$实验组3: Y_{30} - X_3O_3 - Y_3$$

实验结果为这三种教学效果的比较。

(3) 轮组实验

轮组实验也称循环实验,是在两个样本无法做到完全相等并且干扰比较大的情况下,我们把各个实验因素轮换作用于各个实验组,根据总的变化和效果来决定实验的结果。其操作过程如表 5-1-3 所示。

表 5-1-3 轮组实验模型

	实验因素 X_1	实验因素 X_2
实验对象 O_A	Y_{A1}	Y_{A2}
实验对象 O_B	Y_{B1}	Y_{B2}
各因素平均效果	C_1	C_2

$$C_1=(Y_{A1}+Y_{B1})/2$$

$$C_2 = (Y_{B1} + Y_{B2})/2$$
$$C = C_1 - C_2$$

整个效果 C 就是两个实验对象 O_A 和 O_B 在分别接受 X_1 和 X_2 两种因素的刺激所产生的反应比较。由于两个因素在两个实验对象上都作用了一次，因此如果两个实验对象条件不等也没有关系。另外如果两个实验对象分别有干扰时，由于两次实验都受到了干扰，因此在最后得到效果 C 时便相互抵消了。

轮组实验是信息化教学研究实验中常用的，它不要求各组均等，但增加了实验次数和难度。

步骤三　开展信息化教学实验

1. 实验研究的程序

信息化教学实验一般可以分为准备、实施和总结三个阶段。

(1) 实验的准备阶段

① 明确实验的目的。要明确实验的目的、意义，并确定指导实验的理论框架，对实验研究的方向、范围以及如何搜集、分析和解释数据资料做出明确的具体规定。

② 提出实验的假设。在假设的陈述中要清楚地表明自变量和因变量的关系。一般来说，一个实验至少被一种假设指导，陈述两列变量间所期望的因果关系。

③ 确定实验的变量。选择被试并形成被试组，决定每组进行什么样的实验处理，并确定操作定义。

④ 设计实验的模式。根据研究目的和条件，设计实验的类型，控制无关因素的措施，设计实验模式，以最大限度地提高实验的内部效度和外部效度。

⑤ 选择测量的工具。根据实际条件和实验的要求，选择并确定测量方法和工具，以及采用什么样的统计方法，明确评价因变量的指标。

(2) 实验的实施阶段

按照实验设计进行信息化教学实验，采取一定的变革措施（实验处理），观测由此产生的效应，并记录实验所获得的资料、数据等。

(3) 实验的总结阶段

要对实验中取得的资料数据进行处理分析，确定误差的范围，从而对研究假设进行检验，最后得出科学结论。分析实验结果时要区分什么是实验应该消除的误差，什么是实验应有的结果。只有同时给出实验误差范围的估计，才能获得具有科学价值的结果。在实验研究结果分析的基础上，写出实验报告。

2. 实验效度与控制

为了保证研究结果的有效性，我们在实验研究时要保证有一定的实验效度。

(1) 实验效度

实验效度是指影响着实验设计、实施、评价等工作的重要因素，它是衡量实验成败、优劣的关键性的质量指标。实验效度由内在效度、外在效度、建构效度和统计结论效度四部分组成。内在效度是指实验的自变量和因变量之间存在明确因果关系或相关关系的程度，它表明因变量的变化在多大程度上来自自变量——有效性，内在效度决定了实验结果的解释。外在效度是指实验研究结果的概括程度，它表明实验结果的可推广程度。研究结果是否能被正确地应用到其他非实验情境、其他变量条件及其他时间、地点、总体中去的程度。建构效度是指实验能测量理论或对象性质的程度。建构效度的主要重点在于理论上的假设和对理论假设的检验。统计结论效度是关于研究的数据分析处理程序的效度检验，它是检验研究结果的数据分析程序与方法的有效性的指标。

(2) 自变量的控制

自变量也称实验变量，它是由实验者设计安排、有计划地变化的实验情境或条件因素。根据实验变量的不同，实验对象在实验过程中会产生不同的反应，研究者就是根据这些反应来了解研究对象的情况的。因此在实验设计中，自变量各值差异要大，要有代表性。通常可以选择两个极端值或差别很大的值，这样在实验对象反应时效果才会明显。

自变量要尽量有区分度，如研究学生基础的不同对该知识内容的理解有何不同，这里的自变量为学生的基础，这时对自变量的控制就是要选择不同基础的学生，因此这些对象要尽量差异大一些，如选择一些成绩最优的和最差的同学。

自变量的控制往往涉及实验处理的次数、强度、方式、程序、介入时间、延续时间等问题，研究者应根据研究假设、实验设计的要求和实际情况进行考虑。

(3) 因变量的控制与测量

因变量即反应变量。信息化教学实验的因变量一般可以分为人与物两大类。

信息化教学实验中关于人的反应变量主要指行为、态度、认知方面的变化，可以通过观察、态度量表以及测验来把握。行为是指人在实验中的行为反应，一般可分为语言行为、非语言行为、特殊语言行为等，可以通过观察来获得信息。态度是指人在实验中表现出来的态度，如对媒体的兴趣、喜恶、关注等，可以通过观察、态度量表的测量来获得信息。认知是指人对实验内容的理解、运用、评价等，可以通过测验、评价等来获得信息。这三者是相互联系的，缺一不可，如图 5-1-3 所示。

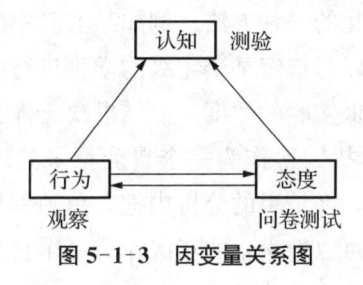

图 5-1-3　因变量关系图

信息化教学实验中关于物的反应变量包括事物的数量和质量两方面。事物的数量一般可由一些有数量特征的量来表征，如出勤率、正答率、记忆率、有效程度、信度等；事物的质量一般可由对事物的评价来表征，如好坏、存在与否、有效与否等。

反应变量的选择至关重要。反应变量的选择是否得当，直接关系到实验的成败。因此我们在选择反应变量时一定要注意：一是客观性，即反应变量要能客观地反映实验结果；二是合理性，即反应变量要能反映研究对象的某一特性；三是灵敏性，即反应变量在实验中要比较容易获得，比较明显；四是可转换性，即有的反应变量不直观，但可以通过转换，成为比较明显的、外部的观测量，如反应时间可以通过时间来测量，能力的增长可以通过是否能解决问题来表征。

(4) 干扰变量的排除

干扰变量就是无关变量，是在实验过程中影响实验结果的一些因素。干扰变量一般表现在：一是对象本身，如对象年龄的增长，在心理、生理等方面发生变化，对象的损耗、变异等；二是社会的影响，如一些涉及心理学的霍桑效应、灵光效应、晕轮效应、从众效应等，都会对实验产生不可估量的影响；三是实验过程中的干扰，如抽样不均、前测不准、实验设备精度不够、实验过程受到干扰等；四是研究分析时的误差，如统计分析时的不客观、计算的精度不够、弄虚作假等。

实验中的干扰一般可以通过排除法、恒定法、纳入法、平衡法等方法来消除或减少。

① 排除法。排除法是最简单的控制无关变量的方法。即预先知道干扰因素，并加以排除。如教学实验中视频资源质量不好，可能会影响教学效果，因此在实验前更换高质量的视频资源。

② 恒定法。恒定法是在实验时把可能出现的干扰因素恒定，排除在实验条件之外，不让其变化的一种方法。例如某实验中学生的年级不同可能会影响结果，因此我们可以只选定某个年级的学生进行实验，这样就排除了年级的影响。但这样会降低实验的效度，使结果缺乏普遍性。

③ 纳入法。即把干扰因素作为一个自变量来处理，在实验中同样对它进行设计、控制、研究，在结果的分析中把它单独列出。如上面例子中年级可能会影响结果，我们可以把学生的年级作为一个自变量，选择不同年级的学生进行实验，最后进行比较分析。

④ 平衡法。平衡法就是把干扰因素平均分配到每个实验组中，使每个实验组都受到干扰因素的影响，这样在得到最后结果时，干扰因素相互抵消，等于没有受到影响了。如实验中教室外面的噪声会影响教学效果，这时我们让所有的实验组都在一个教室中进行，这样大家干扰一样，就能消除干扰了。这是理论上控制干扰变量的最佳方法。

干扰变量在实验中总是存在的，我们要在实验设计时充分考虑这些因素，尽量提前做好计划与处理。

3. 实验实施与总结

在实验前我们要根据实验目的、实验对象、实验要求、实验预期目标等做好实验计划，并形成实验方案。完成实验后，要结合实验数据分析得出实验结论，撰写实验报告。

为便于操作，实验设计一般可设计成表格形式，如表5-1-4所示。

表 5-1-4　信息化教学实验设计

实验课题名称	
实验目的	
实验对象分析	
实验变量分析与处理办法	
实验模式	
实验过程	
实验数据及结果	
实验结论	
展望与不足	

事实说明，信息化教学实验方案的形成是一个从明确研究目的，形成研究假设，确定变量，到决定取样方法，选择实验设计的一系列活动过程。实验方案的质量高低，与该过程的每个环节、多个因素直接相关。

实验设计与研究是我们重要的行动研究方法之一，信息化教学实验的研究对象是人及信息化教学活动，因此在研究过程中必须注意信息化教学实验的特点与规律，考虑到信息化教学的特殊情况，开展有针对性的、有效的信息化教学实验研究。

研究与思考

1. 请阅读文献，分析以下两个实验的基本设计方法。
① 基于全景视频的空间认知效果实验研究[1]
② 插电与不插电课程促进幼儿计算思维发展的实验研究[2]

2. 请学习其他信息化教学实验研究案例，并分析如何提高实验的信度和效度。

---

[1] 钟正，陈卫东，周东波，张月，薛飞跃，葛婉茹. 基于全景视频的空间认知效果实验研究[J]. 电化教育研究，2018，39 (12)：78-84＋101.

[2] 杨伟鹏. 插电与不插电课程促进幼儿计算思维发展的实验研究[J]. 学前教育研究，2024 (1)：76-86.

① 面向智能时代的教育社会实验研究[1]
② 虚拟现实学习环境下力反馈交互促进技能习得的实验研究[2]
③ 大学英语分级教学中实施语音"翻转课堂"的实验研究[3]

活动二　进行观察研究

如果说量表和问卷调查能得到科学理性的数据，那么科学的观察是获得并积累感性材料的重要渠道。由于信息化教学有许多活动与实践，因此观察法是信息化教学研究中一种非常基本、普通的方法。

步骤一　了解观察研究的含义

信息化教学的观察研究是一种科学的观察，不是一般意义上的观察。这是一种科学的、有效的获得研究对象外在特征和规律的研究方法。

观察研究是指观察者根据一定的研究目的和研究提纲，运用自己的感觉器官或借助科学的测量仪器，直截了当地了解当前正在发生的处于自然状态的研究对象的方法，它与日常的观察不同，两者对比如表 5-2-1 所示。

表 5-2-1　科学观察与一般观察的比较

科学观察	一般观察
有计划，有目的	自发，无目的
有对象，有重点	偶然，无重点
详细记录	不要求

观察研究的主要特点是：

（1）目的性。观察研究是根据研究课题的需要，为解决某一问题而进行

---

[1] 黄荣怀，王欢欢，张慕华，等. 面向智能时代的教育社会实验研究 [J]. 电化教育研究, 2020, 41 (10): 5-14.
[2] 沈阳，王兆雪，潘俊君，等. 虚拟现实学习环境下力反馈交互促进技能习得的实验研究 [J]. 电化教育研究, 2021, 42 (9): 76-83.
[3] 黄盛，廖利萍. 大学英语分级教学中实施语音"翻转课堂"的实验研究 [J]. 外语教育研究前沿, 2021, 4 (1): 33-40+88.

的。因此，观察前具有明确的观察目的，并确定了观察的范围、形式和方法。

（2）客观性。观察是在自然状态条件下进行，不改变对象的自然条件和发展过程，综合运用各种途径和方式，对观察结果做明确、详细和周密的记录。

（3）能动性。信息化教学观察是按事先制定的提纲和程序进行，规定了观察的时间和内容，是从大量信息化教学现象中选择典型对象、典型条件，因此具有能动性。

观察研究包含三个要素：一是观察的手段，要求敏锐、仔细和准确；二是观察的对象，主要包括教育活动中的人和教育活动；三是观察对象的状态，是一种"真实状态"，不致受到外界的影响、干预或控制，保证真实状态下的观察结果。

观察研究的优点是获取观察资料具有直接性、生动性、及时性、灵活性。观察研究的缺点是会受到观察者、观察对象、时空和观察深度的限制和影响。

步骤二　熟悉观察研究的类型

观察研究可以根据研究的目的、内容、对象等不同，分成多种类型。常见的观察研究的类型如表5-2-2所示。

表5-2-2　观察研究的类型分类

分类标准	类型	特点
是否有中介	直接观察	不借助仪器，靠自身感觉器官进行观察
	间接观察	借助于各种仪器来进行观察
是否参与活动	参与观察	参与到被观察者的活动中去，在活动中观察。对观察对象的活动有比较深入的体验和理解，有助于理解观察对象背后的心理活动和动机
	非参与观察	不介入被观察者的活动，处于旁观。非参与性观察比较冷静客观，但不易深入
有无记录	结构性观察	对于观察的内容、程序、记录方法都进行了比较细致的设计和考虑，观察时基本上按照设计的步骤进行，对观察的记录结果也进行量化的处理
	无结构观察	事先没有严格的设计，比较灵活、机动，能够抓住观察过程中发现的现象而不受设计的限制，但是难以进行定量化处理
观察对象数量	全面观察	对发生和出现的各种现象进行观察和记录。它涉及的范围广泛，但是由于观察的视野有限，往往对观察者要求很高
	抽样观察	对观察现象的场景、时间、人、活动等因素进行取样，再对样本进行观察。它涉及的范围比较小，容易使观察深入细致，操作比较容易

续 表

分类标准	类型	特点
观察的时间	定期观察	非连续性的、按一定时间间隔做观察
	追踪观察	对某个对象或者某种现象进行比较长时期的观察
观察的情境	自然情境中的观察	包括自然行为的偶然现象观察和系统的现象观察，能收集到客观真实的材料，但材料往往是观察对象的外部行为表现
	实验室中的观察	由于实验法特点决定，这种观察有严密计划，有利于探讨事物内在因果联系

步骤三　掌握观察研究的方法

1. 观察研究的步骤

信息化教学的观察研究一般包括以下步骤：

（1）确定观察对象

对于观察对象，如果数量较多，我们一般采取抽样的方式。表 5-2-3 列出了几种不同的抽样（取样）方法。

表 5-2-3　观察取样方法及其特点

取样方法	特点
时间取样	考察在特定时间内所发生的行为现象
场面取样	有意识选择一个自然场面，考察场面中出现的行为现象
阶段取样	选择某一阶段的时间范围进行有重点的考察
追踪取样	对对象进行长期、系统全面的考察，了解其发展的全过程

（2）确定观察内容

不同的研究目的所进行的观察研究过程与设计的观察研究表格都不同。观察研究要记录实验变量引起的反应及观察明显的行为变化，所以一般观察研究对象的语言、特殊语言、动作、关系分布等。语言是指对象在受到条件刺激后所表现的对事物的语言反应及其表达词语。特殊语言是指对象在受到条件刺激后所表现的语言的音调、音量、持续时间、节奏及特殊发音与词汇。动作是指对象受到条件刺激后的表现，指形体为主的动作行为。关系分布是指对象在受到条件刺激后所表现的相互之间的关系与距离。

（3）设计记录表格

在进行观察时，我们必须用观察记录表来进行记录，从而获得量化的数据。观察记录表的设计要简明、科学、结构化，易于操作。表格一般应包括观察内容、时间取样、场面取样、对象编号和行为表现等级等。在观察时，我们一般采用频数记录、描述记录、连续记录等方法来进行。

(4) 准备观察工具

信息化教学观察研究要充分发挥现代信息技术手段的作用，常常使用现代化的观察仪器，如录音机、照相机、摄像机、计算机、传感器等。观察研究之前，要备齐必要的设备，并且要检查其性能，保证能正常使用。

(5) 进行观察研究

准备工作做好后我们就可以开始进行观察研究了。在观察研究过程中，我们要注意准确、客观，尽量记录下对象的真实的表现。

(6) 分析观察数据

观察研究完成后，需要对获得的数据进行统计分析，并利用统计图表等描述对象的关系。根据获得的数据与结论撰写观察研究报告。

2. 观察研究的实施

观察研究虽然简单，但要做好不容易，需要有充分的准备与持久的耐心。其中关键的环节是要有一个有效的观察记录表，不同的观察记录表决定了不同的观察研究方法，得出的结果也是不同的。

【例 5-2-1】课堂中学生注意力情况观察表

表 5-2-4 是一张课堂中学生注意力情况观察表的示意表。我们可以每 5 分钟观察一次，观察对象也可以进行抽样，选择 n 个学生，然后对每位学生的表现做一评判。可以用一些符号或文字进行记录，观察结束后再总结。

表 5-2-4 课堂中学生注意力情况观察表

学生＼时间	0—5	5—10	10—15	…	40—45
$S1$					
$S2$					
…					
Sn					

表 5-2-5 是学生对教师提问的响应情况记录表。教师对 n 个学生对 m 个问题的回答情况也可以做一记录，然后评判学生的反应情况。

表 5-2-5 学生对教师提问响应情况观察记录表

学生＼提问	1	2	3	…	m
S1					
S2					
…					
Sn					

【例 5-2-2】图书馆不文明现象观察

大学图书馆是学生学习的一个重要场所，它的整体环境需要学校师生共同努力来维护。为了了解图书馆不文明行为的情况，我们对某个学校的学生进行了观察。

观察对象：本科学生。

观察时间：某年 5 月 19 日，星期一，下午 2：30—4：30。

观察地点：某校图书馆第一阅览室，总共 90 个座位。

表 5-2-6 学生不文明行为观察表

对象	行为＼时刻	2：30—3：00	3：00—3：30	3：30—4：00	4：00—4：30	小计
男生	乱丢垃圾	1	0	0	1	2
	大声喧哗	1	0	0	2	3
	占座	2	0	1	1	4
	玩游戏	1	2	1	2	6
女生	乱丢垃圾	0	0	0	0	0
	大声喧哗	1	0	1	0	2
	占座	4	3	2	2	11
	玩游戏	1	0	1	0	2
合计		11	5	6	8	30

通过观察我们可以看出：

① 图书馆存在严重的不文明行为。在观察期间总共观察了 75 人次，而不文明行为就出现了 30 次，高达 40%。

② 男女生不文明现象有差距。可以发现，男生四种不文明行为现象比较平均，尤其表现在玩游戏这一行为上；而女生的不文明行为差距较大，主

要表现为占座这一行为上,而乱丢垃圾行为基本不存在。

③ 下午2:30~3:00这一时间段不文明行为较多。可能是因为学生在这个时间段刚来阅览室,相对比较混乱。

④ 图书馆占座现象严重。在四种不文明行为中,占座现象最严重,其次是玩游戏。

因此建议学校应该出台措施,加强教育,制止不文明行为的发生。

【例5-2-3】知识建构中的"观点改进"的发展轨迹

知识建构中观点的发展具有动态性和创造性,知识建构中观点改进分为四个阶段,分别是"观点产生""观点联结""观点改进""观点升华"。我们可以通过基于设计的研究让学生多次改进自己的观点,采用知识建构编码系统对学习平台上学生发表的观点进行编码统计,在对观点数量和深度分析的基础上,揭示观点发展的内在机理。表5-2-7和图5-2-1为某知识建构教学实践中,学生在观点改进的四阶段中观点数量和深度的变化发展情况。

表5-2-7 知识建构教学四阶段观点统计表

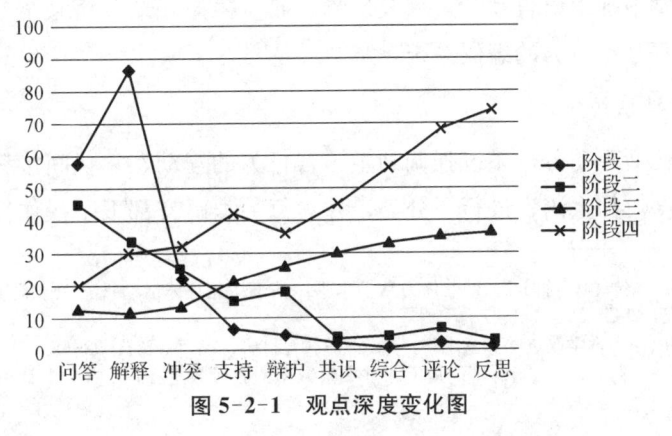

演变阶段	阶段一 观点产生		阶段二 观点联结		阶段三 观点改进		阶段四 观点升华	
	数量	频次	数量	频次	数量	频次	数量	频次
增加（1→n）	465	254	83	19	62	15	14	6
减少（n→1）	5	1	260	46	141	38	39	18
改变（1→1）	121	21	255	205	164	164	26	26
重组（1→1）	0	0	23	23	127	127	364	364
替代（1→0）	2	2	90	90	32	32	25	25
放弃（1→0）	0	0	87	87	23	23	31	31

图5-2-1 观点深度变化图

研究与思考

请阅读以下文献，进一步了解、学习观察研究的方法与实施。
① 幼儿体力活动水平：基于幼儿身体活动观察记录系统的评估[1]
② 指向教学改进的课堂观察[2]
③ "学为中心"课堂观察[3]

活动三　分析课堂教学行为

对课堂教学中的师生行为的分析就是一种观察研究。通过对课堂全面的分析与评价，能帮助教师对自己的教学行为和学生的学习行为进行分析和反思，更好地开展教学评价。

步骤一　学习弗兰德斯互动分析法

语言行为是课堂中主要的教学行为，占所有教学行为的 80% 左右，因此评价一堂课的最佳方法是对课堂内的师生语言互动进行分析。把握了课堂教学中师生的语言行为也就把握了课堂教学的实质。弗兰德斯互动分析系统（Flanders Interaction Analysis System）是美国明尼苏达大学的学者弗兰德斯（Flanders）在 20 世纪 60 年代提出的一种课堂行为分析技术，用于记录和分析课堂中师生语言互动过程及影响，弗兰德斯互动分析系统就是一套描述课堂语言互动行为的编码系统。

1. 编码系统

弗兰德斯互动分析系统强调师生语言行为的互动，它从间接教学和直接教学的角度对师生语言进行了分类，并对每一类语言都下了操作性定义，以

---

[1] 郭凯，胡碧颖，陈月文. 幼儿体力活动水平：基于幼儿身体活动观察记录系统的评估 [J]. 学前教育研究，2022 (1)：34-45.
[2] 昌明. 指向教学改进的课堂观察 [J]. 上海教育科研，2017 (12)：52-55.
[3] 倪幸佳. 打开课堂"暗箱"：基于课堂观察数据的教研改进 [J]. 中小学管理，2022 (8)：26-29.

便于观察者对课堂语言行为进行分析。弗兰德斯互动行为的编码系统如表 5-3-1 所示，它把课堂上的语言互动行为分为教师语言、学生语言和沉寂或混乱三类共 10 种情况，分别用编码 1—10 表示。

表 5-3-1　弗兰德斯互动分析编码系统

分类		编码	内容	说明
教师语言	间接教学	1	表达情感	以一种不具威胁性的方式，接纳及澄清学生的态度或情感语气。学生的情感可能是正向的，也可能是负向的。这一类也包括预测或回想学生的情感
		2	鼓励表扬	称赞或鼓励学生的动作或行为。这一类也包括疏解紧张但不伤人的笑话；点头或说"嗯""继续下去"等
		3	采纳意见	澄清、扩大或发展学生所提出的意见或想法。这一类包括教师延伸学生的意见或想法，但是当老师呈现较多自己的意见或想法时，则属于第 5 类
	直接教学	4	提问	以教师的意见或想法为基础，询问学生有关教学内容或步骤的问题，并期待学生回答
		5	教授	教师就教学内容或步骤提供事实或见解；表达教师自己的观念，提出教师自己的解释，或者引述某位权威者（而非学生）的看法
		6	指令	教师对学生指示做法、下达命令，期望学生服从。此类行为具有期望学生服从的功能
		7	批评	教师的话语内容为企图改变学生的行为，从不可接受的形态转变为可接受的形态；责骂学生；说明教师为何采取这种作为；教师极端地自我参照的话语
学生语言	间接教学	8	应答	学生回应教师所讲的话。教师指定学生回答，或是引发学生说话，或是建构对话情境。学生自由表达自己的想法是受到限制的
	直接教学	9	主动	学生主动开启对话。表达自己的想法；引起新的话题；自由地阐述自己的见解和思路，提出具思考性质的问题；超越既有的框架
沉寂或混乱		10	无有效语言	暂时停顿、短时间的安静或混乱，以至于观察者无法了解师生之间的沟通

2. 分析方法

弗兰德斯互动分析法主要步骤是三步：首先根据编码系统观察和记录相应编码；其次根据记录的编码填写矩阵信息记录表；最后进行数据分析。

弗兰德斯互动分析系统对观察和记录编码有详细的规定。根据规定，在课堂观察中，每 3 秒钟取样一次，对每个 3 秒钟的课堂语言活动都按编码系统规定的意义赋予一个编码号，作为观察记录。这样，一堂课大约记录 800—1 000 个编码，它们表达着课堂上按时间顺序发生的一系列事件，每个事件占有一个小的时间片段,这些事件先后接续,连接成一个时间序列,表现出课堂教学的结构、行为模式和风格。

在实际课堂教学中,师生的语言行为往往是非常复杂的,为了帮助观察者精准判断师生语言行为的类别,弗兰德和同事制定了以下观察原则:

(1) 当不能确定某一语言行为究竟属于两个或多个类别中的哪一类时,选择远离 5 的类别,但不能选择类别 10。

(2) 如果在 3 秒钟时间内出现多种语言行为时,把它们都记录下来。

(3) 当教师叫某一位学生名字时,属于类别 4。

(4) 当教师重复学生的正确回答时,属于类别 2。

(5) 教师不是以嘲笑的态度和学生开玩笑,属于类别 2,如果是讽刺、挖苦学生,属于类别 7。

(6) 如果观察者不能确定某一语言行为具体归属哪一类别时,就归属第 10 类。

【例 5-3-1】根据记录形成数据矩阵

假设我们对一段课堂教学的语言进行分析,将语音片段进行编码,再填入矩阵。假设课堂师生语言行为代码为 6、10、5、1、4、8、8、2、3、6、4、8、9、7,每一个代码分别与前一代码和后一代码结成一个"序对"。除首位两个代码各使用一次外,其余代码都使用两次,即有 N 个代码,就可以得到 N-1 个"序对"。例如上面代码的"序对"分别为 (6, 10)、(10, 5)、(5, 1)、(1, 4)、(4, 8)、(8, 8)、(8, 2)、(2, 3)、(3, 6)、(6, 4)、(4, 8)、(8, 9)、(9, 7)。10 类语言行为构成 10 * 10 阶矩阵,每一序对的前一个数字表示行数,后一个数字表示列数,例如,(6, 10) 表示在第 6 行第 10 列的方格中计数 1,依次类推。全部序对计数完毕如表 5-3-2 所示。

表 5-3-2 弗兰德斯互动分析矩阵

	1	2	3	4	5	6	7	8	9	10	合计
1				1							1
2			1								1
3						1					1
4								2			2
5	1										1

续　表

	1	2	3	4	5	6	7	8	9	10	合计
6				1						1	2
7											0
8		1						1	1		3
9							1				1
10				1							1
合计	1	1	1	2	1	1	1	3	1	1	13

3. 数据分析

弗兰德斯认为可以通过对得到的语言行为代码进行数学处理分析，然后把形成的结论用于指导实际教学活动。弗兰德斯互动分析方法主要有矩阵分析法、比率分析法和曲线分析法，一般都采用相关工具软件进行数据分析。

(1) 矩阵分析法

观察所记录的矩阵信息表，可以获得关于积极整合格和缺陷格的相关信息。

① 积极整合格，指矩阵中1～3行与1～3列相交的区域，如果落在这个区域里记录次数密集，反映的是教师与学生之间情感气氛融洽，是一种积极整合的表现。

② 缺陷格，指矩阵中7～8行与6～7列相交的区域，如果在这个区域里记录次数密集，反映的是教师和学生之间情感交流上的隔阂，是课堂上应注意避免的缺陷。

(2) 比率分析法

由于每一对编码代表课堂行为所出现的频次，所以矩阵中的每个单元格数据就表示了连续的课堂行为出现的频次。依据矩阵中各种课堂行为频次之间的比例关系可以对课堂教学状况做出有意义的分析。常用的比率分析法为：

① 课堂结构。以下所得出的数据结果可以描述本节课的基本结构。从教师语言比率、学生语言比率、课堂沉寂率，可以看出该节课是以教师语言为主还是以学生语言为主。

教师语言比率＝1～7列次数/总次数

学生语言比率（学生参与率）＝8～9列次数/总次数

课堂沉寂率＝第10列次数/总次数

教师提问比率＝第 4 列次数/总次数

② 教师倾向。教师的课堂语言分为间接影响和直接影响。间接影响与直接影响的比率反映了教师的教学风格、倾向。

间接影响与直接影响比率＝1～4 列次数/5～7 列次数

积极影响与消极影响比率＝1～3 列次数/6～7 列次数

(3) 曲线分析法

采用相关工具软件，可以将记录的数据形成一定的曲线图进行分析。其中，纵坐标代表每一分钟内师生语言行为比率，横坐标代表时间，坐标系中的图像基本可以反映出师生语言行为持续、衔接和变化的情况。

【例 5-3-2】数据的互动分析

表 5-3-3 是针对一节课所做的互动分析矩阵记录，我们用矩阵分析法和比率分析法对该节课做出互动分析[①]。

表 5-3-3　弗兰德互动分析矩阵

	1	2	3	4	5	6	7	8	9	10	合计
1	3	5	5	5	7	2	0	1	0	0	28
2	3	8	27	10	5	4	0	23	2	1	83
3	2	8	49	16	10	1	1	15	0	1	103
4	3	0	0	10	5	0	0	61	0	3	82
5	6	3	1	22	214	23	0	3	2	1	275
6	1	2	1	9	19	4	0	3	4	1	44
7	0	0	0	1	0	0	0	0	0	0	1
8	10	55	20	8	8	3	0	137	1	0	242
9	0	2	0	0	3	5	0	0	29	0	39
10	0	0	0	1	5	1	0	1	1	1	10
合计	28	83	103	82	275	44	1	242	39	10	907

1. 矩阵分析

矩阵中 1～3 行与 1～3 列相交的区域是积极整合格，7～8 行与 6～7 列相交的区域是缺陷格。从上表可以看出落在积极整合格的记录次数较为密集，而缺陷格的记录次数很少，说明该课中教师与学生情感气氛比较融洽。

---

① 杨双伟. 信息技术与物理教学整合课例的定量分析 [J]. 物理教师, 2005 (6): 48-50.

2. 比率分析

（1）课堂结构
- 教师语言比率＝1～7列次数/总次数＝67.9%
- 学生语言比率（学生参与率）＝8～9列次数/总次数＝31.0%
- 课堂沉寂率＝第10列次数/总次数＝1.1%
- 教师提问比率＝第4列次数/总次数＝9.0%

从教师语言比率、学生语言比率、课堂沉寂率，可以看出这节课是以教师语言为主的，但是学生也积极参与其中，是一个比较开放的课堂。

（2）教师倾向
- 间接影响与直接影响比率＝1～4列次数/5～7列次数＝92.5%
- 积极影响与消极影响比率＝1～3列次数/6～7次数＝486.4%

我们可以看到，在这节课中间接影响与直接影响的比率小于1，这表明教师倾向于对学生施加直接影响、重视语言讲授、对学生的学习加以直接的指导。而从本节课教师的积极影响与消极影响来看，积极影响与消极影响的比率大于1，这说明了教师对学生的讲话以接纳、鼓励为主，从而使整堂课的气氛比较宽松，进而极大地调动起学生的参与积极性。

图5-3-1是该节课的课堂互动行为图。可以看出整堂课中教师的语言比率一直较高。进一步分析发现基本在教师每一语言比率高峰后都会有学生较小的语言比率高峰出现，说明教师比较注意学生的反应，教师与学生间的互动情况较好；整堂课中，混乱的情况很少；在3分钟左右和32分钟左右各有一个学生较高的语言比率高峰。

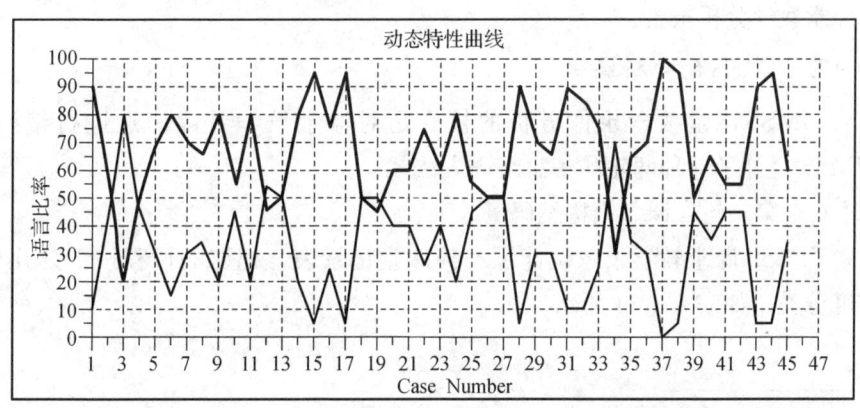

粗线：教师语言比率的动态特性曲线　　细线：学生语言比率的动态特性曲线

图5-3-1　教学案例课堂行为曲线

步骤二 了解 TIMSS 录像分析法

1994—1995 学年，41 个国家（地区）约 50 万名学生参加了第三次数学和科学教学比较研究项目（Third International Mathematics and Science Study，简称 TIMSS）的测试。在 TIMSS 录像研究项目中，美国、德国、日本的研究工作者首次大规模地对这三个国家八年级 231 节数学课进行了实录，并构建了录像信息分析模式，用于比较研究三个国家课堂教学与学生学习成就的关系。因此，TIMSS 录像分析法本质上是一种课堂教学录像分析法。它的出现引起了国际教育界的普遍关注，被誉为信息技术在教育研究中应用的革命性的突破。

1. TIMSS 分析法的含义

课堂教学录像分析法是借助信息技术手段，对课堂教学中丰富而又复杂的师生交互过程的信息进行数字化处理、加工和分析，是提高教师课堂教学能力的有效工具。

课堂教学录像分析法分为两个阶段，第一阶段是课堂教学流程信息的处理和加工，最终的呈现方式是课堂记录表；第二阶段是课堂教学中师生交互过程的分析评价，应用课堂交互分析框架和量表对教师行为进行提炼和分析，呈现方式是教师的讨论和反思。其主要流程是：

① 建立课堂录像带分析的编码系统；② 将录像带转化为数字化文件，便于分析软件的处理；③ 根据编码系统对课堂教学的各种特征进行编码；④ 对编码结果进行统计分析；⑤ 根据初步的分析结果进行二次分析；⑥ 生成课堂教学分析报告。

2. TIMSS 的分析编码

TIMSS 课堂教学录像分析的核心是对课堂教学录像信息进行编码。TIMSS 设计了一种两轮的信息编码方法[①]：

（1）第一轮：课堂结构编码

TIMSS 课堂教学录像设计了一种课堂记录表，把课的过程按下列几个维度分类，如表 5-3-4 所示。

---

① 蒋鸣和. 信息技术与课程整合讲座（五）课堂教学研究的录像分析方法 [J]. 现代教学，2004（10）：4-8.

表 5-3-4 课堂结构编码

维度	描述
课的组织	每卷课堂教学录像带都分为三个部分：课前活动（pre-lesson activities，Pre-LA），正课（lesson）和课后活动（post-lesson activities，Post-LA）
外界干扰	在教学过程中来自课堂外的干扰（例如课进行中来自学校广播系统的通知）需要在课堂记录表中记录下来
互动组织	课可以分为班级学习片段（classwork，CW），课堂作业片段（seatwork，SW），以及兼而有之的混合型学习片段。课堂作业按其特征又可分为个别的（学生做自己独特的作业）、团体的和混合的三种
活动片段	每项班级学习与课堂作业的片段可再进一步细分，TIMSS录像研究根据教育功能定义了4种主要的活动片段，即开始、进行、分享（交流讨论）、教师讲解/演示
教学内容	根据分析的需求，课的内容被分为一些类别，以数学教学为例，可分为情境（Situation）、任务（Task）、原理/性质/定义（Principles，Properties，Definitions）、教师的替代解决方法（Teacher Alternative Solution Methods，TASM）、学生提出的解决方法（Student Generated Solution Methods，SGSM）等五个类别，各个类别的描述分别是： 情境（S）：完成任务的教学情境（例如，真实世界的情境、文字问题、方程都是环境，在环境中任务能更有效地完成） 任务（T）：数学目标或在一个情境下的有效的运算（例如请试一下如何改变土地的划分，又使划分变动前后的面积不变） 原理/性质/定义（PPD）：数学信息，不包含在情境和任务中 教师的替代解决方法（TASM）：教师提出的解决一个问题的替代解决方法，注意第一次解决方法必须在课上呈现 学生提出的解决方法（SGSM）：由学生提出且展示的解决方法

（2）第二轮：课堂谈话编码

在课堂中的谈话可分为公共和私人谈话两种，公共谈话定义为每个人都能听到的谈话，私人谈话则仅涉及教师和个别学生的谈话。在编码中，TIMSS主要关注公共谈话。

TIMSS采用两次编码方法对课堂谈话进行编码：

① 第一次编码：谈话片段编码。谈话片段指的是课堂上服务于单一目标或作用的由句或词构成的谈话。第一次编码是对全体课进行编码，每一课随机选择30个谈话片段。谈话片段编码分为12种类型，其中教师谈话片段分为6类，学生谈话片段分为5类，另外还有一类是师生间的谈话，如表5-3-5所示。

表 5-3-5 课堂谈话片段编码分类

分类目录	谈话者	代码	描述
启发（Elicitation）	教师（T）	E	教师的谈话片段期望学生即时做出言辞或非言辞的响应
信息（Information）	T	I	教师的谈话片段期望给学生提供信息，并不一定需要学生做出响应

续 表

分类目录	谈话者	代码	描述
指示（Direction）	T	D	教师的谈话片段期望学生进行精神或实体的活动。如果是期望学生以后进行活动，那么编码应自动归入信息类，即使谈话的语言形式是指示类的
领会（Uptake）	T	U	教师对学生的响应做出的评论，例如"正确""好""不"，或者复述学生的响应。领会是仅仅针对响应的学生的，如果评论面向全体学生，应归入信息类
响应（Response）	学生（S）	R	学生对教师的启发或指示做出的响应
学生启发（Student Elicitation）	S	SE	学生的谈话片段，期望教师或其他学生做出响应
学生信息（Student Information）	S	SI	学生的谈话片段期望给教师或其他学生提供信息，不一定需要做出响应
学生指示（Student Direction）	S	SD	学生的谈话片段期望给教师或其他学生做出指示
学生领会（Student Uptake）	S	SU	学生的谈话片段对教师或其他学生的响应做出的评论
教师响应（Teacher Response）	T	TR	教师对学生的启发做出的响应
提供答案（Provide Answer）	T	PA	教师对自己提出的启发提供的答案
其他（Other）	T或S	O	不能归入上述分类的谈话片段

其中，谈话片段的启发类别又可进一步细分为五个子类，分别是内容启发、元认知启发、互动启发、评价启发和其他启发等五个子类，关于启发类编码细分的描述如表 5-3-6 所示。

表 5-3-6 课堂谈话编码启发类的进一步细分

子类目录	代码	描述
内容启发（Content Elicitation）	EC	与数学、数学运算或课本身直接有关的启发
元认知启发（Meta-cognitive Elicitation）	EM	这类启发是为确定学生当前的记忆或理解水平而设计的，经常用于评定学生的进步程度或理解水平
互动启发（Interactional Elicitation）	EI	这类启发要求学生在日常活动中矫正他的行为、确认他的参与
评价启发（Evaluation Elicitation）	EE	这类启发要求学生（个人或多人）对其他的学生的回答做出评论
其他启发（Other Elicitation）	EO	不能归入上述分类的启发

内容启发还可按对学生的响应要求的不同而分为是/否（YN）、命名/陈述（NS）和描述/解释（DE）三种。

② 第二次编码：启发—响应（ER）序列。第二次编码是在第一次编码基础上，对所有谈话片段做有关内容启发—响应序列的进一步编码。第二次编码首先对内容启发、信息和指示三项做细分，然后把启发和响应联系在一起进行编码。内容启发、信息和指示三项细分的描述如表 5-3-7 所示。

表 5-3-7　内容启发、信息和指示的细分编码

编码目录	代码	描述
内容启发/真实信息启发 (Elicitation of Factual Information)	EF	真实信息启发定义为寻求正确答案需要有数学信息片段支持。教师准备时要估计到学生或许仅知道答案或许能推导出答案。教师的兴趣不在于发现个别特殊学生的想法，而在于使全体学生都做出响应
内容启发/个人观点启发 (Elicitation of Individual Ideas)	EI	个人观点启发定义为要求学生报告他自己的观点、想法和思考过程。启发可能有一个正确答案，但教师准备在于发现每个学生怎样想的。响应的控制需要关注学生甚于关注问题本身
信息/内容（Content）	IC	由教师提供的数学内容信息，例如：课的目标和课的内容摘要的陈述、数学概念、关系、程序和原因
信息/管理（Managerial）	IM	信息涉及活动、试验和交互多余数学内容。例如老师说"现在我们开始心算"，又如"现在我们开始做稍有困难的题"，这里仅涉及活动的描述，而没涉及数学内容
信息/纪律（Discipline）	ID	教师给出的信息目是约束学生
指示/内容（Content）	DC	指示学生马上执行的一项数学任务
指示/管理（Managerial）	DM	要求或阻止学生执行非数学的任务的指示，例如"让我们打开课本第十四页"
指示/纪律（Discipline）	DD	阻止学生有问题的行为，或者要求执行对课堂适宜的任务

而启发—响应（ER）序列是指一系列师生交流的循环、每一循环从初始的启发开始，通常以最后的领会结束。启发—响应序列可以包括一个启发—响应—领会循环，也可以包括多个循环。

3. TIMSS-R 的分析框架

在 TIMSS 录像研究项目的基础上，从 1998 年开始，由美国学者斯迪格勒（James W. Stigler）教授领导的课程实验室又开展了 TIMSS-R 录像研究项目。TIMSS-R 录像研究在 TIMSS 录像研究分析编码体系基础上进一步提出了课堂教学分析框架，作为编码的理论和方法基础。课堂教学分析框架分为以下六个维度：

(1) 教学目的。每堂课都有其教学目的,但我们通过观看录像不一定就能准确得知其教学目的,因此很难直接进行编码。我们一般通过推测来得知其教学目的,提供课的背景,用以解释编码结果。

(2) 课堂常规。一个国家教学体系中的教学常规,例如教学成效测量,捷克用口试方式,美国用检查回家作业方式,瑞士用问题解决方式。

(3) 参与者的行动。在教学中教师和学生的位置和他们的行动,通过直接方式转化为编码。

(4) 课堂谈话。课堂谈话的主要分类:有关教师与学生讲话的总量、交流的速度、有关问题和回答的谈话的开放程度、谈话中展开评价的程度、谈话涉及的教学观念、讨论怎样的错误、学生表达的准确性。

(5) 内容。主要指教学内容的本质:

① 任务(最小单元)。a 为个别的任务:a1 由任务提示的教学或认知过程;a2 处理任务的具体细节;a3 用于处理任务的语言(例如准确性);a4 学生解决问题的方式。b 为任务之间的关系(这类关系用不同任务之间差异的辨别来描述,例如情景、主题、表现方式,问题解决的方式与类型,数/代数表达式等)。

② 讨论主题(大型单元)。a 课中蕴含的讨论主题数;b 相对于国际标准水平,讨论主题的水平;c 讨论主题导入的方式;d 讨论主题是怎样展现的(材料、工具、直观教具);e 讨论主题是怎样联系过去的教学内容、真实生活和数学史的。

③ 重点。不同的课强调的重点可能不一样,例如有的课强调教学概念的理解,而有的课关注训练的熟练程度。

(6) 气氛。课堂气氛相对来说是严肃的还是活泼的;速度是快还是慢;学生是相对安静的还是喜欢讲话;错误能被接受的程度;等等。

在大型和复杂的课堂教学研究中,必须采用软硬件设备来进行分析。如美国威斯康星—麦迪逊大学教育学院教育研究中心牵头开发的 Transana(http://www.transana.org)平台,它由一个声音的波形发生器、一个视频窗口、一个录像文字记录窗口和一个数据库目录树组成,它把录像数据转化为文字并进行分析。

步骤三 熟悉 S-T 分析法

1. 编码规则

S-T 分析法即 Student-Teacher 分析法,主要用于对教学过程的定量分析。它将教学结果以图形表示，使得教师可以采用可视化的方法对教学过程加以研讨，是一种有效的定量分析方法。

S-T 分析法规定的课堂教学行为类别仅有 T 行为（教师行为）和 S 行为（学生行为）两类，如表 5-3-8 所示。

表 5-3-8　行为类别定义

类别	定义	描述	
T 行为	教师视觉的、听觉的信息传递行为	视觉的	教师的板书、演示等行为
		听觉的	教师的讲话行为
S 行为	T 行为以外的所有行为	在 T 行为没有产生的情况下，也会有 S 行为	

其中，T 行为的具体表现为：① 解说。对于具体事物、概念、法则、实验、现象的解释和说明。② 示范。包括教师的实验、发言、操作等行为。③ 板书。这种行为多伴随解说同时发生。④ 利用投影仪等各种媒体进行提示。这是一种与板书具有相同效果的教学行为。⑤ 提示与点名。教学中，教师往往提出问题，指名让某一学生回答。⑥ 评价、反馈。对学生发言的评价、修正。

此外，S 行为的具体表现为：① 学生的发言。② 学生的思考、计算。③ 学生记笔记。④ 学生做实验或完成作业。⑤ 沉默。

S-T 教学分析通过实际观察教学过程或观看录像资料，以确定的采样频率，对课堂教育进程进行采样，并根据样本点的行为类别，以相应的符号 S 和 T 记入，构成 S-T 数据，然后根据该数据绘制 S-T 曲线、计算教师行为占有率 Rt、行为转换率 Ch 并绘制 Rt-Ch 图确定教学模式。

2. 数据采样

在数据采样时，通常以 30 秒作为时间间隔进行采样。有时为了提高数据精度，可以缩短采样时间间隔，如 15 秒、10 秒甚至 3 秒采样一次，随着采样间隔的缩短，数据量会加大。我们也可以通过对教学录像进行采样来代替现场采样，同时辅以多人同时采样，以减少出错的可能。采样的结果将记入 S-T 数据记录卡或相应的 Excel 模版中以便于下一步的分析。

3. 描绘 S-T 图

具体方法为：纵轴为 S，横轴为 T，各轴的长度一般设为 45 分钟（一课时），每 3 分钟标上相应的数字。教学的起点为原点。S 行为、T 行为分别根据时间的长、短，在纵轴为 S、横轴为 T 上引线，如图 5-3-2 所示[①]。

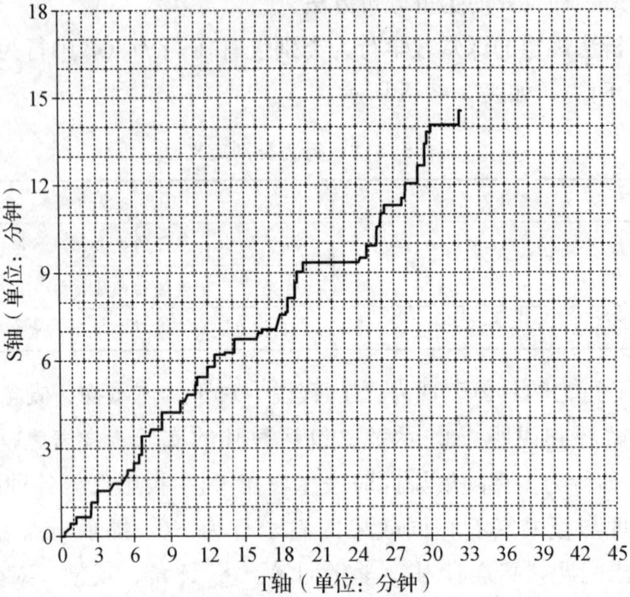

图 5-3-2 S-T 样图

通过 S-T 图可以清晰地看出在教学全过程中教师行为、学生行为随时间变化的情况，以及师生在课堂中的交互状况。

4. 计算 Rt 和 Ch 值

Rt 值和 Ch 值是 S-T 分析法中两个重要的参数，它们分别表示教师行为占有率和行为转换率。

（1）Rt 值。如果教学过程中行为采样总数为 N，而教师行为采样数为 NT，则二者的比率就是教师行为占有率。计算公式为 Rt＝NT/N，显然，0＜Rt＜1，且 Rt 值越高，表明课堂中教师活动越多。同理，我们还可以计算出学生行为占有率 Rs＝NS/N。

（2）Ch 值。该值表示行为转换率，即教师行为与学生行为间的转换次数与行为采样总数的比率。计算公式为 Ch＝（g－1）/N，其中，g 表示数据中相同行为连续的次数。例如，S-T 的数据如下：T T S S T S S T T T，则 g＝5，Ch＝（5－1）/10＝40%。

---

① 骆祖莹，赵琦琦，段福庆. 基于教师近场语音的课堂教学过程自动分析［J］. 现代教育技术，2021，31（8）：76-84.

同理 0<Ch<1，且 Ch 值越高，说明课堂中师生的对话与互动越多。

5. 教学模式分析

由 Rt 值和 Ch 值可以得到 Rt-Ch 图，方法是将 Rt 值和 Ch 值描绘在横轴为 Rt、纵轴为 Ch 的平面上，显然，将得到一个对应点。由 Rt 和 Ch 值的意义可知，横轴 Rt 表示教师的讲授和演示，纵轴 Ch 表示教学中的对话和交互。考察两个轴的关联后，可以将教学划分为四种不同的教学模式：练习型、讲授型、对话型和混合型。其中，混合型也可以表述为我们经常使用的"探究型"。根据对应点坐落的位置，我们便可以方便地确定该课所属的教学模式。四种教学模式在 Rt-Ch 图中所对应的位置以及它们的标准条件分别见图 5-3-3 和表 5-3-9。

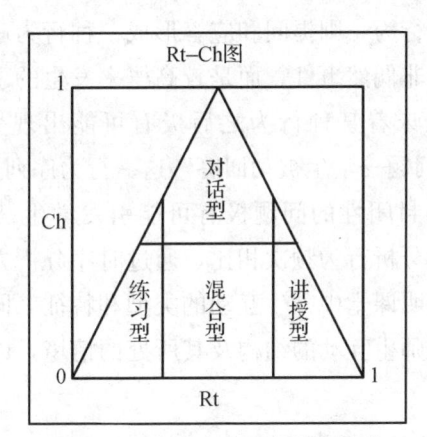

图 5-3-3　Rt-Ch 图与教学模式

表 5-3-9　教学模式及其标准条件

教学模式	标准条件
练习型	$Rt \leqslant 0.3$
讲授型	$Rt \geqslant 0.7$
对话型	$Ch \geqslant 0.4$
混合型	$0.3 < Rt < 0.7, Ch < 0.4$

虽然 S-T 分析法较为简单，但是由于数据量较大，我们一般利用专门的 S-T 教学分析软件来进行研究。

S-T 分析中的行为类别仅有 T 行为和 S 行为两大类，它大大减少了教学过程中的行为分类记述的模糊性，提高了分类的客观性和可靠性。不论是谁，以这种分类方法对给定的教学过程进行记述时，都会得到相同的结果，而且同时简化了操作，使用起来十分方便。另外它将教学的结果以图形表示，可以更形象、更直观地研究教学。

步骤四　理解时序分析法

1. 时序分析法的含义

时序分析法是以分析时间序列的发展过程、方向和趋势，预测将来时域可能达到的目标的方法。此方法运用概率统计中时间序列分析原理和技术，利用时序系统的数据相关性，建立相应的数学模型，描述系统的时序状态，以预测未来。

行为序列指的是某种发起行为之后产生某种伴随行为，即行为的转换，如提问之后产生应答行为，则提问和应答形成一种行为序列。显著性表明某种行为序列的存在并非偶然事件，而是较高概率发生的事件。当某种行为序列具有显著性时，意味着某种行为之后极有可能出现另一种行为。例如，"教师提问封闭性的问题→学生被动回答"这一行为序列达到显著水平（$p<0.05$）说明教师提问封闭性的问题极有可能引发学生被动回答，且概率在95%以上。与单纯地分析行为频次相比，通过时序分析方法来分析显著的行为序列能够更好地说明课堂中师生互动的类型和特征。同时，把行为序列进行组合还能够揭示出师生互动的结构及其所处的情境，以此来具体分析师生互动的效果。

2. 时序分析法的步骤

时序分析法的步骤：首先，以有关的历史资料的数据为依据，区别不规则变动、循环变动、季节变动等不同时间的动势，特别是连续的长期动势，并整理出统计图。其次，从系统原则出发，综合分析时间序列，反映曾经发生过的所有因果联系及影响，分析各种作用力的综合作用。再次，运用数学模型求出时间序列以及将来时态的各项预测值，如移动平均法、季节系数法、指数平滑法。

3. 时序分析法的操作

GSEQ是一种用于分析基于时间先后顺序的观测数据的计算机程序。它可以计算各种简单的统计数据，包括频率、速率、持续时间和比例（百分比）；处理的统计数据包括调整残差、卡方等。它是一种检验行为序列显著性的方法，通过对教师的某一个教学行为在另一种教学行为出现之后产生的概率的显著性来对课堂教学模式进行探索。通过对课堂教学行为数据进行分析，可以得到课堂教学的模式，从而直观地发现教学行为之间的关联性并发现教学问题。利用 GSEQ 可以用来分析课堂教学行为。

(1) 数据获取

包括确定使用编码、选择课程视频、达成编码共识、进行正式编码及得出编码数据五个步骤。如一项研究的 ITIAS 编码表如表 5-3-10 所示。

表 5-3-10　ITIAS 课堂观察量表

分类		编码	表述	内容
教师言语	间接影响	1	教师接受情感	以一种不具威胁性的方式，接纳及澄清学生的态度或情感的语气
		2	教师鼓励表扬	称赞或鼓励学生的动作或行为
		3	采纳意见	承认学生的说法；修饰或重述学生的说法；应用它去解决问题；与其他学生的说法相比较；总结学生所说
	直接影响	4	提问开放性的问题	以教师的意见或想法为基础，询问学生问题，并期待学生的回答
		5	提问封闭性的问题	
		6	讲授	就内容或步骤提供事实或见解；表达教师自己的观念，提出教师自己的解释，或者引述某位权威者（而非学生）的看法
		7	指示	指令或命令学生做某件事，此类行为具有期望学生服从的功能
		8	批评	陈述的语句内容为企图改变学生的行为，从不可接受的形态转变为可接受的形态；责骂学生；说明教师为何采取这种行为；"极端地自我参照"
学生言语		9	应答（被动反应）	学生为了回应教师所讲的话。教师指定学生回答问题，或是引发学生说话，或是建构对话情境。学生自由表达自己的想法是受到限制的
		10	应答（主动反应）	学生的回答超出了问题的答案，表达自己的想法；引发新的话题；自由地表达自己的见解和思路，如提出具有思考性的问题，开放性的架构
		11	主动提问	主动提出问题，自由地表达自己的见解
		12	与同伴讨论	讨论，交流看法
沉寂		13	无助于教学的混乱	暂时停顿、短时间的安静或混乱，以至于观察者无法了解师生之间的沟通
		14	思考问题	学生思考问题
		15	做练习	学生做课堂练习

续表

分类	编码	表述	内容
技术	16	教师操纵技术	教师使用技术来呈现教学内容，说明观点
	17	学生操纵技术	学生使用技术来呈现教学内容，说明观点；学生课堂做实验
	18	技术作用学生	学生观察媒体演示

(2) 数据处理

在 GSEQ 中依次输入课堂教学行为的代码，运行后得到输出数据，如图 5-3-4 所示。

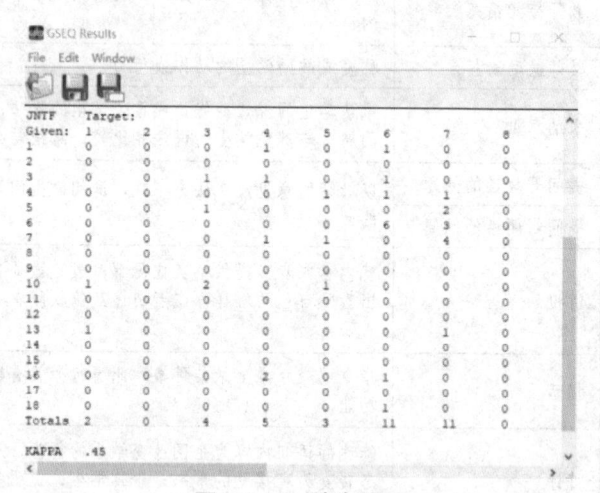

图 5-3-4 输出结果

再进行转化率计算和残差分析，如图 5-3-5 所示。其中，若残差值 z 大于 1.96，则认为该行为序列具有统计意义上的显著性。

图 5-3-5 调整后的参差表

(3) 数据分析[①]

根据课堂打点所记录的课堂行为，形成的数据运用 GSEQ 软件进行处理可形成两个数据表格，即行为转换频率表和调整后的残差表。

① 行为转换频率表的分析。行为序列是指发起行为和伴随行为之间的发生顺序，如教师提问（5）编码后面紧接着出现教师讲授（6）的行为，则相应的行为序列为 T5→T6。根据课堂行为打点的数据，运用 GSEQ 软件进行数据处理可以得出一个行为转换频率的表格。其中每行的数据代码表示发起行为，每列的数据代码代表伴随行为，转换表中的数字代表横纵两种教学行为之间所产生关联的次数。在分析结果时，行为序对以（列，行）的形式排列，序对（1，4），表示先出现行为 1，接着出现行为 4，说明在行为序列中该序对出现过 1 次。

② 利用 GSEQ 软件生成的部分调整后的残差表，从中可以得知所有行为序列的残差参数（z）。若 z 值大于 1.96，则说明该行为序列达到了显著水平，如图 5-3-5 中，行为序对（1，4）的 z 值为 2.77，大于 1.96，说明行为 1 和行为 4 存在显著的关联性。

根据实际研究中有显著性水平的行为绘制出行为序列转换图，如图 5-3-6 所示。其中箭头指向的是发起行为之后伴随的行为，连线的数值和粗细代表的是该行为序列的残差参数，z 值越大，连线越粗，该行为序列的显著水平越高。由图 5-3-6 可知，除去指向自身的行为序列以外，还存在 13 种行为序列，所标注的数字为调整后的残差表中显示的行为之间的相关性数据。通过行为转换图，可以直观地看到行为之间的关联度，反映出课堂互动行为的规律和特征。

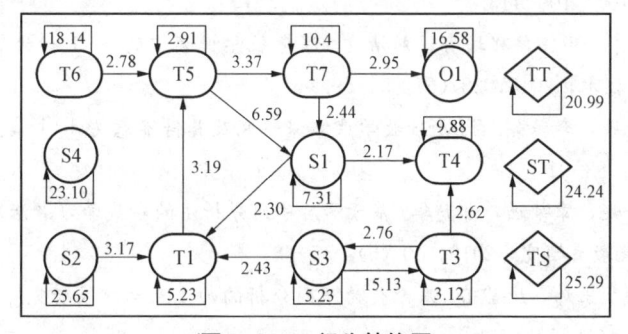

图 5-3-6 行为转换图

[①] 本部分数据为展示所用，并非真实数据，所得结论不具科学性。

研究与思考

请实际观察记录一段课堂教学过程，利用多种分析方法进行分析，看不同的分析方法得到的结果是否一致，有何区别。

研究阅读

[1] 陈向明，安超，方明军，等. 被打断的教育与自我唤醒的学习——陈向明教授叙事行动研究访谈录 [J]. 现代远程教育研究，2021，33（6）：3-11.

[2] 陶宇炜. 具身认知视域下双线混融教学促进深度学习的行动研究 [J]. 现代教育技术，2023，33（1）：66-73.

[3] 李玉华，王丹，黄少颖. 一项信息技术与教学深度融合的行动研究 [J]. 电化教育研究，2015，36（7）：83-88.

[4] 魏志慧，林东华，刘玉梅，等. 基于叙事行动研究的开放大学教师专业发展——以 TPACK 为框架 [J]. 中国电化教育，2022（2）：122-129.

[5] 冯嘉慧，刘良华. 从实验研究到设计研究：打通教育理论与教育实践的中间环节 [J]. 教育发展研究，2022，42（Z2）：17-24.

[6] 王艳丽，程云，王锋，童三红，黄克斌. 技术支持下的课堂教学行为观察方法探究 [J]. 现代教育技术，2016，26（9）：39-45.

[7] 冯智慧，伍文臣，胡小勇. 面向翻转课堂的课堂互动分析编码研究 [J]. 远程教育杂志，2016，34（4）：59-64.

[8] 方海光，高辰柱，陈佳. 改进型弗兰德斯互动分析系统及其应用 [J]. 中国电化教育，2012（10）：109-113.

[9] 周鹏霄，邓伟，郭培育，刘清堂. 课堂教学视频中的 S-T 行为智能识别研究 [J]. 现代教育技术，2018，28（6）：54-59.

[10] 何光峰，李美娟. TIMSS 数学录像课研究及其借鉴意义 [J]. 数学教育学报，2016，25（5）：88-91.

[11] 胡丹妮，章梦瑶，郑勤华. 基于滞后序列分析法的在线学习者活动路径可视化分析 [J]. 电化教育研究，2019，40（5）：55-63.

[12] 江毅，王炜，康苗苗. 基于行为序列分析的师生互动效果研究 [J]. 现代远距离教育，2019（6）：53-61.

[13] 吴冬连，葛新斌，党梦婕，等. 我国课堂教学视频分析的系统性文献综述——基于 2010—2020 年文献的分析 [J]. 全球教育展望，2022，51（10）：30-44.

[14] 魏志慧, 林东华, 刘玉梅, 等. 基于叙事行动研究的开放大学教师专业发展——以 TPACK 为框架 [J]. 中国电化教育, 2022 (2)：122-129.

[15] 顾小清. 面向信息化的教师专业发展研究 [D]. 华东师范大学, 2004.

[16] [美] 杰夫·米尔斯 (Geoffrey E. Mills). 教师行动研究指南 [M]. 3 版. 王本陆, 潘新民, 等译. 重庆：重庆大学出版社, 2010.

[17] 张一春. 教师教育技术能力建构——信息化环境下的教师专业发展 [M]. 南京：南京师范大学出版社, 2007.

[18] 汪辰, 张一春, 姚丹珺. 孤独症儿童虚拟情境教学困惑的案例分析 [J]. 现代特殊教育, 2022 (6)：62-67.

[19] 陈静, 兰国帅, 张一春. 图文声信息不同呈现方式对学生学习效果影响的实证研究 [J]. 数字教育, 2016, 2 (3)：47-54.

[20] 付雨朦, 张一春, 范文翔. "互联网+" 视域下继续教育泛在学习资源建设模式探索 [J]. 中国成人教育, 2018 (18)：119-123.

活动实践

1. 请思考如何在信息化教学中开展行动研究。
2. 如何针对学科特点设计信息化教学实验方案并实施？
3. 对学生的学习效果可以采取哪些观察研究方法？
4. 针对课堂教学质量我们一般可以采取哪些分析研究方法？
5. 请尝试对某堂课的教学录像进行师生教学行为分析。

单元 6　评价研究

活动导图

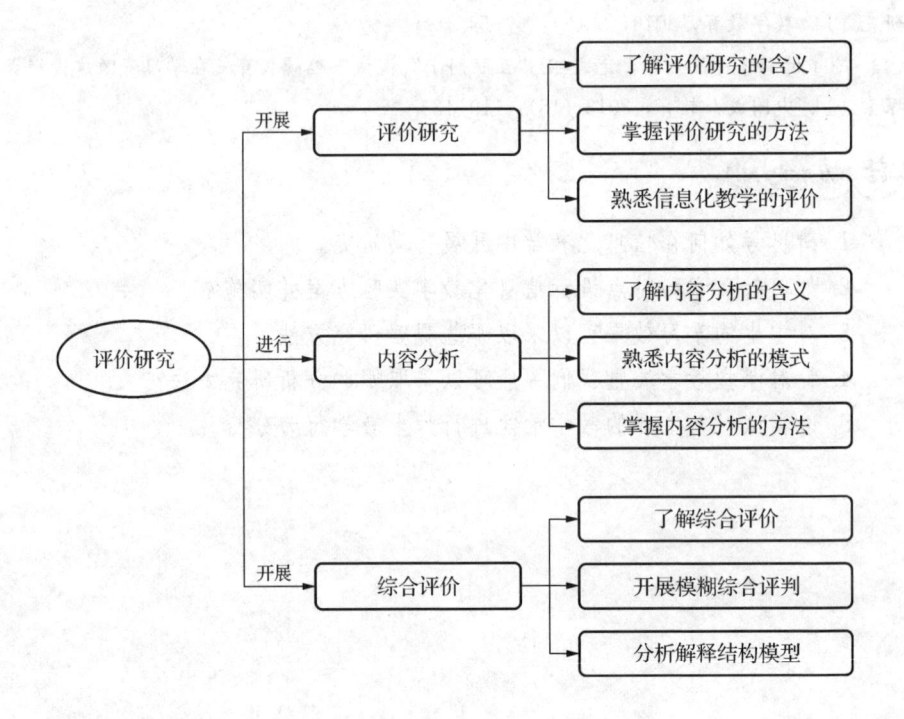

```
                    ┌─ 开展 ─ 评价研究 ─┬─ 了解评价研究的含义
                    │                   ├─ 掌握评价研究的方法
                    │                   └─ 熟悉信息化教学的评价
                    │
          评价研究 ─┼─ 进行 ─ 内容分析 ─┬─ 了解内容分析的含义
                    │                   ├─ 熟悉内容分析的模式
                    │                   └─ 掌握内容分析的方法
                    │
                    └─ 开展 ─ 综合评价 ─┬─ 了解综合评价
                                        ├─ 开展模糊综合评判
                                        └─ 分析解释结构模型
```

活动目标

1. 能够编制评价指标体系并开展评价研究。
2. 能够理解内容分析方法的特点并开展研究。
3. 能够运用综合评价方法开展评价研究。

评价是进行价值判断的过程，是科学研究与科学管理中一个重要的环节，应用现代教育评价的理论、方法与技术对信息化教学进行客观、公正和全面的评价，是教学质量提升的重要保证。

活动一 开展评价研究

步骤一 了解评价研究的含义

1. 评价研究的内涵

评价是指依据明确的目标，按照一定的标准，采用科学方法，测量对象的功能、品质和属性，并对评价对象做出价值性的判断。评价的主要功能与作用是反馈与决策。评价的关键是收集资料进行价值性判断。

评价研究是对事物或活动进行的价值判断，先根据研究目标分解出若干要素，由评判者根据一定的标准，对被评对象的各项功能、属性、品质等进行等级判定，然后根据评判结果与权重再做最后的综合评价。

评价的特点：有明确的目的和具体的目标，以客观事实资料为依据，以评价指标体系收集处理资料，对资料进行量化处理，做出价值性的判断。其中，评价的目标性与价值性判断是其显著特征。

2. 评价研究的类型

（1）按评价的功能分类

① 诊断性评价。诊断性评价一般是指在某项活动开始之前进行的评价，是为使其计划更有效地实施而对评价对象的基础和条件做调查和研究，拟做出预测的评价活动。其主要目的是了解评价对象的基本情况，找到问题所在，修正研究目标。如摸底考试、问题评析等。

② 形成性评价。形成性评价是指在某项活动进行之中进行的评价，是为了调节、修正活动过程，保证目标的实现。其主要目的是及时获取反馈信息，缩小活动过程与目标之间的差距，总结经验，及时改进活动。如课堂的小测验、教学检查等。

③ 总结性评价。总结性评价是指在某项活动结束或告一段落时进行的评价，是对活动结果做出价值判断的过程。其主要目的是了解整个活动与预

期目标之间的差异，对整个过程进行综合评判。如期终考试、教学评估等。

(2) 按评价的标准分类

① 相对评价。相对评价是指在被评对象中选取一个或若干对象作为基准，然后将其余对象与这基准对象进行比较，从而做出价值判断。其目的是对两个或多个对象的差异性做出判断。若两个对象用 a 和 b 代表，则相对评价就是要判定是否 $a \geqslant b$ 或 $a \leqslant b$。如三好学生评选、教学成果评奖等。

② 绝对评价。绝对评价是指将被评对象与某个客观标准进行比较，评价其达到标准的程度，并做出价值判断。若某一客观标准用 a_0 表示，则对被评对象 a 的绝对评价是指是否达到 $a \geqslant a_0$。如托福雅思考试、体育达标等。

③ 自身评价。自身评价是指把被评对象的过去与现在进行比较，或者一个被评对象的若干侧面相互比较。其目的是比较被评对象的自身状况，判定该对象在自身发展或自身各个方面的变化情况。若某对象在时间 t 与 $t+1$ 时的状况是 a_t 和 a_{t+1}，则自身评价是要判断是否 $a_{t+1} \geqslant a_t$。如学校发展、学生能力发展等。

(3) 按评价的性质分类

① 定量评价。定量评价是指收集数据资料，用一定的数学模型或数学方法对某项活动做出量化结论的评价方法。如考试分数、智力测试分数等。

② 定性评价。定性评价是指对不便量化的评价对象采用描述、概括等方法进行价值判断的评价方法。如评语、总结等。

(4) 按评价的方式分类

① 结果评价。结果评价是指对学生在学习过程中所取得的最终结果和成果进行的评价。结果评价通常是对学生在学习活动结束后所展现的能力、知识水平、技能掌握等方面进行的评估，旨在评价学生是否达到了预定的学习目标和标准。

② 过程评价。过程评价是指在学习过程中持续进行的评价活动，旨在跟踪学生的学习进展、了解学生的学习过程和策略，以便及时调整教学方法，支持学生的学习。过程评价强调对学生在学习过程中的表现、思考和反应进行观察和评价，以促进学生的学习和发展。

③ 增值评价。增值评价是一种评估方法，旨在衡量学生在学习过程中所取得的进步和成长。与传统的结果评价不同，增值评价侧重于比较学生在学习期间的起点和终点，以确定学生在学习过程中所获得的"增值"或"附加值"。

④ 综合评价。综合评价是指综合考虑学生在学习过程中的各个方面表现和成就，采用多种评价方法和工具，对学生的学习情况进行全面、客观的评估。综合评价不仅包括学生的学业成绩，还考虑学生的学习态度、学习方法、综合素质等方面的表现。

3. 评价研究的要素

一般来说，评价研究由三个基本要素组成：

(1) 评价对象。评价对象主要指被评价的人、事物和活动。在信息化教学研究中，评价对象主要是教学过程、教学资源、学生学习效果、信息化教学管理等多方面。

(2) 评价指标。评价指标是指进行评价研究工作的工具，是进行资料收集、资料分析、价值判断的依据。

(3) 评判者。评判者是进行评价研究的主角，可以由参与评价工作的各方面的成员组成，在进行不同的评价时人员可以不同。

三者之间的关系如图 6-1-1 表示：

图 6-1-1　评价研究要素

在信息化教学评价过程中，一般评价状况、过程、效果三方面。状况评价是指对现状进行的评价，一般包括条件水平、品质水平、管理水平等方面；过程评价是指对某一个活动过程进行的评价，是判断实施过程有无需要改进的评价；效果评价是指对某事件或某项活动实施结果的评价，主要是解决结果如何的问题。

步骤二　掌握评价研究的方法

1. 评价研究的基本程序

评价研究的基本程序一般包括以下步骤：

(1) 确定目标和对象。评价目标是指评价活动期望达到的结果。

(2) 建立评价指标体系。评价指标体系反映了评价目标各要素之间的关系及其重要程度，评价指标体系一般由结构指标项、单项指标项、权重系数、评判等级、评判得分等组成。

(3) 资料收集和鉴别。通过多种途径收集有关资料，并把收集的资料按照评价指标的指标项进行分类整理，鉴别资料的使用价值。

(4) 等级评判与加权。对收集到的有效资料，利用评价指标体系等级评判与加权量化，计算具体的得分。

(5) 做出综合评判。依据评价总分和各指标项的得分率，对对象做出品质等级、达标状况或发展程度的价值性判断。

2. 评价指标设计的原则

评价指标体系是否科学和有效，决定了价值判断的结果是否有意义。因此建立评价指标体系必须遵照以下原则：

(1) 一致性。指标既然是目标的具体化、行为化和操作化，那么它就必须充分地反映目标，要与教育目标或管理目标相一致。

(2) 系统性。应当充分考虑各个指标之间的有机联系，各个评价指标的选取个数、指标统计口径应当保证其在指标的各个要素上都具有时间上的统一。

(3) 可测性。指标的直接可测性就是指标作为具体的目标，可通过实际观察加以直接测量，以获得明确的结论。

(4) 独立性。评价指标体系是由一组相互间有着紧密联系的指标结合而成的，体系内的各指标必须是相互独立的，不能相互重叠，不存在因果关系。

(5) 完整性。指标体系能够全面地、毫无遗漏地再现和反映评价目标。

(6) 可比性。指标必须反映被评价对象的共同属性。

(7) 接受性。指标要从实际出发，有足够可利用的信息和可行的量化方法。

(8) 简约性。指标陈述简明扼要，没有太多冗余的信息。

3. 评价指标体系的编制

(1) 分解目标形成指标项。指标项必须与目标一致，因此可直接分解目标形成指标体系或在目标和指标之间设置次级目标，从而将目标分解为总体指标、结构指标和单项指标等部分。

(2) 编制评价标准。评价标准是对目标的具体表现，一般有：描述式，即用文字描述，并赋予分值；期望评语量表式，根据目标要求，写出期望达到的评语和要求；可数等级式，用定量数值作为标准。

（3）确定评价指标权数。加权是指为现实不同量数的重要程度而给予的比例系数。权重又称权数、权值，是指派的系数。权重分为自重权数和加重权数两种。自重权数以权数作为指标的分值或以权数直接作为等级的分值，加重权数是在各指标的已知分值前面设计的权数。

（4）形成评价指标体系。形成指标项、确立评价标准和权重之后，便形成了完整的评价指标体系。

【例 6-1-1】信息化工作水平评估指标结构（部分）

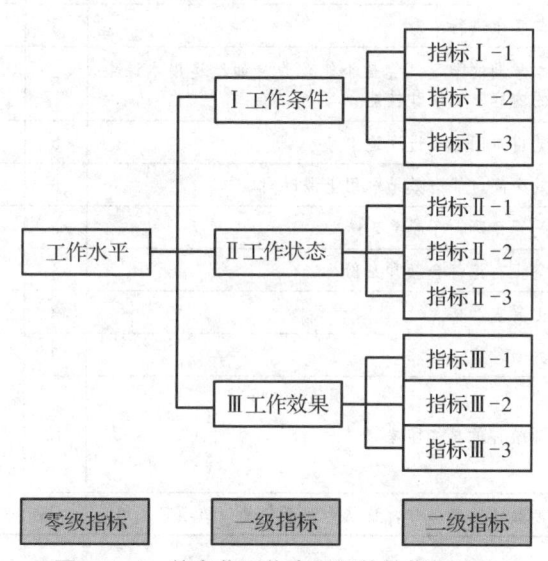

图 6-1-2　信息化工作水平评估的指标结构

【例 6-1-2】某高校学生评教评估表

表 6-1-1　某高校学生评教评估表

被评课程_____　被评教师_____　评估人学号_____

一级指标		二级指标	权重	评价等级				
				5	4	3	2	1
教学内容(25)	1	内容是否熟悉	5					
	2	是否有条理、成体系	5					
	3	是否有重点	5					
	4	能否理论联系实际	5					
	5	是否介绍本学科的前沿动态	5					

续 表

一级指标		二级指标	权重	评价等级				
				5	4	3	2	1
教学方法(20)	6	教学手段运用是否适当	5					
	7	教学方法多样灵活，激发学生兴趣	5					
	8	鼓励学生思考	5					
	9	鼓励学生创新	5					
教学态度(10)	10	能否很明显地看出课前进行了认真的备课	4					
	11	是否有迟到或随意缺课情况	3					
	12	是否与学生进行交流	3					
教学效果(20)	13	通过本学期的学习，你是否能较为自如地运用本课中学到的内容、方法和技能	5					
	14	是否觉得本门课程进度适中	5					
	15	上课效率高，能有效地利用上课时间	5					
	16	上课是否精彩，不感到乏味	5					
育人情况(10)	17	仪表举止言论符合教师身份	4					
	18	对学生要求严格	3					
	19	是否关心学生	3					
总体印象(15)	20	该教师给你的总体印象	15					
其他		本学期教你的教师中，你认为该教师是（该项可不填）						

4. 权重系数确定的方法

权重系数可分为主观权重系数和客观权重系数。主观权重系数（又称经验权数）是指人们对分析对象的各个因素，按其重要程度，依照经验，主观确定的系数，例如 Delphi 法、AHP 法和专家评分法。客观权重系数是指经过对实际发生的资料进行整理、计算和分析，从而得出的权重系数，例如熵权法、标准离差法和 CRITIC 法等。

(1) 德尔菲法

德尔菲法是通过反复征询专家意见、汇总和整理意见，最终达成一致意见或预测未来趋势的方法。其基本步骤如下：

① 选择专家。一般情况下，选择本专业领域中既有实际工作经验又有较深理论修养的专家 10—30 人左右，征得专家本人的同意。

② 将待定权重的指标及相关材料发给选定的各位专家，请他们独立给出各指标的权数值。

③ 回收结果并计算各指标权数的均值和标准差。

④ 将计算的结果及补充材料返还给各位专家，要求所有专家在新的基础上确定权数。

⑤ 重复第③步和第④步，直至各指标权数与其均值的离差不超过预先给定的标准，也就是各专家的意见基本趋于一致，以此时各指标权数的均值作为该指标的权重。

（2）层次分析法（AHP法）

层次分析法是一种多目标决策方法。应用此种方法首先必须把测评目标分解为一个多级指标，在同一层次上根据相对重要性计算出每项指标的相对优先权重。其基本步骤如下：

① 建立层次结构模型。在使用层次分析法决策问题时，通常将其分为三个层次：最高层、中间层和最底层。代表着决策目的的是最高层；代表着考虑因素、决策准则的是中间层；代表着决策时备选方案的是最底层。

② 构造判断（成对比较）矩阵。判断矩阵是表示本层所有因素针对上一层某个因素的相对重要性的比较。判断矩阵的元素 a_{ij} 用 Santy 的 1—9 标度方法给出。利用两两比较法进行因素间重要程度的比较结果，形成比较矩阵 A：

$$A = \begin{bmatrix} a_{11} & a_{12} & \cdots & a_{1n} \\ a_{21} & a_{22} & \cdots & a_{2n} \\ \vdots & \vdots & & \vdots \\ a_{a1} & a_{a2} & \cdots & a_{an} \end{bmatrix}$$

表 6-1-2　层次分析法比较编码

标度	含义
1	表示两个因素相比，具有同样重要性
3	表示两个因素相比，一个因素比另一个因素稍微重要
5	表示两个因素相比，一个因素比另一个因素明显重要
7	表示两个因素相比，一个因素比另一个因素强烈重要
9	表示两个因素相比，一个因素比另一个因素极端重要
2，4，6，8	上述两相邻判断的中值
倒数	因素 i 与 j 比较的判断 a_{ij}，则因素 j 与 i 比较的判断 $a_{ji}=1/a_{ij}$

③ 层次单排序及其一致性检验。如果需要计算权重，则需要首先计算特征向量值。同时得到最大特征根值（CI），用于下一步的一致性检验使用。

④ 层次总排序及其一致性检验。确定某层所有因素对于总目标相对重要性的排序权值过程，称为层次总排序。这一过程是从最高层到最底层依次进行的。对于最高层而言，其层次单排序的结果也就是总排序的结果。

(3) 多元分析法

可以利用多元分析中的因素分析及多元回归分析来计算各个测评指标的权数。因素分析一般是先把同一级的各个测评指标看作观察变量，并计算变量之间的相关系数，然后通过计算机进行因素分析和主成分分析，以确定各个测评指标的权重。多元回归分析是把同级的单个测评指标看作与另一个高级的指标有关系的变量，并通过数学运算找出权重系数。这种分析方法比较客观。

(4) 因子分析法

通过因子分析方法，可以将多个指标进行综合，提取出共性因子，然后根据各因子的贡献度确定权重系数。因子分析方法适用于需要对大量指标进行综合评价的情况。

因子分析法是一种常用的多元统计方法，用于发现数据中潜在的因素结构，并将多个变量综合为少数几个潜在因子。

步骤三　熟悉信息化教学的评价

信息化教学研究过程中有很多工作需要我们利用评价的方法来进行研究。信息化教学评价一般包括对信息化教学过程中教师、学生、教学内容、教学方法手段、教学环境、教学管理诸因素的评价，但主要是对学生学习效果的评价和教师教学工作过程的评价。

【例 6-1-3】课堂教学评价

课堂教学评价内容包括教学设计、教学实施、教学成效等方面。教学设计的评价主要是对学习内容的分析，教学目标的确定，教学媒体、教学过程、教学方法的选择和策划，学习评价的设计等评价。教学实施的评价是对教学设计的实施、反馈和调控，媒体操作和视听效果，课堂教学环境，教师基本素养等评价。教学效果的评价指课堂提问、讨论、练习、作业、测验、考试、学生反应等评价。课堂教学的评价方法一般有定性评价、定量评价、定性与定量结合的方法。如课堂教学评价可以建立如表 6-1-3 所示评价指标体系。

表 6-1-3　课堂教学评价表

教者		学校		班级		时间		
课题				课型		课时		
评价项目	评估内容						分数	得分
教学目标	1. 教学目标符合课标要求和学生实际，三个维度得到体现，并相互渗透，有机统一						10	
	2. 明确具体，体现学科特点							
	3. 师生为实现教学目标而协同努力							
学习资源	1. 重视"双基"教学，所教知识准确、无误						15	
	2. 正确理解和把握教材的内涵、外延，突出重点、难点、关键							
	3. 教学环境有利于学生身心健康，有利于教学目标实现							
教学思路与结构	1. 能抓住知识主线，层次分明，思路清晰，重点突出讲练结合，组织严密						15	
	2. 有时效性：在最短的时间内组织最有效的探究活动							
	3. 有自然融洽性：教学各环节之间衔接自然流畅							
	4. 有调整性：根据教学实际适时调整、重组、优化教学设计							
教学方法	1. 与目标、任务相适应						16	
	2. 与教学内容相符合							
	3. 与学生心理特点、知识水平相适应							
	4. 与教师特点、教学条件相符合							
	5. 合理使用现代教学媒体							
	6. 教学信息多项交流，反馈及时，矫正有效							
主导与主体	1. 为学生创造参与教学全过程的机会，充分调动学生的积极性和主动性						16	
	2. 教师评价及时多样，且富于激励性，学生思维活跃，善于独立思考							
	3. 学生对问题情景关注，积极参与的人较多，且方式多样，能够倾听、协作、分享							
	4. 既面向全体，又兼顾个别差异，因材施教，每个学生在原有的基础上都得到提高							
教学基本功	1. 坚持用普通话教学，语言准确规范、简洁流畅、生动形象，富有幽默感、启发性						12	
	2. 教态亲切自然，端庄从容，亲和力强							
	3. 板书工整美观，重点突出，言简意赅，脉络清晰，书写娴熟							
	4. 能熟练运用现代化教学手段							
	5. 应变和调控能力强							

续 表

评价项目	评估内容	分数	得分
教学效果	1. 多数学生能完成学习任务，每个学生都有不同的收获 2. 师生情绪饱满、热情，课堂气氛活跃 3. 学生有成功感，有进一步学习的愿望 4. 教学容量适度，学生负担合理	16	
教学个性	1. 凸显学科特点 2. 教学有个性，形成特点与风格	加分	
综合评价		总分	

研究与思考

1. 评价指标如何建立？如何保证评价的有效性？

2. 请查询并阅读评价相关的文献与案例，学习如何开展评价研究。

活动二 进行内容分析

内容分析法是信息化教学研究中常用的一种方法，原为社会科学借用自然科学的定量分析的科学方法，对历史文献内容进行分析而发展起来的。后来美国的一些传播学研究者利用这种方法去分析报纸的内容，了解信息发展的倾向，随后这种方法逐渐成为传播学、政治学和社会科学的一种重要研究手段。目前随着技术的不断进步，逐步发展为基于大数据的数据分析。

步骤一 了解内容分析的含义

1. 内容分析法的含义与特点

内容分析法是一种对研究内容做客观、系统的量化并加以描述的研究方法。它是通过对教育中的一些明显的现象和规律进行量化分析，得到对象内在规律的一种方法，目前已成为一种对教育信息和传播活动进行深入研究和了解的常用手段。

内容分析主要有以下一些特点：

（1）内容要明显。内容分析的对象是信息化教学中的一切明显的现象和规律。如文字、图形、声音、图像，以及课堂教学传播过程、教学资源、视听媒体与教材、教师和教学管理人员的活动等，这些对象有明显的表现形式，可被载体记录。

（2）类目要恰当。内容分析要能得出有效的结果，必须依靠明晰有效的类目表格。类目表格反映了内容分析的评判标准和方式。不同的类目表得出的结果也是不同的。

（3）记录要客观。内容分析是根据事先设计好的分析类目表进行评判记录，然后进行统计分析。因此评判记录是得出结论的重要依据，不能有主观臆断。

（4）结果要量化。内容分析的结果一般用数字、表达式、百分比、图形等形式来描述。

2. 内容分析与文献分析比较

内容分析与文献分析，都是把用文字、图形、符号、音频、视频等记录保存下来的资料内容作为分析的对象，但是它们具体的分析处理方法是有区别的。

文献分析是按某一研究课题的需要，对一系列文献进行比较、分析、综合，从中提炼出评述性的说明。内容分析则是直接对单个样本做技术性处理，将其内容分解为若干分析单元，评判单元内所表现的事实，并做出定量的统计描述。两者的联系与区别可见表6-2-1所示。

表 6-2-1　文献分析与内容分析的联系与区别

	文献研究	内容分析
研究目的	收集资料	分析研究
研究对象	主要是文字	文图声像及教学活动过程等
研究内容	一系列资料	单个样本（个案）
处理方法	归类、整理、评鉴	内容分解、个别研究
研究程序	查阅、评鉴、整理	制表、评判、分析
研究结果	评述性说明	定量的统计描述

内容分析法的目的是弄清楚被分析对象中本质性的事实和趋势，揭示其中所含的隐性内容，对事物发展做情报预测。教育和教学活动是一种信息的传播过程，研究者可利用内容分析法对教育文献、课本、课堂讲授、视听教

材、直观教具、学生反应、学生活动甚至特殊教育等问题进行分析，以便探索其中的规律。

步骤二　熟悉内容分析的模式

内容分析一般有特征分析、发展分析和比较分析三种模式。

1. 特征分析模式

特征分析是通过对某一对象在不同情况下所显示出来的内容资料进行分析，并把这些不同样本的量化结果加以比较，找出其中稳定的、突出的因素，从而判定这一对象的特征，如图6-2-1所示。

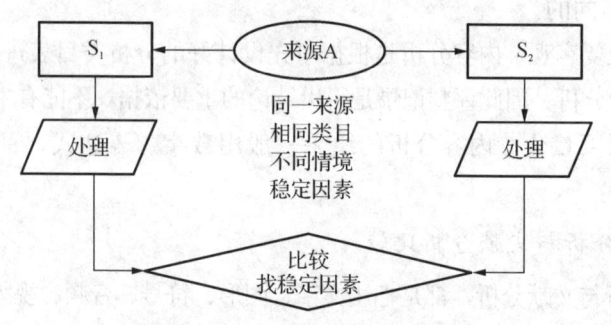

图6-2-1　特征分析模式图

【例6-2-1】王老师是一位优秀教师，我们为了学习他的教学经验，可以对他多年的教学录像进行分析，找出他在给不同班级上课时表现出来的稳定的特征，例如讲课的风格、技术的运用、教学方法策略等，如表6-2-2所示。这样可以得出该优秀教师的特点。

表6-2-2　优秀教师分析表

分析指标	分析单元			
	1	2	3	4
提问				
讲述				
板书				
媒体操作				
实验演示				
……				

2. 发展分析模式

发展分析是通过对某一对象在同一类问题上的不同时期所显示的内容资料进行分析,并把这些不同样本的量化结果加以比较,找出其中发生变化的因素,从而可以判断这一对象在某一类问题上的发展倾向,如图 6-2-2 所示。

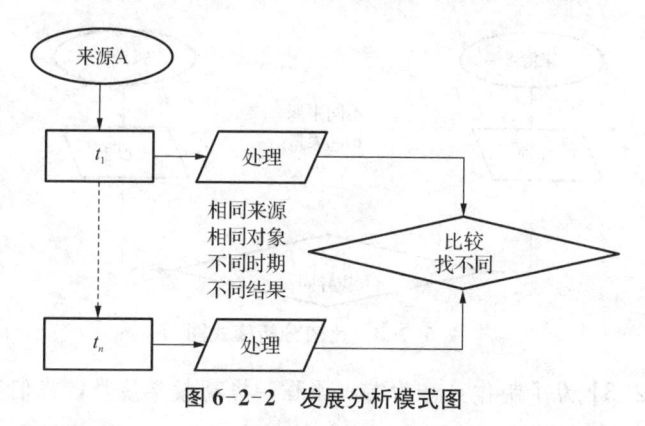

图 6-2-2 发展分析模式图

【例 6-2-2】我们可以对一个学校多年来信息化教学设备的装备情况进行分析,可以发现学校条件的变化和进步,如表 6-2-3 所示。

表 6-2-3 某校信息化教学设备发展表

分析指标	分析单元							
	1990	1995	2000	2005	2010	2015	2020	2025
投影								
幻灯								
电视机								
影碟机								
实物展台								
有线扩音								
无线扩音								
教室网络								
液晶电视								
LED大屏								
智能白板								
录播系统								
智能中控								
物联网								
……								

3. 比较分析模式

比较分析模式是通过对来源不同的样本资料进行内容分析，把这些来自不同对象的样本的量化结果加以对比，从而找出它们之间的异同，如图6-2-3所示。

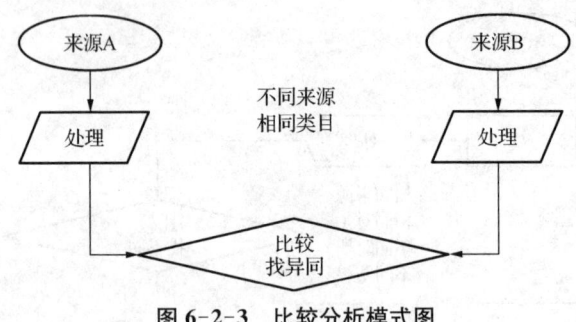

图 6-2-3　比较分析模式图

【例 6-2-3】 为了制作更好的在线课程，提高教学质量，我们可以比较不同国家或地区在线课程设计思想和制作技巧上的异同，如表6-2-4所示。

表 6-2-4　国内外网络课程分析表

分析指标	分析单元			
	中国高校	美国高校	英国高校	……高校
界面设计				
内容呈现				
课程设计				
交互设计				
实验演示				
……				

步骤三　掌握内容分析的方法

内容分析法包括两方面的工作，一是如何对一份内容资料进行分析以取得量化结果；二是如何根据课题需要，设计选择系统化分析的模式，合理地把各种内容分析的量化结果加以比较，并定量地说明研究的结果。

内容分析法的主要步骤如图6-2-4所示：

(1) 确定研究目标。要先确定采用哪种内容分析模式。

(2) 选定分析对象。内容分析的研究对象一般要求是可记录保存的资料、具有明显的直接意义的资料，并且要求与研究目标一致。由于对象一般较多，可以采取来源抽样、日期抽样、单元抽样等抽取样本进行研究。

（3）设计分析表格。分析类目表中分类指标的界限要明确，不可重叠，每个分析单元都应有归口。

（4）做好评判记录。根据评判表格对评判对象进行评判，就是按照预先制定的类目表格，对分析单元系统地判断并记录其事实和频数。

（5）进行信度分析。信度分析是对内容分析的检验，一般要求信度越高越好。

（6）完成统计描述。采用统计描述或检验来进行分析。

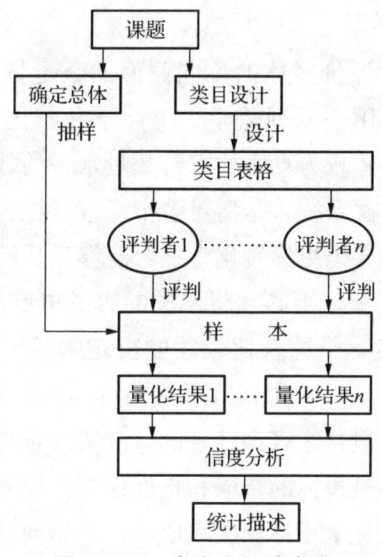

图 6-2-4　内容分析的步骤

信息化教学中有许多现象和对象可以采用内容分析的方法来进行研究。

研究与思考

1. 请查询阅读相关文献，研究如何开展内容分析。

_____

_____

2. 思考如何利用数据分析技术开展内容分析。

_____

_____

活动三 开展综合评价

由于信息化教学研究的对象很多是不确定的，尤其是对人的研究，因此采用综合评价的方法对信息化教学的评价研究有着重要的帮助作用。

步骤一 了解综合评价

1. 综合评价的含义

综合评价，就是对评价客体的不同侧面的数量特征给出系统的量化描述，并以此为基础，运用一系列数学、统计学和其他定量方法进行适当综合，得出反映各评价客体较为真实的综合数量水平的数量分析方法。简单地说，综合评价是一个方法系统，是指对多指标进行综合的一系列有效方法的总称。其基本思想是将多个指标转化为一个能够反映综合情况的指标来进行评价。比如要买一台电脑，则必须将不同品牌的电脑的性能、容量、外观、适用程度以及价格等做一个综合比较才能决定购买何种电脑，这就是综合评价。

综合评价的方法一般是主客观结合的，方法的选择需基于实际指标数据情况选定，最为关键的是指标的选取和指标权重的设置。综合评价法的特点表现为：评价过程不是逐个指标顺次完成的，而是通过一些特殊方法将多个指标的评价同时完成的；在综合评价过程中，一般要根据指标的重要性进行加权处理；评价结果不再是具有具体含义的统计指标，而是以指数或分值表示参评单位"综合状况"的排序。

构成综合评价的要素主要有评价者、被评价对象、评价指标、权重系数和综合评价模型。

综合评价按照目的划分，可分为分类问题、排序问题和整体水平评价问题；按照方法可以分为传统的简易评价方法和现代评价方法；按照定量化程度可以分为定性评价方法、半定性评价方法和定量评价方法；按照赋权方式可以分为主观、客观和主客结合的赋权法。

2. 综合评价的方法

现代综合评价方法包括主成分分析法、层次分析法、模糊评价法等。

(1) 主成分分析法

主成分分析是多元统计分析的一个分支。该法是将多个指标化为少数几个综合指标，而保持原指标大量信息的一种统计方法。当指标数越多，且各指标间相关程度越密切，即相应的主成分个数越少，本法越优越。对于定性指标，应先进行定量化。当指标数较少时，可适当增加主成分个数，以提高分析精度。

采用主成分分析法进行综合评价有全面性、可比性、合理性、可行性等优点，但是也存在一些问题：如果对多个主成分进行加权综合会降低评价函数区分的有效度，且该方法易受指标间的信息重叠的影响。

(2) 层次分析法

层次分析法是将评价目标分为若干层次和若干指标，依照不同权重进行综合评价的方法。

一般步骤是，根据分析系统中各因素之间的关系→确定层次结构→建立目标树图→建立两两比较的判断矩阵→确定相对权重→计算子目标权重→检验权重的一致性→计算各指标的组合权重→计算综合指数和排序。该方法通过建立目标树，可计算出合理的组合权重，最终得出综合指数，使评价直观可靠。

(3) 模糊评价法

模糊评价法基于模糊数学，它不仅可对评价对象按综合分值的大小进行评价和排序，而且还可根据模糊评价集上的值按最大隶属度原则去评定对象的等级。一般步骤是：确定评价事物的因素论域→选定评语等级论域→建立模糊关系矩阵→确定评价因素权向量→选择合成算子→得到模糊评判结果向量→进一步分析处理。该法的优点是数学模型简单，容易掌握，对多因素多层次的复杂问题评判效果比较好。在实际应用中，采用模糊综合评判法能够得到全面和合理的评判结果。

3. 综合评价的程序

(1) 选取评价指标，建立评价指标体系

评价指标的选取有定性选择和定量选择两大类。定性选择法也称经验选择法、专家咨询法，是指根据实际经验和专家的判断来选择评价指标的方法。定量选择法是指在备选的指标集合中，应用数学方法进行分析来确定评价指标的方法，如极小广义方差法（协方差法）、极大不相关法、主成分分析法、系统聚类法等。

(2) 确定评价指标的转换和综合方法

综合评价要将描述被评价对象的多个指标的信息加以综合得到一个综合

数值，然后对综合数值进行比较分析，对被评价事物进行整体性评价。根据被评价事物的特点，选取恰当的合成方法将各指标的评价值综合成一个指标，以得到一个整体性的评价。如加法合成、乘法合成、加乘混合合成、模型综合等。有时还需要进行一定的修正，如常数加法、系数乘法等。

（3）确定指标体系中各指标的权数

影响事物发展变化的因素的影响程度是不同的，在综合评价中，要确定各个指标对被评价事物的作用大小，需要加权处理。

（4）综合指标的汇总合成

根据指标体系的各个数据的标准值、评价汇总方法和权数，对于各个对象的各个层次的内容进行汇总合成为一个指标。

（5）综合评价分析

经过上述技术处理之后，我们可以对综合评价计算过程中得到的各种数据进行统计分析。

步骤二　开展模糊综合评判

模糊数学是对不确定性的事件进行研究的一种方法。在信息化教学的研究中常常需要对一些模糊的概念或对象进行研究，可以采用模糊综合评判法。

1. 模糊性的概念

（1）模糊性与随机性

随机性是指对象在类属和性态方面的定义是完全确定的，但对象出现的条件方面是概率的、不确定的。模糊性是指对象在认识中的分辨界限是不确定的，即对象在类属、性态方面的定义是不精确的、不明晰的。随机性是和必然性相对的，模糊性是与精确性相对的。

对于模糊概念，我们一般要用模糊数学的方法来进行表征与计算。比如我们可以把老人看作一个模糊概念，可以用一个隶属函数来表示：

$$\mu_{\underset{\sim}{A}}(x) = \begin{cases} 0 & \text{当}\ 0 \leqslant g(x) \leqslant 50 \\ \left[1 + \left(\dfrac{5}{g(x)-50}\right)^2\right]^{-1} & \text{当}\ g(x) > 50 \end{cases}$$

因此当某人为 60 岁时，$g(x)=60$，它属于"老年人"，随着年龄增加，函数会无限接近 1，但不会等于 1。

（2）模糊集合

无明确边界的集合叫模糊集合。模糊集合把原来普通集合对类属、性态的非此即彼的绝对属于或不属于的判定，转化为对类属、性态做从 0 到 1 不同程度的相对判定。

(3) 隶属度和隶属函数

隶属度是模糊集合中每一个元素属于模糊集合的程度。用函数表示则称为隶属函数。

(4) 模糊关系与模糊矩阵

描述模糊集合元素之间关系的多少称为模糊关系。用矩阵表示模糊关系则称为模糊矩阵。

2. 模糊综合评判的方法

我们常用模糊数学的方法来进行评判。这种评判是基于模糊概念的。

(1) 建立评判对象的因素集 $U = \{u_1, u_2 \cdots, u_n\}$。

因素就是对象的各种属性或性能，在不同场合，也称为参数指标或质量指标，它们综合地反映出对象的质量，人们就是根据这些因素给对象评价的。

(2) 建立评判集 $V = \{v_1, v_2, \cdots, v_m\}$。

(3) 建立单因素评判，即建立一个从 U 到 $F(V)$ 的模糊映射。

$$f: U \to F(V), \forall u_i \in U$$

$$u_i \mid f(u_i) = \frac{r_{i1}}{v_1} + \frac{r_{i2}}{v_2} + \cdots + \frac{r_{im}}{v_m}$$

$$0 \leqslant r_{ij} \leqslant 1, 1 \leqslant i \leqslant n, 1 \leqslant j \leqslant m$$

$$\underset{\sim}{R} = \begin{bmatrix} r_{11} & r_{12} & \cdots & r_{1m} \\ r_{21} & r_{22} & \cdots & r_{2m} \\ \cdots & \cdots & \cdots & \cdots \\ r_{n1} & r_{n2} & \cdots & r_{nm} \end{bmatrix}$$

$\underset{\sim}{R}$ 称为单因素评判矩阵。

于是 $(U, V, \underset{\sim}{R})$ 构成了一个综合评判模型。

(4) 综合评判。由于对 U 中各因素有不同的侧重，需要对每个因素赋予不同的权重，它可表示为 U 上的一个模糊子集 $\underset{\sim}{A} = (a_1, a_2, \cdots, a_n)$，并且规定 $\sum_{i=1}^{n} a_i = 1$。

在 $\underset{\sim}{R}$ 和 $\underset{\sim}{A}$ 求出之后，则综合评判为 $\underset{\sim}{B} = \underset{\sim}{A} \circ \underset{\sim}{R}$，$\underset{\sim}{B} = (b_1, b_2, \cdots, b_n)$ 它是 V 上得的一个模糊子集。其中

$$b_i = \bigvee_{i=1}^{n}(a_i \wedge r_{ij})(j=1, 2, \cdots, m)$$

模糊数学是一种非常有效的数学工具，对模糊对象采用模糊综合评判的方法可以比较准确地把握对象的规律与特点。

【例 6-3-1】 我们现在要对某本教材进行评价，假设评价指标是内容、编写、印刷、价格四个方面。学生的反映情况如表 6-3-1，问学生的综合意见如何。

表 6-3-1 学生对某本教材的评价情况表

因素	很满意	满意	不满意
内容	70%	20%	10%
编写	60%	30%	10%
印刷	50%	30%	20%
价格	50%	40%	10%

我们可以建立评判因素集 $U=\{x_1, x_2, x_3, x_4\}$，其中 x_1 表示内容，x_2 表示编写，x_3 表示印刷，x_4 表示价格。

建立评语集 $V=\{y_1, y_2, y_3\}$，其中 y_1 表示很满意，y_2 表示满意，y_3 表示不满意。

则：

$$f(x_1) = \frac{0.7}{y_1} + \frac{0.2}{y_2} + \frac{0.1}{y_3}$$

$$f(x_2) = \frac{0.6}{y_1} + \frac{0.3}{y_2} + \frac{0.1}{y_3}$$

$$f(x_3) = \frac{0.5}{y_1} + \frac{0.3}{y_2} + \frac{0.2}{y_3}$$

$$f(x_4) = \frac{0.5}{y_1} + \frac{0.4}{y_2} + \frac{0.1}{y_3}$$

则这个问题的单因素评价矩阵为 $\underset{\sim}{R} = \begin{bmatrix} 0.7 & 0.2 & 0.1 \\ 0.6 & 0.3 & 0.1 \\ 0.5 & 0.3 & 0.2 \\ 0.5 & 0.4 & 0.1 \end{bmatrix}$

由于各个因素在综合评价中的作用不同，为此给出一个 U 的模糊集合 $\underset{\sim}{A}=(a_1, a_2, \cdots, a_n)$，满足条件 $\sum a_i = 1$。在综合评价中，将 A 称为综合评价的权重向量，对于给定的权重，综合评价就是 $U \to V$ 的一个模糊变换。假设如果某类读者评价该教材的权重为 $A=(0.4，0.2，0.3，0.1)$，即对四个方面的重视程度为 40%，20%，30%，10%，则

$$B = A \circ R = (0.4, 0.2, 0.3, 0.1) \circ \begin{bmatrix} 0.7 & 0.2 & 0.1 \\ 0.6 & 0.3 & 0.1 \\ 0.5 & 0.3 & 0.2 \\ 0.5 & 0.4 & 0.1 \end{bmatrix}$$

结果说明很满意、满意、不满意的隶属度依次是 0.4，0.3，0.2，根据最大隶属原则，可以认为这类读者对这种教材"很满意"。

步骤三 分析解释结构模型

1. 解释结构模型的含义

解释结构模型法（Interpretative Structural Modeling Method，ISM）是用于分析和揭示复杂关系结构的有效方法，它可将系统中各要素之间的复杂、零乱关系分解成清晰的分层的结构形式。该方法也是信息化教学研究中的一种专门研究方法，它能用图形和矩阵描述出系统要素之间已知的关系，通过矩阵运算，推导出结论来解释系统的内部结构。

结构模型具有以下基本性质：

（1）结构模型是一种以定性分析为主的模型，通过结构模型可以分析系统的要素选择是否合理，还可以分析系统要素及其相互关系变化时对系统的影响等问题。

（2）结构模型可以使定性分析与定量分析相结合。这是由于结构模型除了可用有向连接图描述外，还可以用矩阵形式描述。而矩阵可以通过逻辑演算用数学方法进行处理。因此，如果要进一步研究各要素之间的关系，可通过矩阵形式演算。

（3）结构模型作为对系统进行描述的一种形式，它适合用来处理以社会科学为对象的复杂系统中存在的问题，即可以处理无论是宏观的还是微观的、定性的还是定量的、抽象的还是具体的问题。

2. 解释结构模型的方法

结构模型是一种研究方法，用于探索和描述事物之间的关系、相互作用和结构。在社会科学领域，结构模型通常用于分析和理解复杂的社会系统、

组织结构、人际关系等。它的一般研究方法是：

(1) 建立系统要素关系表。

(2) 根据系统要素关系表，做出相应的有向图，并建立邻接矩阵。

(3) 通过矩阵算法求出该系统的可达矩阵 M。

(4) 对可达矩阵 M 进行区域分解和层级分解。

(5) 建立系统结构模型。

解释结构模型法是现在系统工程中广泛应用的一种分析方法，它在解释系统结构，尤其是分析教学资源内容结构和进行学习资源设计与开发研究、教学过程模式的探索等方面具有十分重要的作用。

研究与思考

请用思维导图的形式分析主成分分析法、层次分析法、模糊评价法三种综合评价方法的方法和步骤，并分析优缺点。

研究阅读

[1] 吴砥，尉小荣，卢春，石映辉. 教育信息化发展指标体系研究 [J]. 开放教育研究，2014，20 (1)：92-99.

[2] 余明华，张治，祝智庭. 基于学生画像的项目式学习评价指标体系研究 [J]. 电化教育研究，2021，42 (3)：89-95.

[3] 闫寒冰，林梓柔，汤猛. 关注差异的信息化教学课堂评价指标设计与应用 [J]. 电化教育研究，2022，43 (8)：92-100.

[4] 张屹，祝园，白清玉，李晓艳，朱映辉. 智慧教室环境下小学数学课堂教学互动行为特征研究 [J]. 中国电化教育，2016 (6)：43-48+64.

[5] 杜华，贾同，顾小清. 国内外教育信息化发展规划政策的对比分析 [J]. 现代教育技术，2020，30 (12)：5-11.

[6] 徐亚倩，陈丽. 国内远程教育教学交互的研究热点与现状——基于 2012 年至 2017 年期刊文献的内容分析和社会网络分析 [J]. 中国远程教育，2018 (9)：62-72+80.

[7] 郝建江，郭炯. 技术演进驱动教师素养发展的过程、路径及内容分析 [J]. 现代教育技术，2022，32 (7)：22-30.

[8] 郑欣，刘笛月，徐斌艳. 基于设计的研究之架构与实施——对 2015～2020 年

SSCI发表的与数学教育相关DBR论文的内容分析[J].现代教育技术,2021,31(2):33-39.

[9]李兴敏.结合层次分析法对网络课程进行模糊综合评价[J].电化教育研究,2008(8):47-51.

[10]柳芸芸,叶映华."新生代海归"就业质量的影响因素研究——基于有序Logistic—ISM模型的实证分析[J].华东师范大学学报(教育科学版),2021,39(12):42-58.

[11]薛锋,王朝阳.基于模糊层次分析法的高校教师信息素养评价研究[J].教师教育论坛,2021,34(7):52-58.

[12]于文安.新时代教育评价基础研究[M].厦门:厦门大学出版社,2022.

[13]张一春,杜华,王琴,等.高校教师教育技术能力标准的模型建构之研究[J].中国电化教育,2004(5):26-30.

[14]王宇熙,张一春.高职教师信息化教学能力标准构建研究[J].数字教育,2018,4(3):25-30.

[15]王岚,张一春.微课的评价指标体系研究[J].教育现代化,2015(3):85-88.

[16]张文梅,范文翔,张一春.基于"互联网+"的教育评估改革路径与方法探讨——以江苏省为例[J].数字教育,2020,6(1):36-42.

[17]邓敏杰,张一春.互联网+教育评估:内涵、优势与可能路径[J].数字教育,2019,5(6):8-13.

[18]范文翔,马燕,张一春.研究生创新创业教育的诊断性评价分析——以重庆市高校为例[J].数字教育,2018,4(6):72-78.

[19]钟秋菊,彭瑞文,张一春.小学生实践创新能力测评框架建构与量表开发——以编程教育为例[J].中国考试,2024(6):54-62.

[20]孙林君,曹美梦,张一春.元认知导向的多模态教学模式构建与路径探析[J].数字教育,2024,10(6):60-67.

活动实践

1. 不同的评价模式有何不同？如何设计一份完整的评价表？
2. 请对信息化教学领域中的某一对象设计评价方案。
3. 如何开展内容分析？请对信息化教学中的某一对象设计内容分析表,进行分析。
4. 解释结构模型分析方法有何特点？如何应用？
5. 模糊综合评判法有何优点？如何进行？

单元 7　理论研究

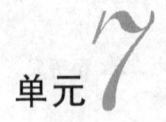

活动导图

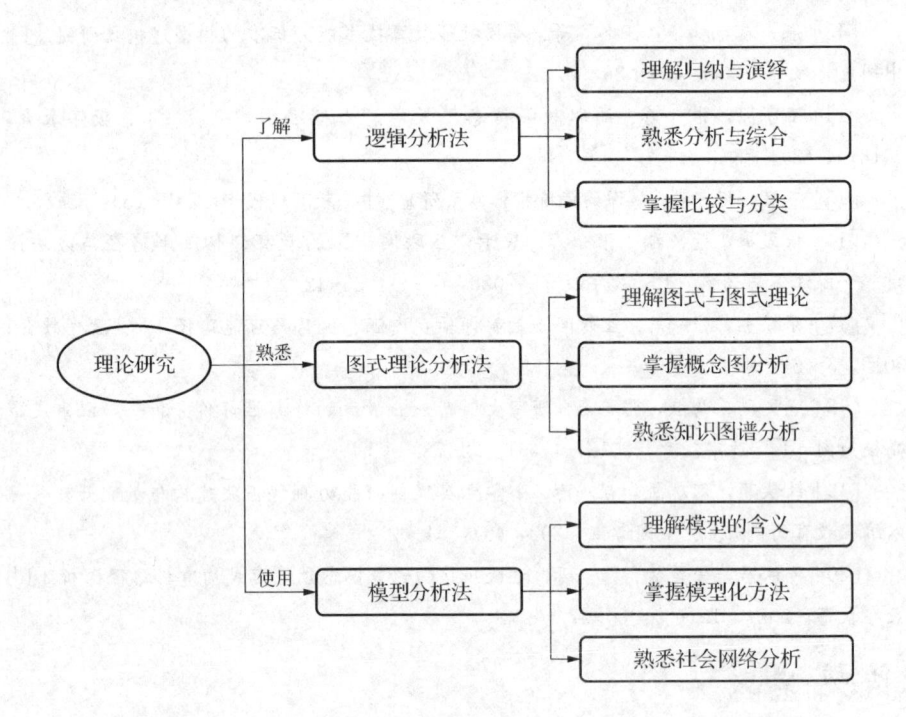

```
                            ┌─ 理解归纳与演绎
                ┌─ 了解 ─ 逻辑分析法 ─┼─ 熟悉分析与综合
                │                   └─ 掌握比较与分类
                │
                │                     ┌─ 理解图式与图式理论
   理论研究 ────┼─ 熟悉 ─ 图式理论分析法 ─┼─ 掌握概念图分析
                │                     └─ 熟悉知识图谱分析
                │
                │                   ┌─ 理解模型的含义
                └─ 使用 ─ 模型分析法 ─┼─ 掌握模型化方法
                                    └─ 熟悉社会网络分析
```

活动目标

1. 了解逻辑分析的意义与方法。
2. 熟悉图式理论，能够利用工具绘制概念图。
3. 掌握模型化方法，能够用模型表征信息化教学中的现象与规律。

我们已经通过调查、实验或其他专门研究方法获得了大量的数据和资料，研究就是要从这些数据资料中找到规律，将感性认识上升为理性认识。理论研究就是其中一种重要的方法。

活动一　了解逻辑分析法

对研究结果进行判断和推理是一种科学思维方法。在信息化教学研究中我们经常要对获取的研究资料进行判断推理，从而获得有效的理论和结论。

步骤一　理解归纳与演绎

推理是评估前提和结论之间潜在关系的能力，是一种高级认知过程。根据前提与结论的性质及其关系可将推理分为归纳推理和演绎推理两种形式。

1. 归纳法

归纳法是从个别或特殊的事物中概括出共同本质或一般原理的逻辑思维方法，逻辑上也叫归纳推理。它是从个别到一般的推理，其目的在于透过现象认识本质，通过特殊揭示一般。

归纳法有不同形式和种类，一般按照归纳的前提是否完全，可分为完全归纳法和不完全归纳法。

（1）完全归纳法

完全归纳法是根据某类事物中每一事物都具有某种属性，推出该类全部事物都具有该属性的归纳推理。因为完全归纳法是考察了某类事物的全部对象，所以得出的一般结论确实、可靠，是一种必然性推理。这种方法要求对象数目是有限的。

（2）不完全归纳法

不完全归纳法是根据某类事物的部分对象具有某种属性，而得出该类事物都具有某种属性的归纳推理。

不完全归纳法最常用的是简单枚举法，它是从"所有已知的 S 具有性质 p"推导出"所有的 S 都具有性质 p"的过程。表示如下：

事物 S_1 具有性质 p，

事物 S_2 具有性质 p，

事物 S_3 具有性质 p,

……

S_1, S_2, S_3, …都属于 S 类事物,分析未发现 S_n 不具有性质 p。

所以,S 类的所有事物都具有性质 p。

简单枚举法能从一类事物的部分现象推出该类事物的一般性质和规律,具有很大的发现和探索功能。但这种不完全归纳毕竟是一种或然性推理,其推理过程往往是不严密的,因而由此导致的结论往往需要不断地被证实。

信息化教学研究中我们经常使用归纳法来对研究过程中的现象与规律进行总结。比如我们经过大量的实验证明,在教学中采用信息化手段,可以提高教学效率与质量。比如我们对许多高校开展的混合教学进行研究后,可以总结出一些混合教学的策略与模式等,这些都是归纳法。

(3) 穆勒五法

穆勒五法,是 19 世纪英国著名逻辑学家穆勒根据培根的实验科学归纳法而进一步提出的五种具体的归纳方法,即求同法、求异法、求同求异并用法、共变法和剩余法。

2. 演绎法

演绎法就是根据一类事物都有的属性、关系、本质来推断该事物中个别事物也具有此属性、关系和本质的思维方法和推理形式。其基本形式是三段论,它由大前提、小前提和结论三部分组成:大前提是已知的一般原理或一般性假设;小前提是关于所研究的特殊场合或个别事实的判断,小前提应与大前提有关;结论是从一般已知的原理(或假设)推出的,对于特殊场合或个别事实做出的新判断。一般说来,只要前提为真,前提与结论之间具有必然性的联系,则演绎结论就是一种确实性认识。从科学研究角度讲,人们将演绎推理分为公理演绎法、假说演绎法、定律演绎法和理论演绎法等。

(1) 公理演绎法

公理演绎法是由三个直言判断组成的演绎推理。前两个判断叫前提,后一个叫结论。其公式是:

所有的 M 是 P,

所有的 S 是 M,

所以,所有的 S 是 P。

公理演绎法可使我们在用实践对理论进行检验之前，对理论做出某种评价，而且也可促使理论具有严密的逻辑性。

(2) 假说演绎法

假说演绎法是以假言判断做前提的演绎推理。假言判断是一种条件判断，即前一个判断存在是后一个判断存在的条件。条件有充分条件、必要条件和充要条件之分，因此假说演绎法也有充分条件假说演绎、必要条件假说演绎和充要条件假说演绎三种。

充分条件假说演绎的条件为"如果 A，那么 B"，规则是"有 A 则有 B，无 B 则无 A"。必要条件假说演绎的条件为"只有 A，才有 B"，规则是"无 A 则无 B，有 B 则有 A"。充要条件假说演绎的条件为"如果有 A，那么有 B，同时，只有 A，才有 B"，规则是"有 A 则有 B，无 A 则无 B"。假说演绎法可从理论命题推导出事实命题，或是解释已知的事实，或是预见未知的事实，或是发挥想象力提出假设，并依据科学发现任务的需要去设计实验。

(3) 定律演绎法

定律演绎法是以某个定律或某种规律作为大前提的演绎法。作为演绎推理前提的规律有经验规律和普遍规律两类。经验规律通常是人们整理观测和实验资料所得到的关于事物外部联系的知识，它往往用某种数学形式表现某些现象间的必然联系，往往是粗略的、不精确的。普遍规律则反映了科学认识的更高水平，它以普遍定律的形式表示定律所说明的是普遍的必然性，具有精确性和确定性。

(4) 理论演绎法

理论演绎法是以某一理论作为大前提，以在该理论范围内的确切事实为小前提的演绎方法。理论演绎法的基本形式如下：

大前提：有 M 理论在某一范围内是正确的，在此范围内规律 P 普遍适用。

小前提：假定事物 S 的行为受 M 理论的支配。

结论：则 S 的行为规律为 P。

利用演绎可以对研究现象和规律进行推断。比如大前提：运用情境教学能提高学生的作文能力；小前提：现代教学媒体能创设情境。我们可以得出结论：现代教学媒体能提高学生的作文能力。应用演绎法时应注意：前提要正确，推理的过程要合乎逻辑规律，只要符合这两个条件，推出的结论就是可靠的。

3. 归纳法与演绎法的关系

归纳和演绎这两种科学研究中的基本逻辑方法，彼此间存在着辩证的关系，是相互联系和相互补充的。

(1) 归纳与演绎的区别

归纳与演绎的思维过程不同。归纳是从个别性的前提推出一般性的结论；而演绎一般是从一般性的前提推出个别性的结论。

归纳与演绎的前提和结论的联系程度不同。归纳（完全归纳除外）是由个别性的前提推出一般性的结论，结论断定的范围超出了前提，它的结论是或然的。而演绎的前提蕴含结论，结论断定的范围没有超出前提，它的结论是必然的。

(2) 归纳与演绎的联系

归纳是演绎的基础，这是因为作为演绎出发点的一般原理和一般观点，往往是由归纳得到的。没有归纳，人们就不可能从个别事物中概括出一般原理，演绎也就失去了作为出发点的前提。演绎是归纳的前导，归纳必须依赖演绎来确定其研究目标和方向。完全脱离演绎的归纳是盲目的，当然也是不可取的。

归纳和演绎之间是相互依存、相互渗透的，它们在科学认识中的主次地位也是可以互相转化的。在研究过程中应自觉将二者有机地联系起来，并结合运用其他科学思维方法，才能充分发挥它们的作用。

步骤二　熟悉分析与综合

理性认识来自感性认识，但感性认识所提供的往往是某种直观的整体性的模糊认识。要从这种直观、模糊的整体性认识中提炼出清晰而具有本质性的认识，就必须对它进行分析。分析是形成概念、判断和推理的首要前提。

1. 分析法

分析法是将事物的整体分解为部分和要素，分别抽取其个别属性加以考察，从而把握事物的内部结构，确定事物不同特征的思维方法。

(1) 定性分析

定性分析法是主要依靠研究人员丰富的实践经验以及主观的判断和分析能力，推断出事物的性质和发展趋势的分析方法。定性分析法主要适用于一些没有或不具备完整的历史资料和数据的事项，是以评估者的主观判断为基础，是一种非量化的状态评估。定性分析一般会用"非常满意""满意""一般""不满意""非常不满意"等模糊标准，也可以通过评估者的估计打分或评定。

(2) 定量分析

定量分析法是依据统计数据，建立数学模型，并用数学模型计算出分析对象的各项指标及其数值的一种方法，通常有比率分析法、趋势分析法、结构分析法、相互对比法和数学模型法等基本方法。定量分析法在一定程度上克服了定性分析存在的主观性和价值趋向性，为人们提供一种较为系统、客观的数量分析方法，具有精准、客观、公正、便于比较的特点。

(3) 因果分析

因果分析法是分析解决为什么发生，或会发生什么结果的问题的方法。因果分析可以侧重原因分析，也可以侧重结果分析。因果分析必须有严密的逻辑推理，要在因与果之间建立严谨的关系，需要考虑"事件之间是否有直接显著的关系？是否会重复发生？是否有多个原因/结果？"等问题，一定要避免过分简单化。

(4) 结构分析

结构分析法就是在分类的基础上，将各组成部分的总量指标与总体的总量指标进行对比，计算出各组成部分数量在总体中的比重，从而反映总体内部结构情况的方法。结构分析有两种：一是比重分析（构成比率），即总体中某一组成部分占总体的比例；二是比例分析，即总体中某一部分与另一部分之间的比例，主要揭示总体不同部分之间的发展变化的协调平衡状况。

(5) 功能分析

功能分析法指分析事物或现象的结构和功能的方法。结构是指事物和现象内部的部分、方面、因素之间形成一种相对稳定的联系。功能是指事物和现象内部相互联系的各个部分、方面和因素之间存在的相互作用和影响以及该事物或现象对于外部其他事物或现象的作用和影响。

(6) 信息分析

信息分析法是根据特定问题的需要，对大量相关信息进行深层次的思维加工和分析研究，形成有助于问题解决的新信息的方法。信息分析一般以定性和定量研究方法为手段，通过对信息的收集、整理、鉴别、评价、分析、综合等系列化的加工过程，形成新的、增值的信息产品，是一种深层次或高层次的信息服务，同时也是一项具有研究性质的智能活动。

分析法主要着眼于局部研究，可能会造成某些人孤立地、片面地看问题的弊病，因此，要结合综合法进行研究。

2. 综合法

综合就是把分解开来的各个要素结合起来，组成一个整体的思维方法和思维过程。只有对事物各种要素从内在联系上加以综合，才能正确地认识整个客观对象。综合不是简单的机械相加，而是紧紧抓住各部分的研究成果之间的内在联系，从中把握事物整体的本质和规律，力求通过全面掌握事物各部分、各方面的特点及内在联系，并通过概括和升华，以事物各个部分、各个属性和关系的真实联结和本来面貌来复现事物的整体，得出一个全新整体性的认识。

(1) 机理的综合

机理的综合包括科学概念综合和科学原理综合。科学概念综合是在分析了事物的各方面情况之后，以新的角度和高度，综合认识事物从而产生新的概念。科学原理综合是把多方面的原理结合起来得到新的理论。

(2) 结构的综合

不同的结构决定着事物的不同特性，结构的综合不是各基本要素的任意拼凑或简单相加，而是对系统要素进行重新整合和融合，是认识事物特性的重要途径。

(3) 模型的综合

模型的综合是对事物原型的一种近似但又体现本质的综合认识，它可以表现为直观模型的综合、原理模型的综合、数学模型的综合等。直观模型综合以具体形象的模型说明对象的整体结构本质；原理模型综合则以抽象化为特点，以概念系统来描述对象的整体结构；数学模型综合用数学方程式从整体上描述对象的特征、关系及一般运动规律，是一种更定量化、更精确的综合。

综合方法使我们的认识从局部上升到整体，从而达到对整体的准确把握。要实现有效的综合，要以对事物的周密分析为基础，借助于一定的理论概念和框架。

3. 分析法与综合法的关系

(1) 分析与综合的区别

分析就是把事物的整体或过程分解为各个要素，分别加以研究的一种思维方法和思维过程。只有对各要素首先做出周密的分析，才能从整体上进行正确的综合，从而真正地认识事物。综合就是把分解开来的各个要素结合起来，组成一个整体的思维方法和思维过程。只有对事物各种要素从内在联系上加以综合，才能正确地认识整个客观对象。

（2）分析与综合的联系

综合法必须以分析法为基础，没有分析，认识就不能深入，对总体的认识就只能是抽象的、空洞的。只有分析而没有综合，认识就不能统观全局。人的认识是一个由现象到本质的过程，这是以分析法为主的；一旦达到了对事物的本质的认识，就要以综合法提出假说、建立理论。随着认识的推移，当新的事实与原有的理论发生矛盾时，认识又可能在新的层次上转入分析法。人们的认识就是在这种"分析—综合—再分析—再综合"的过程中不断前进的。

步骤三　掌握比较与分类

比较与分类是人们认识事物的两种基本的逻辑方法，也是科学研究的基本方法。人们认识事物开始于比较，而为了使认识系统化、深刻化，必须进行分类。分类在比较的基础上进行，所以比较是分类的基础，分类是比较的结果。

1. 比较法

比较法是指根据一定的标准，对某类或某几类现象在不同的时期、不同的地点和不同的情况下的不同表现进行比较、分析、研究和整理，从而找出客观事物的普遍规律及特殊性质的方法。比较研究的本质是在对事物相互联系和差异的比较中观察事物、认识事物，从而揭示事物的规律。

依据对象具有同一性和差异性，可分为同类比较法和异类比较法；依据对象的历史发展和相互联系，可分为纵向比较法和横向比较法；依据方法本身的性质，可分为定性比较法和定量比较法等。

比较必须存在两种或两种以上的事物之中，这些事物必须有共同的基础和不同的特性。比较应在同一关系上进行比较，即比较必须使两类事物具有某种联系或种属关系，具有可比性。

运用比较法，可以对所搜集的信息资料按照研究的需要进行定性的鉴别，也可以对观察或实验结果进行定性或定量的分析，还可以对理论研究的结果与观察、实验的事实之间是否一致做出明确的判断，也能追溯事物发展的历史渊源和明确事物发展的历史顺序。因此，比较法是科学研究中不可缺少的一种逻辑方法，而且是分类、类比分析与综合等逻辑方法的基础。

2. 分类法

分类法是按对象属性异同将事物区别为不同种类的思维方法。分类法是以比较法为基础的，是人们认识事物、区分事物和组织事物的一种逻辑方法。

根据分类的目的和标准，可分为现象分类和本质分类两种类型。现象分类就是根据事物的外部标志或外在联系进行分类，而本质分类就是根据事物的本质特征或内部联系所进行的分类。根据分类的次数，也可以把分类分为一次分类和多次分类。

分类法是科学认识和科学研究的起点和基础。科学的分类是对比较结果的总结、巩固和提高，它可以把复杂的事物条理化、系统化，可以揭示事物内部结构和比例关系，有时还具有科学的预见作用。但分类的方法也有它自身的不足，如每次分类只能有一个标准，所以会使具有多种属性的事物无法得到充分的反映。同时，由于客观事物特征的多样性，人们对客观事物特征认识的局限性，所设立的标准不可能周全，也不可能过多，从而影响了分类的准确性与合理性。

3. 比较法与分类法的关系

人们通过比较，揭示事物之间的共同点和差异点，然后根据共同点将事物归并为较大的类，再根据差异点将较大的类划分为较小的类。分类离不开对事物的比较，分类总是在比较的基础上进行。比较是分类的前提，分类是比较的结果；事物之间的差异性和共同性则是比较和分类共同的客观基础。

研究与思考

1. 请比较分析：归纳与演绎、分析与综合、比较与分类的异同。

2. 请阅读相关文献，分析研究论文中运用了哪些逻辑方法。

活动二　熟悉图式理论分析法

在信息化教学的研究中，我们常常利用图式理论，通过图形来分析研究对象及相互关系。

步骤一　理解图式与图式理论

1. 图式的含义

"图式"（schema）一词最早出现在德国哲学家康德的著作中。德国现代心理学家巴特利特应用并发展了图式概念。20世纪70年代后期，美国人工智能专家鲁梅哈特等学者做了大量研究，把图式的概念发展成一种完整的理论。

图式是指围绕某一个主题组织起来的知识的表征和贮存方式，包括大脑中已经存在的知识、经验、概念以及认知结构等。图式是知识表征的一个具体系统，可以用来表征各种层次的知识、人脑对外界环境与事件的认识以及经验等，它将杂乱无章的信息组织起来，使之变成一个有意义的结构，并且突出重要的信息，有利于学习与认知。

2. 图式理论

图式理论就是研究知识的表征以及如何以图式的方式进行表征。图式理论认为，人们的认知结构在大脑中的表征形式是以图式的方式存在的，因此图式理论强调人们通过大脑中的既有知识、概念等对新事物进行加工和整合，进而再认识。在学习新知识之前，必须要有与之相关的旧知识作为支撑，并且只有当新的知识与旧的知识紧密联系在一起的时候，新的知识才能掌握得很好。

图式是由先前经验（相互关联的知识）建成框架，它可以处理新信息；图式理论的应用原理是通过先前经验建成的框架，将新信息融入框架并进行处理，从而形成新的经验。

3. 图式的类型

图式一般可以分为事件图式、场景图式和角色图式。

（1）事件图式

事件图式是指某一类事件包含的所有子事件的知识结构。如我们熟悉的上班、购物、就餐等日常活动或事件，它们的具体过程是由一个个更细小的事件构成的。如到餐厅就餐，它包括选择餐厅、点菜、用餐、结账等细节。由于这些事件的子事件及子事件发生的步骤是大致固定的，人们可以把这些知识储存在头脑中，当语言材料谈及这类事件时，就能明白它的含义。这种知识结构称为事件图式。一个事件图式保存着两方面的信息：一是清单性信息，即某种情境下将发生哪些事件；二是结构性信息，即各子事件间有何关系。

（2）场景图式

场景图式是指某一类情境发生的地点或场合的知识结构。如餐厅通常由一间（或数间）房屋组成，室内有若干桌子、椅子，桌子上有餐具等。某一场景下包括哪些物体，各部分之间的关系如何，这些知识聚合在一起便形成了这一场景的图式。

场景图式的结构是一种等级层次结构，某一场合包括若干部分，每一部分又有更详细的内容。同一层次内各部分之间，也存在丰富多样的空间关系，诸如上下、左右、内外、相邻等。这样，一个部分可以跟同一层次或不同层次上的许多部分发生联系，从桌子可以想到杯子，也可以想到地板，或想到椅子。所以，场景图式是一种内部联系紧密而广泛的结构。

（3）角色图式

角色图式是指对象不同属性形成的知识结构。不同身份、职业、阶层、年龄……的人都有着某些稳定的一般特点，他们在某种情境下将会干什么、怎么干、目的何在等也是相对稳定的。因此我们对不同特征的对象会形成不同的认识，会形成关于这类对象的角色图式。如有人拿着钥匙开自行车的锁，如果这人是锁匠，我们认为他是在修锁，如果这人是小偷，我们认为他要偷自行车。这是因为根据他们的身份与角色有不同的了解。

步骤二　掌握概念图分析

1. 概念图的含义

概念图又称为概念构图（Concept Mapping）或概念地图（Concept Maps）。前者注重概念图制作的具体过程，后者注重概念图制作的最后结果。现在一般把概念构图和概念地图统称为概念图。概念图是用来组织和表征知识的工具，它通常将某一主题的有关概念置于圆圈或方框之中，然后用连线将相关的概念和命题连接，连线上标明两个概念之间的意义关系。

从图式理论来看，概念图能够很好地重现学习者的认知图式，能够激发学生更好地、更多地、更快地将大脑中的知识结构以可视化的方式呈现出来。因此，概念图的制作可被理解为建构学习者所观察到的客观现实世界的一种图形表征，成为一种影响和引导学习者元认知的工具。

2. 概念图的类型

概念与概念之间有着错综复杂的关系。为了能明确表征这种不同的关系，可将概念图划分为多种类型。下面是三种常见类型，如图7-2-1所示。

辐射图：表明了分类、相似和不同的关系。

等级图：表明了定义以及包含、相等和数量的关系。

链式图：表明了时间顺序、因果和激活的关系。

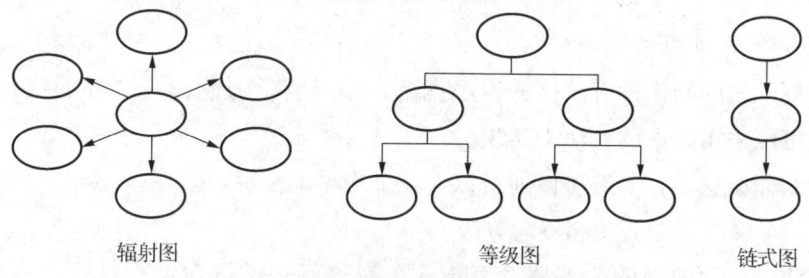

图 7-2-1　概念图的常见类型

除此之外，还有很多表示概念间的关系图，如故事图、类比图、维恩图、情节图、K-W-L图（Know-Want-Learned）、括弧图等，如图7-2-2所示。

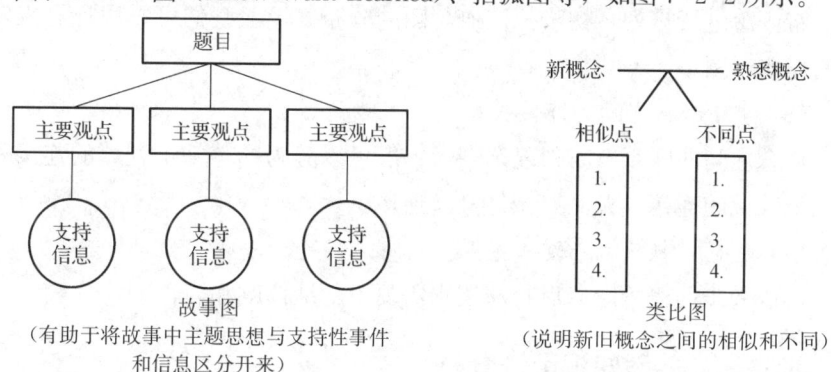

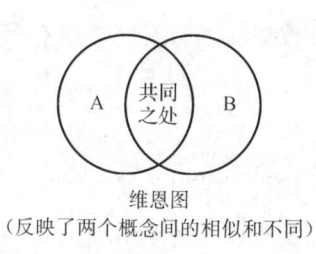

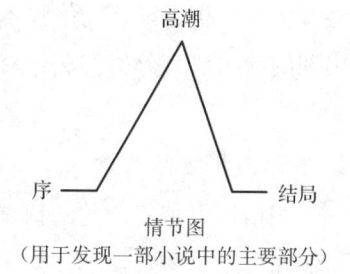

故事图
（有助于将故事中主题思想与支持性事件和信息区分开来）

类比图
（说明新旧概念之间的相似和不同）

维恩图
（反映了两个概念间的相似和不同）

情节图
（用于发现一部小说中的主要部分）

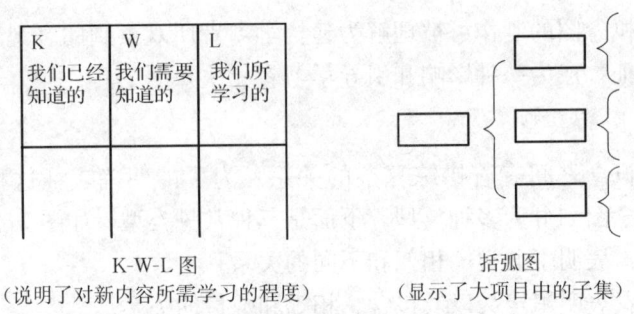

K-W-L 图
(说明了对新内容所需学习的程度)

括弧图
(显示了大项目中的子集)

图 7-2-2 概念图的其他类型

3. 概念图的制作

概念图的制作没有严格的程序规范,如果要学习制作一个好的概念图,一般可以采用以下的方法来实现。

制作概念图,一般可以通过以下几个步骤来实现:

(1) 确定关键概念和概念等级

将知识领域中的关键概念列出来,对这些关键概念进行排序,从最一般、最概括的概念到最特殊、最具体的概念依次排列。

(2) 拟定纵向分层和横向分支

将概念进行排列,初步拟定概念图的分布。一般我们可以用计算机软件来制作概念图。

(3) 建立概念之间的连接关系

概念之间的联系有时很复杂,但一般可以分为同一知识领域的连接和不同知识领域的连接。尤其要做好交叉连接。

(4) 在应用中不断修改和完善

形成初步的概念图以后在应用中需要不断地修改和完善。

步骤三 熟悉知识图谱分析

知识图谱分析是随着网络技术发展与社交软件的大量应用,基于大数据时代出现的新的研究分析方法,对揭示对象及数据的动态发展规律有重要的作用。

1. 知识图谱分析的含义

知识图谱可以把复杂的知识领域通过数据挖掘、信息处理、知识计量和图形绘制而显示出来,揭示知识领域的动态发展规律,为学科研究提供切实的、有价值的参考。

知识图谱（Mapping Knowledge Domain），也称为知识域可视化或知识领域映射地图，是把应用数学、图形学、信息可视化技术、信息科学等学科的理论和方法与计量学引文分析、共现分析等方法结合，用可视化的图谱形象地展示学科的核心结构、发展历史、前沿领域以及整体知识架构的多学科融合的一种研究方法。

比如在文献研究领域，我们可以利用知识图谱构建知识之间关系的网络图，如时序网络、共引网络、共词网络、耦合网络、合作网络等，它包含了以文献等信息为节点、以它们之间关系为边的链型、树型、网型等结构的图形。比如可以表现引文分析、同被引分析、共词分析、聚类分析、词频分析、社会网络分析、多维尺度分析等。

2. 知识图谱分析的方法

知识图谱分析方法一般有以下几个步骤：

(1) 数据检索。通过数据检索工具获得研究数据。

(2) 数据预处理。为了保证数据质量，更好地显示数据间的关系，必须对数据进行预处理。包括查重、补充、分段、提炼、试析等。

(3) 构建关系网络。设计和选择恰当的角度来建立分析网络。如共词分析、共引分析、共作者分析等。

(4) 规范化处理。在构建网络的分析要素选好后，就需要对数据进行一些规范化处理。可通过 Salton 余弦、Jaccard 指数、Equivalence 指数、关联强度、h 指数、g 指数、hg 指数、q2 指数等。

(5) 可视化数据。运用各种不同的算法（如 K-eas 算法、层次聚类算法等），利用所选的分析要素来构建整个网络图谱。常用的技术有降维技术、聚类技术等。

(6) 调整参数。图谱形成后还需要进行一些调整和提取以呈现出不同的样式供研究使用。如果想要了解发展趋势，可以选择使用时间序列分析；如果想分析要素的空间属性或地理位置情况，可以使用地理空间分析等。

(7) 解读结果。对结果进行解释与说明。

3. 知识图谱分析的工具

我们可以利用知识图谱分析方法，用可视化的图谱形象地展示教育教学中的核心结构、发展历史、前沿领域以及整体知识架构，以揭示学科领域的动态发展规律，为教育教学研究提供切实的和有价值的参考。随着可视化技术的发展，相应的工具和方法越来越多，比如 Pajek、CiteSpaceⅡ、UCINET、Bibexcel、Gephi、VOSviewer、VantagePoint、Network Workbench Tool、Sci2 Tool、In-SPIRE、SciMAT、Histcite、NetDraw、Wordsmith Tools 和 SPSS 等。

研究与思考

1. 请利用概念图制作工具制作概念图，思考如何能够突出知识之间的联系。
_____
_____

2. 请思考如何对某个知识单元制作知识图谱。
_____
_____

活动三 使用模型分析法

根据系统科学的方法，我们在研究一些复杂的过程时，往往采用模型化的研究方法，即先把复杂的过程简化为若干个组成要素，并根据其特征，用一些图形、符号把这些要素的作用、地位和相互的关系抽象出来，然后再进行研究。

步骤一 理解模型的含义

1. 模型的含义

模型有广义和狭义两种理解。广义模型是指人们把自己的理解和思想构成的概念体系。狭义的模型是指任何一个现实存在的物质系统或观念系统。狭义的模型要有三个条件：一是模型与原型之间具有近似的关系，其形式是被明确表达或确切规定了的；二是模型在科学认识过程中是被研究的客体的代替者；三是对模型的研究能够获得关于原型的信息。

在科学研究中，我们把一切客观存在的事物及其运动形态称之为实体。模型就是对实体的特征和变化规律的一种抽象。通过建立模型而达到的抽象更能反映人们对实体认识的深化，是科学认识的飞跃。

模型的主要特征：一是模型来自原型，即模型是人们在分析研究实际问题的结构特征的基础上构造出来的；二是模型是原型的近似反映；三是通过模型来研究原型，主要通过结构与功能之间的辩证关系，即结构决定功能和功能对结构的反作用。

2. 模型的类型

模型根据性质大致可分为实体模型、类比模型和数学模型三类。实体模型是按相似理论，依据几何尺寸的比例制作而成的简化实体。类比模型是利用图形、符号表达事物特征和相互关系的抽象，如框图、流程图、曲线图等。数学模型是指对于现实世界的一个特定对象特有的内在规律，做出一些必要的简化假设，是利用运算符号和数字表达的一种抽象。

根据模型的形态，可分为程序模型、逻辑数据模型、结构模型、系统模型等。程序模型是指对实际问题求解的一种形式化的表达方法，可以是一组有序的求解问题的公式，也可以是一个问题的处理流程（框图或步骤），甚至可以是常用来解决某个实际问题的计算机语言程序模块等。逻辑数据模型是按计算机系统的观点对数据进行建模，直接面向数据库的逻辑结构，有严格的形式化定义（层次、网状、关系和面向对象模型），以便于在计算机系统中实现。结构模型是指系统按一个个子系统有序构成的结构形式，可以是反映逻辑关系的逻辑结构模型，或反映实际物理构成关系的物理结构模型。系统模型一般多指系统内部的结构形式以及各部分之间的连接方式，常用结构图来表达。

3. 模型的结构

任何模型都是由三个部分组成的，即目标、变量和关系。

（1）目标。即模型的作用，只有明确了模型的目标，才能进一步确定影响这种目标的各种关键变量，进而把各变量加以归纳、综合，并确定各变量之间的关系。

（2）变量。变量是事物在幅度、强度和程度上变化的特征。一般有自变量、因变量和中介变量。

（3）关系。确定了目标，确定了影响目标的各种变量之后，还需要进一步研究各变量之间的关系。

由于模型是从客观原型中抽象概括出来、完全形式化和符号化了的模型，所以它既要加以适当而合理的简化，又要保证能反映原型的本质特征。模型是一种高度的抽象模型，所以在模型上既要能进行理论分析，又要能进行计算和逻辑演绎推导。在模型上所获得的结果不仅要能返回到原型中去，而且经过实践检验确实能解决实际问题。

步骤二　掌握模型化方法

1. 模型化的含义

模型化，就是把所考察的实际问题的复杂过程和关系简化为若干组成要素，用一些图形、符号把这些要素的地位、作用和相互关系抽象出来，从而构造和研究模型，使实际问题得以解决的一种研究方法。简言之，就是通过研究原型来构建模型，揭示和认识原型的方法。

模型化的方法很多，按建立模型的方法可分为理论型和经验型；按变量性质可分为确定性型和随机型；按函数关系可分为线性型和非线性型。

理论模型是从分析事物变化过程的机理出发，利用科学的基本理论建立的数学模型关系式。其特点是关系式比较复杂，但是有明确的物理意义；利用基础理论研究成果，不必有真实过程的实验；从理论上对指导技术和生产有比较大的意义；理论分析和推导的难度比较大；推导过程必须做简化，与实际过程有比较大的差异，影响最后结果的准确性。

经验模型是以实验数据和结果为基础建立的模型。其特点是对实验数据进行数理统计分析，得到各变量之间的关系；其关系式有时是撇开了过程的本质，所以其性质是唯象的或半唯象的，常用黑箱法或灰箱法来建立关系式；不必进行大量的理论分析，得到模型也比较简便；所建立的模型只在实测数据或结果的范围内，一般不能外推或外推幅度不大。

模拟亦称为仿真，是模型化的继续。有了模型后，还必须采用一定的模拟方法，对这初步的模型进行测试、计算或试验。通过模拟，可以获得问题的解答或改进模型。模拟可以分为几何模拟、数学模拟和物理模拟三类。

2. 模型化的特点

模型化方法之所以成为现代科学中被广泛运用的一种极富成效的思维方式和认识方法，同模型化方法本身所具有的优点是分不开的。

(1) 便利性。模型化方法易于优化设计，可以对难以测量的某些变量做出估计，以便更好地对对象做出模拟、分析和判断。

(2) 重复性。模型构建以后，可以重复利用和操作，也可不断修正调整，可以进行多次试验，从而让主体更好地认识和研究客观对象。

(3) 通用性。模型化方法是可以通用的，在分析某类现象时所用的模型和方法，可以运用到性质相同甚至完全不同的彼类现象中去。

模型化方法将理论方法与试验方法结合在一起，就决定了它在科学认识和研究中具有非常重要的功能。

(1) 解释功能。模型，尤其是实体模型，在人们的认识过程中起着重要的解释作用。以形形色色的模型为中介，可以很好地认识和研究客观事物。

(2) 预测和控制功能。模型具有一定的"假定"性质，模型化方法也具有预测的功能，可以通过模型化方法对科学和社会未来的发展做出一定的预测。

(3) 简化纯化功能。模型化方法中，可以去粗取精和去伪存真，抓住与研究有本质联系的特征或变量，舍去非本质的因素，构建较为理想化的模型，进而逐步逼近原型和认识原型。

(4) 中介功能。模型既是认识的表达，又是实践活动的先导，模型既是科学认识的阶段性成果，也是进一步研究原型的起点，它在科学认识发展中起着"桥梁"的作用。

正是因为模型化方法具有一些其他思维方式和认识方法所不具备的优越性，所以它的应用格外广泛。

3. 模型化的方法

模型化方法应用一般有五个步骤：

(1) 研究原型。研究原型，即弄清原型中的主要因素及其相互关系。模型是对原型的质的把握，所以模型要根据特定的目的抓住原型的本质特征，要进行扬弃和筛选，为建立一个能反映原型本质和规律的模型奠定基础。

(2) 选择方法。建立模型的方法同人们客观认识事物的方法在根本途径上是一致的，也就是要遵循客观认识规律。归纳法和演绎法是两种较常用的方法。也可以运用一些由已知的公理、定理和定律推导出来的模型。

(3) 构建模型。在构建模型的过程中，要善于抽象，去粗取精、去伪存真，抓住本质联系，以理想化的形式再现原型的复杂结构和功能。根据需要可以对模型中的一些要素和变量根据实际需要加以改变，并不断进行调试和试验。

(4) 修正模型。修正、完善模型需要利用模型试运行过程中得到的数据、现象、结果等，也需要在局部实践中得到的结论，必要时还要引进一些变量或补充模型来修正和完善模型，使模型逐步由理想模型向实际模型过渡，逐步逼近原型。

（5）运用模型。经过修正、完善后，就可以运用模型来进一步研究原型和实际问题了。

模型化方法具有综合性的显著特点，而且不是一种孤立的和排他的方法，它几乎与一切传统的研究方法都有着天然的紧密的联系。只有在与其他科学方法相结合的情况下，它才能完整地揭示系统客体的规律性和本质。

【例 7-3-1】AECT94 定义

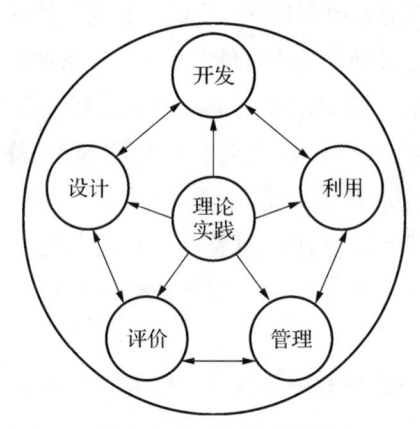

图 7-3-1　94 定义模型

【例 7-3-2】戴尔经验之塔

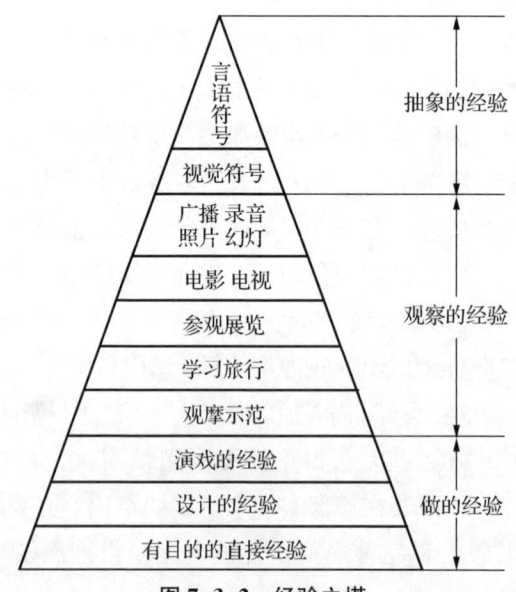

图 7-3-2　经验之塔

步骤三　熟悉社会网络分析

社会网络指的是社会行动者及其相互关系的集合。一个社会网络是由多个点（社会行动者）和各点之间的连线（行动者之间的关系）组成的集合。社会网络分析被用来建立社会关系的模型，发现群体内行动者之间的社会关系，描述社会关系的结构，研究这种结构对群体功能或者群体内部个体的影响。

1. 社会网络分析的要素

社会网络分析（Social Network Analysis，SNA）方法，是随着社会计量学、群体动力学和图论三方面基础理论的发展而形成的，专门针对各种互动关系数据进行精确量化分析，能够测量和评价行动者之间彼此交换、分享、传送和接收内容及获得了哪些结果的一种研究范式。通过社会网络分析中的 K 核、中心性和中介性等概念，可以找寻出具有重要地位的作品作者或者是关键词。

进行社会网络分析的核心要素有：

（1）行动者（Actors）：网络中的节点，也就是社会群体中的成员或事件等。

（2）关系（Relationship）：网络中节点间的连线，反映行动者之间的互动及所形成的各种社会关系。

（3）连结（Tie）：一种关系的集合。连结是有范围的，从弱到强。

（4）关系内容（Content）：行动者之间交换或分享了什么。

（5）关系方向（Direction）：关系从哪个行动者发出，又指向哪个行动者。关系的方向分为有向性（Directed）和无向性（Undirected）两种，无向性关系只关注关系的有无，有向性关系则区分行动者是关系的发起者还是关系的接受者。

（6）关系强度（Intensity）：行动者之间交换信息的数量与频次。关系的强度有强和弱之分。

（7）密度（Density）：在图形中实际存在的线与可能数量的线的比例。密度是用来表示行动者的关系是否紧密，密度值介于 0 和 1 之间，值越接近 1 则代表彼此间关系越紧密。

（8）入度（Indegree）：某特定成员的入度值的高低表示该成员与其他成

员的交互状况，通常用来描述特定成员被其他成员的认可和欢迎程度。成员的入度值高，其影响力就越大。平均入度（Average Indegree）是用来描述整个群体交互协作特征的。

(9) 出度（Outdegree）：特定行动者与其他行动者发生交互关系个数。出度值表明特定成员与其他成员交互的主动性和积极性。

(10) 中心性（Centrality）：区别网络地位的基本概念，常用广泛度（degree）、密切度（closeness）和中介度（betweenness）来度量。广泛度是活跃性的量度，密切度是获取信息的快捷程度，中介度是网络中的权力分配，即在多大程度上行动者可以通过阻断信息流程，或者在信息传递过程中扭曲信息的内容，控制他人的思想和行为。

(11) 点度中心度（Degree Centrality）：用来描述图中任何一点在网络中占据的核心性。

(12) 点度中心势（Degree Centralization）：用来刻画网络图的整体中心性。

(13) 社群图（Sociogram）：表示关系模式，由代表行动者的点和代表行动者之间关系的线组成。连线是无方向的则为无向图。若赋予图中的连线以一定的数值，则为赋值图。

(14) 社群矩阵（Sociomatrix）：也称为邻接矩阵（Adjacency Matrix），其行和列都代表完全相同的行动者，且排列顺序相同。行代表关系的发送者，列代表关系的接受者。邻接矩阵的值若用 0 和 1 表示，即二值矩阵；若用具体数字表示，则为赋值矩阵。社群矩阵可以表示大型复杂网络，常用于分析网络中的凝聚子群（Cohesive Subgroup）、派系（Cliques）和块模型（Blockmodel）。

2. 社会网络分析的方法

社会网络的表示方法一般分为两大类：图示法和邻接矩阵法。

(1) 图示法

图示法是指用社会网络关系图来描述社会网络，社会网络中的实体用图中的节点表示，实体之间的社会关系用节点之间的连线表示。例如，用 $G \leqslant V(G), E(G) > V(G)$ 来表示社会网络关系图，其中 $V(G)$ 是节点的集合（$n_1, n_2, \cdots, n_i$），$E(G)$ 是节点之间连线的集合（$m_1, m_2, \cdots, m_j$）。

社会网络的社会关系形成具有一定的方向性，它一般通过节点之间连线的方向表示关系的互动方向。根据是否需要表示实体之间关系的方向性，可将社会网络关系图分为两类：无向社会网络关系图和有向社会网络关系图。无向社会网络关系图是节点之间直接用直线相连，没有方向性。有向社会网络关系图是节点之间用带箭头的直线相连，箭头的指向代表着节点间互动的方向。

（2）邻接矩阵法

表示社会网络的邻接矩阵常称为社会网络关系矩阵，矩阵中的行和列对应着社会网络中的节点，行和列对应的矩阵元素则表示节点之间的关系。最简单的邻接矩阵是二值矩阵，矩阵中的元素为1，则该元素对应的节点之间存在社会关系；反之，若为0，则对应的节点之间不存在联系。

与图示法类似，根据是否表示节点之间关系的方向性，可分为无向社会网络关系矩阵和有向社会网络关系矩阵。无向社会网络关系矩阵具有对称性，若不考虑节点之间的关系强度，则直接用1和0表示关系的存在与否。有向社会网络关系矩阵不具有对称性，矩阵元素不为0，则表示对应的节点之间存在带有某种方向性的关系。

3. 社会网络分析的程序

社会网络分析属于社会科学研究方法的一种，一般遵循从经验观察到理论建构再到理论检验这样一个循环往复的程序，具体步骤侧重定量化研究。社会网络包括个体网络和整体社会网络两种，在对个体网络中存在的关系进行分析时，连带数量没有限制，可采用一般随机抽样或访谈等方式调查个体与他人之间的联系，测量某个体所处网络的规模与多样性等性质。整体社会网络分析是针对某一特定范围内的对象，收集整个网络中的所有关系数据整体。

社会网络分析的一般程序可概括为：定义研究问题及研究焦点，确定分析单元、网络边界和关系维度，选择与开发研究工具，收集关系数据，建立关系矩阵，处理与分析数据，解释分析结果，撰写研究报告。

4. 社会网络分析的工具

社会网络理论、模型以及应用的基础都是有关数据的集合，关系是网络分析理论的基础。

在信息化教学研究中，我们可以利用社会网络分析方法，用社群图和社群矩阵等方式来展示信息化教学中网络化学习领域的网络交互的密度、核心边缘、网络位置、中间中心度、凝聚子群、派系、合作网络和块模型等维度，并从宏观、中观和微观三个层次对其进行分析与探究，以揭示教育教学领域的动态发展规律，为信息化教学研究提供切实的、有价值的参考。

社会网络分析的常用工具有 Agna、Blanche、FATCAT、GRADAP、Iknow、InFlow、KliqFinder、MultiNet、NEGOPY、NetDraw、NetMiner II、NetVis、Pajek、PermNet、PGRAPH、ReferralWeb、SMLinkAlyzer、SNAFU、Snowball、StOCNET、STRUCTURE、UCINET 和 visone 等。

研究与思考

1. 请为信息化教学过程，设计一个模型。

2. 请用社会网络分析法对某门在线开放课程中的互动交流进行分析。

研究阅读

［1］刘清堂，张妮，朱姣姣. 教师工作坊中协作知识建构的社会网络分析［J］. 中国远程教育，2018（11）：61-69+80.

［2］胡天慧，刘三妍，粟柱，等. 学习者同步和异步交互模式的比较与整合研究——基于社会网络和多层网络分析的方法［J］. 电化教育研究，2022，43（5）：53-60.

［3］蒋纪平，胡金艳，张义兵. 促进社区知识形成的知识建构对话发展研究——基于社会网络和时序分析的方法［J］. 远程教育杂志，2021，39（4）：94-103.

［4］周平红，周洪茜，张屹，等. 深度学习视域下学习者协同知识建构历程的社会认知网络特征分析［J］. 电化教育研究，2021，42（9）：99-107.

［5］吴军其，吴飞燕，张萌萌，等. 多模态视域下智慧课堂协作学习投入度分析模型构建及应用［J］. 电化教育研究，2022，43（7）：73-80+88.

［6］刘凤娟，赵蔚，姜强，等. 基于知识图谱的个性化学习模型与支持机制研究［J］. 中国电化教育，2022（5）：75-81+90.

［7］杨鑫，解月光，苟睿，等. 智慧课堂模型构建的实证研究［J］. 中国电化教育，2020（9）：50-57.

[8] 范文翔，陈盼盼，龚靖. STEAM 教师胜任力模型构建实证研究 [J]. 开放教育研究，2022，28（4）：85-92.

[9] 杨海茹，马明月，向前臣，等. 教师信息化教学能力发展轨迹与提升策略研究——基于认知网络分析法 [J]. 中国电化教育，2022（11）：90-98.

[10] 徐鹏，孙颖. 基于在线课程质量标准的教师在线教学能力模型构建及其提升路径 [J]. 中国电化教育，2022（6）：89-95.

[11] 曹梅. 高校虚拟教研室建设的内在逻辑与实践路向 [J]. 中国电化教育，2024（2）：61-68.

[12] 杜华，顾小清. 教育技术学理论五问——兼论教育技术学之于教育学理论建构的贡献 [J]. 教育研究，2020，41（1）：148-159.

[13] 郑旭东. 面向我国中小学教师的数字胜任力模型构建及应用研究 [D]. 华东师范大学，2019.

[14] 张一春. 深入推进智慧教育 全力打造新质智慧课堂 [J]. 江苏教育，2024（38）：20-23.

[15] 张一春. 学术引领 共同成长——谈网络名师工作室建设的内在机理与发展动力 [J]. 江苏教育，2021（34）：30-32.

[16] 兰国帅，张舒予，张一春. 信息素养与媒介素养的对比研究——基于知识图谱可视化分析的视角 [J]. 现代远距离教育，2014（6）：32-39.

[17] 兰国帅，张一春. 国外高等教育研究：进展与趋势——高等教育领域 12 种 SSCI 和 A&HCI 期刊的可视化分析 [J]. 高等教育研究，2015，36（2）：87-98.

[18] 唐丽，张一春. 学习分析仪表盘：教育大数据的可视化工具 [J]. 高等理科教育，2018（6）：31-36.

[19] 邓敏杰，张一春，李艺. 试论儿童作为数字原住民的哲学基础 [J]. 电化教育研究，2019，40（9）：26-33.

[20] 周晶，兰国帅，张一春. 基于 CSSCI（1986—2014）的信息素养与媒介素养的比较研究 [J]. 现代远距离教育，2015（3）：17-24.

活动实践

1. 如何保证归纳演绎方法的准确性？
2. 因果分析有哪几种情况？如何进行？
3. 比较法有何特点？分类一般可以用在哪些地方？
4. 如何形成模型？信息化教学有哪些常见的模型？
5. 思考如何设计和制作概念图。

单元 8 数据分析

活动导图

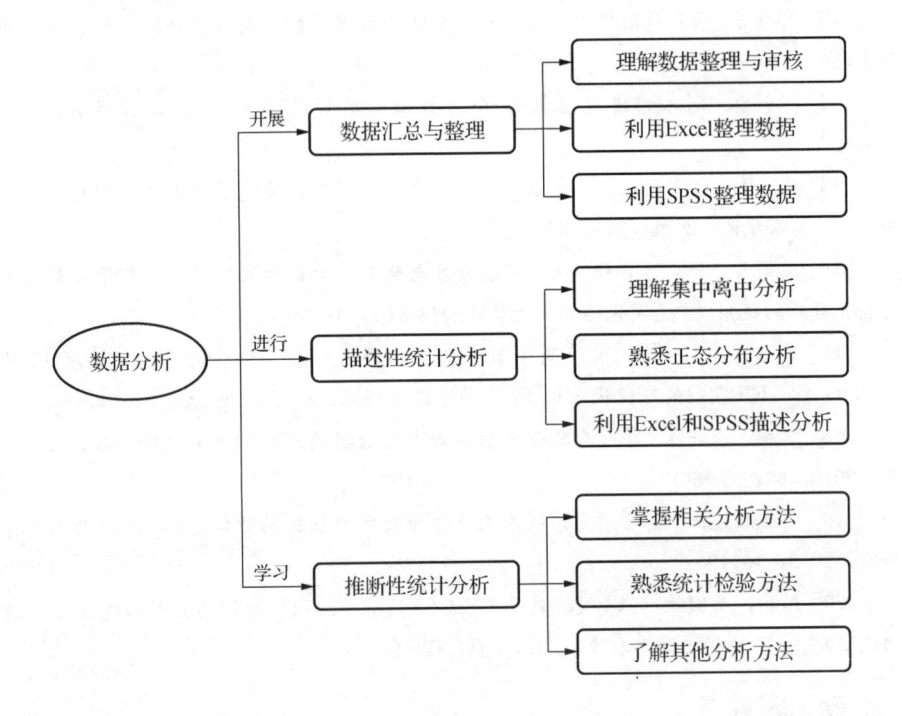

```
                      ┌─ 开展 → 数据汇总与整理 ─┬─ 理解数据整理与审核
                      │                      ├─ 利用Excel整理数据
                      │                      └─ 利用SPSS整理数据
                      │
         数据分析 ─────┼─ 进行 → 描述性统计分析 ─┬─ 理解集中离中分析
                      │                      ├─ 熟悉正态分布分析
                      │                      └─ 利用Excel和SPSS描述分析
                      │
                      └─ 学习 → 推断性统计分析 ─┬─ 掌握相关分析方法
                                              ├─ 熟悉统计检验方法
                                              └─ 了解其他分析方法
```

活动目标

1. 了解数据整理与审核的意义和方法。
2. 能够用工具进行数据的描述性统计分析。
3. 能够利用统计分析工具对研究数据做进一步的统计分析。

当我们通过各种研究方法收集了大量资料后，需要对研究数据进行分析。通过对研究资料的分析处理，可以帮助我们发现现象的内在规律，掌握本质特征。

活动一　数据汇总与整理

信息化教学研究过程中，我们通过各种研究方法可以获得大量研究资料与数据，这些数据一般是零散的，只反映个别现象的个别特征。我们必须对这些数据整理加工，使之系统化，才能得到规律性的结论。数据的汇总与整理是数据分析的准备工作。

步骤一　理解数据整理与审核

1. 数据的整理与审核

研究数据资料的整理是人们利用科学的方法，将调查所获得的原始数据资料按调查目的进行审核、补充和加工，使之条理化和系统化，并以简单集中的方式反映调查对象总体情况的过程。整理的作用在于对调查资料去伪存真，为分析资料打下基础和为保存资料提供条件。

研究数据资料的审核是整理过程中重要的一环，其目的在于保证资料的合格性。审核要检查资料的真实性、完整性、准确性和有效性。常用的审核方法有经验判断法、逻辑判断法、计算判断法和对比判断法等。第一手资料的审核主要审查结果是否合格，其过程是否科学有效，其结果是否完整可靠。对于第二手资料的审核主要检查作者、出版社的背景以及编写的时间等。一般数据的审核重点是遗漏、异常和数据错误。

2. 数据的排序与分组

数据排序是数据分析中的一个基础且关键步骤，它将数据记录按照一个或多个特定字段的值进行重新排列。排序能够帮助研究者清晰地观察数据特征，为后续的统计分析和决策提供支持。数据排序包括单列排序和多列排序。数据排序要注意数据的一致性和完整性。例如，日期和时间字段应确保格式统一，以便正确排序。

数据分组是将数据根据特定的标准或属性划分成不同的类别或组别。分组能够简化复杂的数据集，使得研究者能够更有效地识别和比较不同群体的特征，以及分析变量之间的关联性。数据分组包括等距分组、等量分组、自然分组等。分组的结果通常通过频率分布表、条形图或箱线图等可视化工具来展示，以便于理解和解释。

信息化教学研究的资料一般可以按照品质或数量来进行排序或分组。品质分组是指按某种教育现象的质量属性、类别和等级分组。如按学校类别、学生性别分组，这种分组能直接反映教育现象性质的不同。数量分组以数量的大小为分类的标志，有顺序排序法、等级排列法和次数排列法等。

3. 数据的筛选与透视

数据筛选是根据特定条件从数据集中选择相关的记录或观测值。这一过程使得研究者能够专注于对特定子集的分析，从而提高分析的针对性和效率。数据筛选可使得研究者能够专注于那些对研究问题最为关键的数据，从而提高了分析的深度。其次，通过排除异常值或错误数据，有助于提升统计分析的准确性。此外，筛选还能够简化数据集，使其更易于管理和深入分析。数据筛选的常见类型有条件筛选、范围筛选、排除筛选、分层筛选等。

数据透视是通过交互式地重新排列和汇总数据来洞察数据的多维结构，是用直观的方式来探索数据集，使得用户能够轻松地从不同的角度观察数据，从而揭示隐藏在数据中的模式、趋势和关联。数据透视常见的有标准数据透视表、数据透视图、动态数据透视等。数据透视要注意在创建数据透视之前，确保数据已经被适当地清洗和格式化，以避免分析结果不准确。在设计数据透视时，避免包含不必要的重复数据，这可能会影响分析的清晰度和效率。

步骤二　利用 Excel 整理数据

用 Excel 整理数据的基本步骤为：

（1）数据录入与校验。要确保录入的数据准确，包括将数据逐条输入正确的单元格中，并使用数据验证功能来限制单元格的输入类型，比如日期、数字或下拉列表等，从而减少输入错误。此外，可以利用"查找和替换"功能来纠正数据中的常见错误，如多余的空格或不一致的数据格式，确保数据的准确性和一致性。

（2）数据清洗。数据清洗是整理数据过程中至关重要的一环，识别和删除重复记录、处理缺失值以及修正异常值。正确的数据清洗不仅能够提高数据分析的准确性，还能够避免分析结果中的偏差。

（3）数据转换。根据分析需求对数据进行适当的转换。例如，如果数据分布呈现明显的偏态，可以通过对数转换等方法来改善数据的正态性，通过公式和函数可以创建新的变量或对现有数据进行转换，以便更好地适应后续的分析模型。

（4）数据组织。确保数据在工作表中按照逻辑和有意义的方式进行排列，相关的变量应放在一起，并且每列数据都应有清晰的列标题。利用排序和筛选功能可以帮助数据按照特定的顺序重新组织，也可以用数据透视表快速汇总数据并展示不同变量之间的关系。

（5）数据备份。在对原始数据进行任何修改之前，应创建一个副本以保留原始数据集。完成数据整理后，应再次保存工作表，确保始终有一个可靠的数据源。

（6）数据整理。根据后续研究的需要，对数据做初步的整理。一是对数据进行排序，如按列或行排序，也可以按一些数据特征排序。二是对数据进行分类汇总，比如分类求和、平均值、计数、最大值、最小值、标准偏差等。三是进行数据筛选，剔除不符合条件的数据，留下需要的数据。四是建立数据透视表，利用数据透视表查看不同变量之间的关系，获得需要的数据表。

步骤三　利用 SPSS 整理数据

用 SPSS 整理数据的基本步骤为：

（1）数据导入与审查。首先要将数据集导入 SPSS 中，可以通过直接复制粘贴数据、使用文件导入向导或编写数据导入语句来完成。数据导入后要检查数据的完整性，验证数据的一致性，确保数据类型和值的范围符合预期。SPSS 提供了多种工具来帮助用户进行数据的初步审查，如"描述"和"频率"功能，它们可以快速生成数据的基本统计概览。

（2）数据清洗与处理。要识别并处理缺失值、异常值和重复记录。SPSS 提供了多种处理缺失值的策略，如删除含有缺失值的案例、使用均值或中位数进行插补，或者应用更复杂的多重插补方法。对于异常值，可以使用箱线图或标准分数等图形工具来识别，并根据研究需求决定是否将其排除或进行变换。另外还要删除或合并重复记录以确保数据的准确性。

(3)变量转换与创建。在数据整理过程中,通过"计算变量"功能对变量进行转换或创建新变量。例如,可以对原始数据进行标准化处理,或者根据特定的规则创建分类变量。此外,还可以使用"重构"功能来改变数据的宽窄格式,以适应不同的分析需求。

(4)数据保存与管理。要定期保存数据,并可以使用"数据"菜单下的"合并文件"功能将来自不同数据源的数据集合并为一个统一的数据集,便于进行综合性分析。合理地组织和管理数据集,并用数据字典来记录变量的详细信息,可以提高数据的可读性和后续分析的效率。

(5)数据导出与分析。完成数据整理后,数据需要被导出或直接在 SPSS 中进行分析。根据分析的目的,可以选择将数据导出为图表、图形或其他格式,以便在报告或演示中使用。同时,确保所有用于分析的数据都已经准备就绪,包括设置正确的变量类型、值标签和缺失值代码。这些准备工作将确保数据分析的顺利进行,并提高分析结果的准确性和可靠性。

研究与思考

1. 请阅读相关资料和文献,熟悉 Excel 和 SPSS 的主要功能和操作方法。

2. 请分析 Excel 和 SPSS 在进行数据整理和分析上的异同。

活动三 描述性统计分析

步骤一 理解集中离中分析

1. 集中趋势分析

集中趋势测量是以一般水平代表总体各单位数量标志的方法,集中量数是能够代表事物一般水平和总体趋势的数值,能够最佳地反映数据集的整体特征。测量集中量数就是对统计资料的代表性加以测定。用集中趋势量数来代表一组数值是认识总体特征的一种基本方法,常用的集中量数有众数、中位数、平均数等。

(1) 众数

众数也称众值(Mo),指数据集中出现频率最高的数值,在研究中常用来表示一般的水平。例如,一组数据为 45、24、45、45、35、67、66、45、23、45,由于 45 出现最多,因此 45 便为众数。由于众数是由次数多少决定的,所以只有当它出现的次数很高时,才具有代表性,可以用来对数据进行描述。数据较少时,应谨慎使用。一组数据可能存在多个众数,或者没有众数。

(2) 中位数

中位数(Md)指将一组变量值按大小顺序排列起来,处于中间位置的那个数。中位数取决于它在变量数列中的位置,不受极端值影响,通常用于分析定序变量的资料。例如,5 名学生的测试成绩从低到高排列为 76、77、85、88、90,中间位置为第三位,即 85 为中位数。当数据分布呈现偏态或包含异常值时,中位数提供了一个不受极端值影响的集中趋势度量。

(3) 平均数

平均数(M)是测定变量数列集中趋势的最常用的量数。一般有简单算术平均数、加权算术平均数等。

① 算术平均数。用 $\bar{X}$ 表示,设 $x_1, x_2, \cdots, x_n$ 为各次观察的结果,则有:

$$\bar{X} = \frac{x_1 + x_2 + \cdots + x_n}{n} = \frac{\sum_{i=1}^{n} x_i}{n}$$

算术平均数是统计学中最常用的一种集中量数,反映数据的整体水平。

② 加权平均数。如果在 n 个数中,x_1 出现 W_1 次,x_2 出现 W_2 次,$\cdots$,x_n 出现 W_n 次,那么这 n 个数的加权平均数可以表示为:

$$\bar{X}_W = \frac{\sum xW}{\sum W} = \frac{x_1 W_1 + x_2 W_2 + \cdots + x_n W_n}{W_1 + W_2 + \cdots + W_n}$$

式中:$\bar{X}_W$ 表示加权算术平均数。$x_1, x_2, \cdots, x_n$ 均为观测值。$W_1, W_2, \cdots, W_n$ 为每一个观测值的权重。当一组数据中有不少数据多次重复出现时，利用加权平均数公式来计算平均数比较方便。

平均值代表了数据集中趋势，因而在统计分析中被广泛采用。然而，当有异常值（极端值）时截尾均数或中位数可被视为更为稳健的集中趋势度量。

2. 离中趋势分析

离中趋势又称离散趋势，是与集中趋势相对应的描述次数分布的另一个重要特征。离中量数是反映变量数列中各标志值之间的差距和分散程度的数值，揭示了数据点相对于集中趋势的分散情况。离中量数是说明集中量数对变量数列有多大的代表性。通过测量离中量数，可以清楚地了解一组变量数列的分布情况。离中量数一般有异众比率、极差、四分位差、标准差等。

（1）异众比率

这是指变量数列中非众数的次数与全部变量值总次数的比率。

$$V_R = \frac{N - f_m}{N}$$

（2）极差

极差也称全距，指一组数据的最大数值与最小数值之间的距离，也就是两个极端之差，为数据分布的整体范围提供了一个粗略的估计。它是测量总体各单位变量值差距的最简单的方法。

$$R = x_{\max} - x_{\min}$$

（3）四分位差

通过计算数据集的上四分位数（75%分位数）与下四分位数（25%分位数）之间的差值，为数据分布的中间50%提供了离散程度的度量。

即将各个变量值按大小顺序排列，然后用三个点将此数列分为四等份，三个点的位置分别是 $\frac{n+1}{4}$，$\frac{n+1}{2}$，$\frac{3(n+1)}{4}$，每个位置上所对应的变量值称为四分位数，分别记为 Q_1，Q_2，Q_3，Q_3 与 Q_1 的差就是四分位差，它可以避免极差受两端值数据的影响，作为估计或预测的依据比较可靠。其计算公式为：

$$Q = Q_3 - Q_1$$

（4）标准差

标准差是变量数列中各个数值对其与平均数值离差平方之和的平均数的

平方根。标准差越大，说明变量数列的离中趋势越大，平均数的代表性越小。

$$S = \sqrt{\frac{\sum (x - \bar{X})^2}{N}}$$

式中 S（样本统计值）为标准差，x 为各学生的成绩分数，$\bar{X}$ 为学生成绩的平均数，N 为学生（数据）数。

标准差的平方称为方差，提供了数据分布离散程度的另一种度量。方差的大小直接反映了数据点偏离均值的平均幅度。

（5）离散系数

离散系数是一种相对的离散量数统计量，它使我们能够对同一总体中的两种不同的离散量数进行比较，或者对两个不同总体中的同一离散量数进行比较。

离散系数的定义是：标准差与平均数的比值，用百分比表示。

$$CV = \frac{S}{\bar{X}} \times 100\%$$

（6）标准误差平均值

标准误差平均值是描述样本均值与总体均值之间平均差异的统计量。它提供了样本均值估计总体均值的精确度，是评估样本代表性的重要指标。

综上所述，离中趋势分析的多种度量为研究者提供了全面的数据分布特征，有助于深入理解数据的变异性和一致性，从而为后续的统计推断和数据分析奠定坚实的基础。

步骤二　熟悉正态分布分析

正态分布是一种连续型数据总体的概率分布，是一种理论分布，正态分布呈钟形，中间往两边次数逐渐减少，但不与底线相交。

一般认为自然状态下人的身高、体重、智力、能力等都是服从正态分布的，因此利用正态分布可以对它们进行量化研究与分析。

$$Y = \frac{1}{\sigma \sqrt{2\pi}} e^{-\frac{x^2}{2\sigma^2}}$$

$$Y = Y_0 e^{-\frac{x^2}{2\sigma^2}}$$

正态曲线的面积，曲线下面积为1，横轴以 σ 度量，如图8-2-1所示：

$$\frac{x}{\sigma} = \frac{X - M}{\sigma}$$

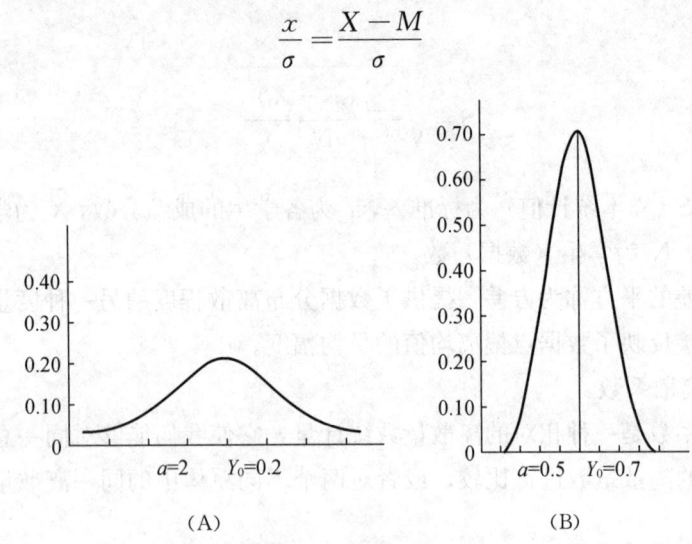

(A)　　　　　　　　　　(B)

图 8-2-1　正态分布图

理论研究证明，只要抽取的样本足够大，大量的自然现象或社会现象均服从正态分布。因此，正态分布是许多统计方法的理论基础，如检验、方差分析、相关和回归分析等多种统计方法均要求分析的指标服从正态分布。还有许多统计方法虽然不要求分析指标服从正态分布，但相应的统计量在大样本时近似正态分布，因而大样本时这些统计推断方法也是以正态分布为理论基础的。

符合正态分布的数据我们可以计算它的标准分。一般用数据与平均数的差除以标准差。

$$Z = \frac{X - \mu}{\sigma}$$

其中，Z 为标准分，X 为某一数据，σ 为标准差，μ 为平均数。

【例8-2-1】某学生两次考试都是85分，但第一次全班平均成绩为80分，标准差为5，第二次全班平均成绩为90分，标准差为5，请问他哪次考得好？

解：我们计算每次的标准分，用标准分来比较。

$$Z_1 = \frac{X - \mu}{\sigma} = \frac{85 - 80}{5} = 1$$

$$Z_2 = \frac{X - \mu}{\sigma} = \frac{85 - 90}{5} = -1$$

答：因为 $Z_1 > Z_2$，所以该同学第一次成绩好。

【例 8-2-2】假设一次考试成绩呈正态分布，总体平均数为 75 分，总体标准差为 8 分，某个学生考试得分为 79 分，请问该学生在班上排名情况。

解：已知 $\sigma = 8$，$\mu = 75$

$$标准分\ Z = \frac{X - \mu}{\sigma} = \frac{79 - 75}{8} = 0.5$$

查正态分布表可知，当 $Z = 0.5$ 时，0—0.5 之间有 19.15% 的分数，因此大于 79 分的有 50% − 19.15% = 30.85%，也就是说该学生在班上为 30.85%，如果有 100 位学生，则排名 31。

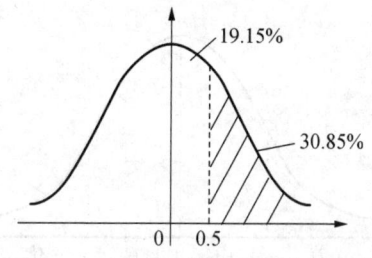

图 8-2-2　某学生得分以上人数比率

【例 8-2-3】假设对学生进行一次智力测试，选取前 5% 的学生参加兴趣小组。假设分数呈正态分布，平均为 75 分，标准差为 8 分，则分数线是多少？

解：已知 $\sigma = 8$，$\mu = 75$

根据正态分布的对称性，最前面 5% 的界限就是中心到这个界线占 45%。从正态分布表中查出最接近于 0.45 的数字，其对应的 Z 值是 $Z = 1.65$。

因为标准分 $Z = \dfrac{X - \mu}{\sigma}$

所以 $X = \sigma Z + \mu = 8 \times 1.65 + 75 = 88.2$

答：分数线为 88.2 分。

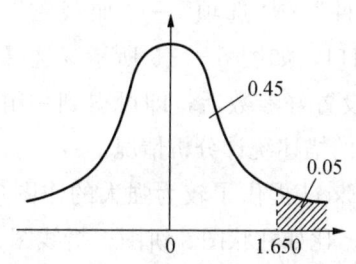

图 8-2-3　最前面 5% 的分数界线

【例8-2-4】假设一次考试成绩呈正态分布,总体平均数为75分,总体标准差为8分,如果要把成绩平均分为优良中差四等分,则每个等级分数线是多少?

解:优良中差四等分,也就是将整个正态分布曲线分为四等分,因此面积都是0.25,由此可以查正态分布表得对应的Z值是$Z=0.68$。

所以$X=\sigma Z+\mu=8\times 0.68+75=80.44$。

所以优与良的界线是$80.44-50=30.44$,因此中与差的界线是$50-30.44=19.56$。

答:差的分数线是0—19.56分,中是19.56—50分,良是50—80.44分,优是80.44—100分。

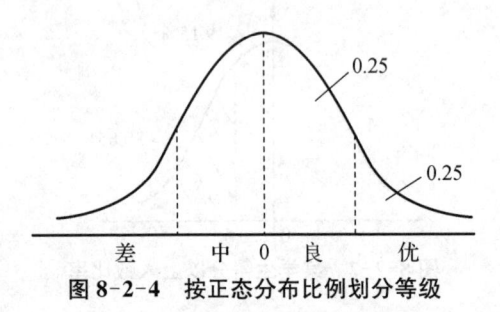

图8-2-4 按正态分布比例划分等级

步骤三 利用Excel和SPSS描述分析

1. 用Excel进行描述统计分析

(1)数据组织与处理。对于已经整理审核好的数据,可以通过排序和筛选功能,了解数据的基本情况,并用鼠标拖拉数据,或用公式和函数,如Average和Median,快速计算基本的统计量。用分类汇总、数据透视表等,了解数据各组成部分的情况。

(2)执行描述统计分析。在Excel中点击菜单中"数据"—"数据分析"(首次使用需要在"文件"—"选项"—"加载宏"中,选择"分析工具库"),打开数据分析窗口,如图8-2-5所示。选择"描述统计",在如图8-2-6所示的参数窗口设置好参数后,即可得到一组数据的描述统计情况。如图8-2-7为一组成绩的描述统计分析情况。

(3)结果可视化。Excel提供了较为强大的作图功能,可以将描述统计的结果用图表展示出来。比如柱状图、饼图、折线图、雷达图、散点图等。

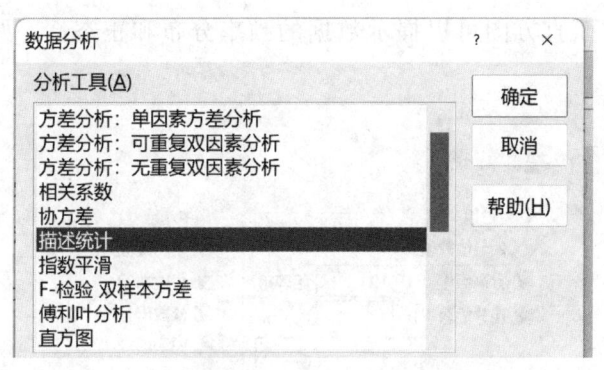

图 8-2-5　数据分析窗口

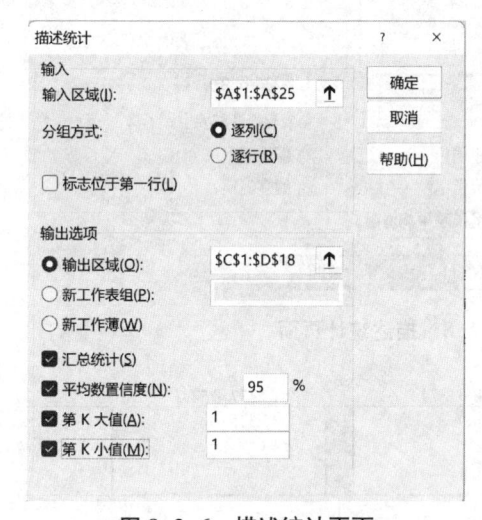

图 8-2-6　描述统计页面

图 8-2-7　描述统计结果

2. 用 SPSS 进行描述统计分析

（1）数据导入与预处理。在 SPSS 导入数据后，识别并纠正错误的数据输入、去除重复记录以及处理缺失值，为分析做好准备。

（2）执行描述统计分析。SPSS 的描述统计功能非常强大，它不仅可以计算基本的统计量，如均值、中位数、众数、方差和标准差，还能够提供更深入的分析，如四分位数、偏态和峰度等。这些统计量可以通过点击 SPSS "分析"—"描述统计"—"频率"菜单获得（如图 8-2-8 所示）。

（3）结果解读与图形表示。对 SPSS 输出的统计结果进行分析，如均值、中位数、标准差，以及偏态、峰度等。另外通过图形可以很清楚地分析数据情况，如箱线图可以直观地展示数据的中位数、四分位数和异常值，如图 8-2-9 所示，而直方图可以揭示数据的频率分布和正态性，如图 8-2-10 所示。

图 8-2-8 描述统计页面

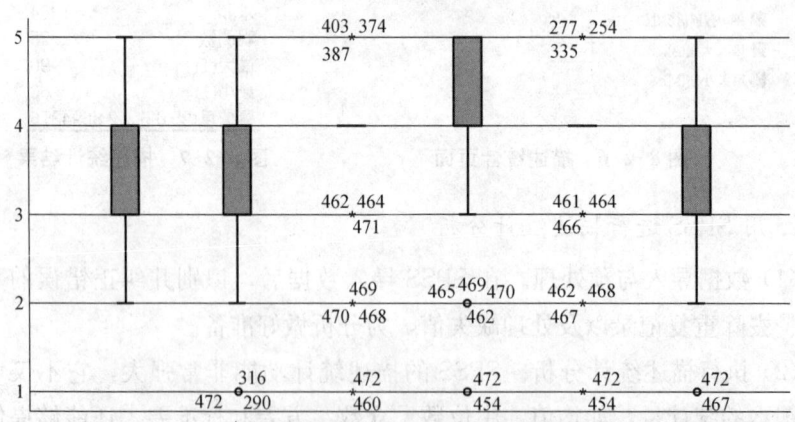

图 8-2-9 数据的箱线图结果

图 8-2-10 数据的直方图结果

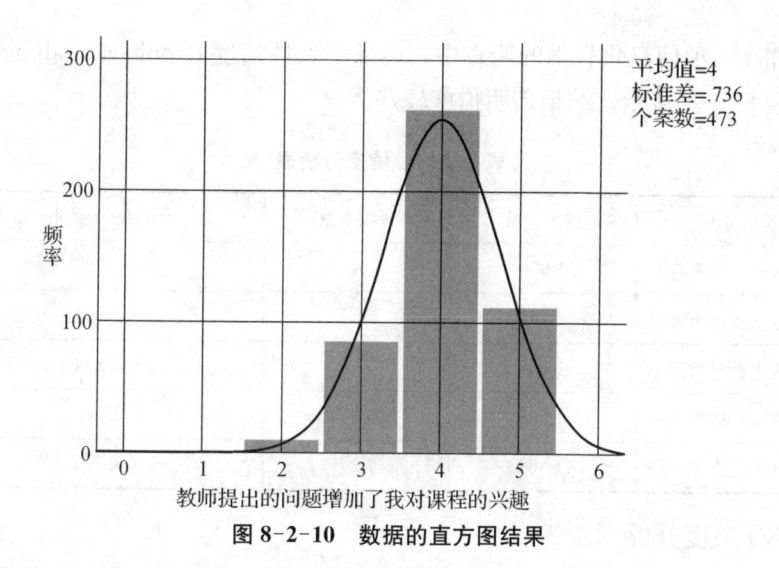

3. 信度效度分析

（1）信度分析

信度分析用于评估测量工具或测试的一致性和稳定性。高信度意味着测量结果具有较高的一致性，低信度则可能表明测量结果受到随机误差的影响较大。

在进行信度分析时，研究者会关注几个关键的指标。例如，Cronbach's alpha 是评估量表内部一致性的常用指标，其值范围从 0 到 1，值越高表示量表的各个题目之间的相关性越强，通常的标准为：α 系数 > 0.8 很好；α 系数 > 0.7 较好；α 系数 > 0.6 可以接受；一般 α 系数 < 0.6 需要修改问卷；α 系数 < 0.5 完全不适用。一个含 10 个左右题目的量表，α 系数应能达到 0.80 以上；一个 4 个题目的量表，α 系数有时可能会低于 0.6 或 0.5。因此，判断信度时，首先应当了解选取题项的数量，然后再以此为基础，判断 α 系数是否达到了可以接受的水平。

在 SPSS 中进行 Cronbach's alpha 信度分析的步骤如下：

① 启动分析：点击"分析"—"度量"—"可靠性分析"。

② 选择题项：将量表题项移入分析框。

③ 选择统计量：点击"统计量"按钮，勾选所需统计量，如"项目—总分"相关。

④ 执行分析：确认设置无误后，点击"确定"以运行分析并查看输出结果。

如在一项信息化教学的调查中，内部一致性信度 Cronbach's alpha 的结果如表 8-2-1 所示，结果表明信度较好。

表 8-2-1　信度分析表

变量名称	样本个数	题项个数	Cronbach's alpha 值
信息化教学素养	1 568	4	0.783
信息化教学能力	1 568	5	0.881
信息化教学规范	1 568	5	0.844
信息化求助意识	1 568	3	0.789
教师满意度	1 568	3	0.713

（2）效度分析

效度分析确保了研究工具的测量结果与研究目的相符，从而使得研究结果具有意义和可靠性。在众多效度类型中，常见而简单的效度检验为使用 KMO 值和 Bartlett 球形检验分析效度。

KMO 值的范围介于 0 与 1 之间，较高的 KMO 值表明变量间存在较多的共同方差，适合进行因子分析，进而支持量表较好的效度。通常的标准为：KMO 值>0.8 极高的效度；KMO 值>0.7 良好的效度；KMO 值>0.6 可以接受的效度；一般 KMO 值<0.6 效度不足，要重新设计；KMO 值<0.5 严重不足，要重大修改。

Bartlett 球形检验是另一种用于评估因子分析适用性的统计检验，其主要目的是检验数据中的变量是否相互独立。该检验基于 Bartlett 的球形矩阵假设，即变量间的相关矩阵应为单位矩阵。如果 p 值小于 0.05 的显著性水平，则拒绝原假设，表明变量间存在共同因子，因子分析是适合的。

在 SPSS 中通过 KMO 值和 Bartlett 球形检验进行效度分析的步骤如下：

① "分析"—"降维"—"因子分析"。

② 放入所有需要进行效度分析的题项，放入"变量"中，"选择变量"中不需要放变量。

③ 点击"描述"，在选项里勾选"KMO 和 Bartlett 球形度检验"，点击"继续"。

④ 点击"确定"。

如在一项信息化教学的调查中，利用 KMO 值和 Bartlett 球形检验进行效度分析的结果如表 8-2-2 所示,结果表明效度是很高的。

表 8-2-2　效度分析表

	KMO 取样适切性量数	0.951
Bartlett 球形度检验	近似卡方 (χ^2)	4 968.833
	自由度 (df)	351
	显著性 (p)	0.000

研究与思考

1. 在对调查数据整理和分析时,一般用哪些数据量来表征数据的整体状态?

_____

_____

2. 请对自己的调查数据进行描述性统计分析。

_____

_____

活动三　推断性统计分析

步骤一　掌握相关分析方法

1. 相关的特点

相关指事物、现象之间的相互关系。概括变量之间相关程度的数值叫相关系数,用 r 表示,相关系数的数值范围为 $-1 \leqslant r \leqslant 1$。相关根据两变量变化的方向,可分为正相关、负相关、列相关(零相关);根据相关的程度可分高相关、低相关和微相关。

相关分析是统计学中用于评估两个连续变量之间关系强度和方向的方法。当相关系数接近 1 或 -1 时,表明两个变量之间存在强烈的正向或负向线性关系;当相关系数接近 0 时,则表明两个变量之间缺乏线性关联。正相关意味着一个变量的增加往往伴随着另一个变量的增加,而负相关意味着一个变量的增加与另一个变量的减少相关联。如表 8-3-1 所示。

表 8-3-1 相关系数类型

类型		特点	相关系数
变化方向	正相关	如果两个变量的变化方向一致，即一个变量值变大时，另一个变量值也随之变大；一个变量值变小时，另一个变量值也随之变小，这两个变量之间的关系称为正相关	$r \geqslant 0$
	负相关	如果两个变量的变化方向相反，即一个变量值变大时，另一个变量值随之变小；一个变量值变小时，另一个变量值随之变大，这两个变量之间的关系称为负相关	$r \leqslant 0$
	零相关	两个变量值之间变化方向无一定规律，称之为零相关	$r \approx 0$
密切程度	强相关	凡密切程度高的称为强相关或高度相关	$r \approx 1$
	中度相关	密切程度一般的称为中度相关	$r \approx 0.5$
	弱相关	密切程度弱的称为弱相关或低度相关	$r \approx 0$

2. 相关的类型

(1) 积差相关

积差相关又称积矩相关，当两组数据都是属于连续性变量的观测值时，可以用积差相关系数表示两个变量的相关程度。

$$r = \frac{\sum (X - \bar{X})(Y - \bar{Y})}{N \sigma_x \sigma_y}$$

式中：r 表示积差相关系数，$\sum$ 表示累加求和；

$\bar{X}$ 和 $\bar{Y}$ 分别表示变量 x 和变量 y 的平均数；

σ_x 和 σ_y 分别表示变量 x 和变量 y 的标准差；

N 表示变量 x 和变量 y 的成对数目。

(2) 等级相关

当遇到一些并不在积差相关方法适用范围之内的具有等级顺序的测量数据时，要研究两个或两个以上变量的相关，就需要采用等级相关。这种相关方法对变量的总体分布不做要求，因此又称这种相关为非参数相关。计算等级相关的方法很多，一般我们常用斯皮尔曼等级相关。

$$r_R = 1 - \frac{6 \sum D^2}{n(n^2 - 1)}$$

式中：r_R 表示等级相关系数，D 是两个变量每对数据等级之差，n 是两列变量值的对数。

(3) 点二列相关

当两个变量其中的一个是连续变量且总体呈正态分布或接近正态分布，另一变量为"二分"名义变量（即按事物的性质划分两类的变量，如男与女，成功与失败，及格与不及格，对与错等），表示这样两种变量之间的直线相关称为点二列相关。点二列相关系数常用符号 r_{pb} 来表示。

$$r_{pb} = \frac{\bar{X}_p - \bar{X}_q}{S_t} \times \sqrt{pq}$$

$\bar{X}_p$ 表示与二分变量中 p 类别相对应的连续变量值的平均数；

$\bar{X}_q$ 表示与二分变量中 q 类别相对应的连续变量值的平均数；

S_t 表示连续变量的标准差；

p 为二分变量中某一类别次数的比率；

q 为二分变量中另一类别次数的比率，$q = 1 - p$。

(4) φ 相关

当两个变量都是二分变量时，如表 8-3-2 所示，则变量 x 与 y 之间的关系是 φ 相关。

表 8-3-2 φ 相关表

	x_1	x_2	合计
y_1	a	b	a+b
y_2	c	d	c+d
合计	a+c	b+d	a+b+c+d

$$\varphi = \frac{(ad - bc)}{\sqrt{(a+b)(c+d)(a+c)(b+d)}}$$

式中：a, b, c, d 为在变量 x 与 y 上的数据。

【例 8-3-1】10 名 5 岁幼儿在语言 x 和常识 y 上的得分如表 8-3-3 中的第 2、3 列所示，求两者的相关程度。

表 8-3-3 10 名 5 岁幼儿语言与常识的成绩表

序号	语言 x	常识 y	x^2	y^2	语言×常识 (xy)
1	85	88	7 225	7 744	7 480
2	80	87	6 400	7 569	6 960

序号	语言 x	常识 y	x^2	y^2	语言×常识（xy）
3	84	85	7 056	7 225	7 140
4	86	84	7 396	7 056	7 224
5	78	81	6 084	6 561	6 318
6	75	76	5 625	5 776	5 700
7	83	85	6 889	7 225	7 055
8	90	94	8 100	8 836	8 460
9	89	92	7 921	8 464	8 188
10	88	92	7 744	8 464	8 096
总计	$\sum x = 838$	$\sum y = 864$	$\sum x^2 = 70\,440$	$\sum y^2 = 74\,920$	$\sum xy = 72\,621$

解：从上表可求出，语言与常识的积差相关系数 r

$$r = \frac{\sum xy - (\sum x)(\sum y)/n}{\sqrt{\sum x^2 - (\sum x)^2/n}\sqrt{\sum y^2 - (\sum y)^2/n}}$$

$$r = \frac{72\,761 - 838 \times 864/10}{\sqrt{70\,440 - 838^2/10}\sqrt{74\,920 - 864^2/10}} = 0.90$$

答：两者存在高度相关。

【例 8-3-2】表 8-3-4 为 10 名学生第一学期和第二学期计算机成绩排列的名次，求其斯皮尔曼等级相关系数。

表 8-3-4　计算机成绩等级相关表

学号	等级 第一学期	等级 第二学期	等级之差 D	差数平方 D^2
1	1	2	1	1
2	2	1	−1	1
3	3	3	0	0
4	4	8	4	16
5	5	4	−1	1
6	6	7	1	1
7	7	9	2	4
8	8	6	−2	4
9	9	5	−4	16
10	10	10	0	0
总计				44

解：可得 10 名学生计算机成绩等级相关计算表，代入斯皮尔曼等级相关系数计算公式得：

$$r_R = 1 - \frac{6\sum D^2}{n(n^2-1)} = 1 - \frac{6 \times 44}{10 \times (100-1)} = 0.73$$

答：由此看出，这 10 名学生两学期计算机测验成绩的等级次序有较高的一致性，但还未达到高度的一致。

【例 8-3-3】某中学初三年级男女学生 18 人的外语期末考试成绩如表 8-3-5，问性别与外语成绩的相关情况如何？

表 8-3-5　18 名男女学生的外语成绩汇总表

学号	外语成绩	性别	学号	外语成绩	性别
1	97	1	10	100	1
2	68	1	11	89	0
3	97	0	12	78	1
4	75	1	13	77	1
5	92	1	14	55	0
6	89	1	15	88	0
7	93	1	16	64	1
8	74	1	17	80	1
9	81	0	18	74	1

注：表中性别栏中"1"代表男生，"0"代表女生。

解：$p = \dfrac{10}{18} = 0.56$，$q = 1 - 0.56 = 0.44$

$$\overline{X}_p = \frac{\sum x_p}{n_p} = \frac{815}{10} = 81.5$$

$$\overline{X}_q = \frac{\sum X_q}{np} = \frac{656}{8} = 82$$

$$S_t = \sqrt{\frac{\sum x^2 - \frac{(\sum x)^2}{n}}{n}} = \sqrt{\frac{122\,813 - 120\,213.39}{18}} = 12.01$$

$$r_{pb} = \frac{\overline{X}_p - \overline{X}_q}{S_t} \times \sqrt{pq} = \frac{81.5 - 82}{12.01} \times \sqrt{0.5 \times 0.5} = -0.02$$

答：由上面的结果可以看到，求出的相关系数的绝对值很小，说明性别与外语成绩无相关。

【例 8-3-4】经对某个地区调查后得知，城市与农村的青少年犯罪人数情况如表 8-3-6 所示，求青少年犯罪的性别与地区之间的关系。

表 8-3-6 某地区青少年犯罪情况表

	男（x_1）	女（x_2）	合计
城市	150	90	240
农村	210	30	240
合计	360	120	480

解：该情况附合 φ 相关的条件。根据公式，

$$a = 150, b = 90, c = 210, d = 30$$

$$\varphi = \frac{(ad - bc)}{\sqrt{(a+b)(c+d)(a+c)(b+d)}}$$

$$= \frac{(150 \times 30) - (90 \times 210)}{\sqrt{240 \times 240 \times 360 \times 120}} = -0.29$$

答：说明社区背景不同，少年犯男女性别比例也不同，相关程度为 0.29。负号说明城市女少年犯相对较多，农村女少年犯较少。

3. 用 SPSS 分析相关

使用 SPSS 进行相关分析的基本步骤如下：

(1) "分析"—"相关"—"双变量"。

(2) 放入对应的题项，相关系数保持默认的 "Pearson"，显著性检验保持默认的 "双侧检验"。

注意：显著性检验中，双侧检验是比单侧检验更苛刻的方法。如果分析结果两者相关 p 值并未达到 0.05 时，可尝试使用单侧检验。

(3) 点击 "确定"。

如表 8-3-7 是常见的相关分析结果表格样式，常用于心理学、教育学等领域的量表分析，侧重于直接展示相关系数。

表 8-3-7 相关分析结果

	信息化教学素养	信息化教学能力	信息化教学规范	信息化求助意识
信息化教学素养	1			
信息化教学能力	.621**	1		

续　表

	信息化教学素养	信息化教学能力	信息化教学规范	信息化求助意识
信息化教学规范	.703**	.719**	1	
信息化求助意识	.925**	.815**	.898**	1

注：**在0.01水平（双侧）上显著相关。

在解读相关分析结果时，首先关注的是相关系数的显著性。通常，显著性水平由星号（*）表示，单个星号表示在0.05的显著性水平上显著，意味着有95%的置信度认为相关系数不是由随机因素造成的；双星号表示在0.01的显著性水平上显著，即有99%的置信度。显著的相关系数表明两个变量之间存在统计上的关系。

对于相关系数的强度，一般认为，系数大于0.4表示中等程度的正相关，大于0.6表示强正相关。然而，这些标准并非绝对固定，具体阈值可能根据研究领域的惯例和研究目的而有所不同。在实际应用中，研究者应首先确定两个变量之间是否存在显著的相关关系，然后再评估这种关系的强度。

此外，相关分析的结果应谨慎解释，因为相关性不等于因果关系。即使两个变量之间存在高度相关性，也不能简单地推断出一个变量的变化是导致另一个变量变化的原因。相关分析的结果可以为进一步的因果研究提供线索，但通常需要通过实验设计或其他统计方法来验证潜在的因果关系。

步骤二　熟悉统计检验方法

1. 检验方法

统计检验是研究者通过一套检验假设的方法来确定假设是否与样本数据一致。如果不一致，假设就会被拒绝（表明不能离开样本数据）。如果假设和样本数据一致，假设就对参数有维持价值而被保留。

在进行研究时，常会遇到两个数量标志的参数的差异性问题。引起两个参数之间差异的原因可能是两个参数本来就不同，或者是两个参数本来无差异，而是由于抽样的误差引起的。要判定存在差异的两个参数来自相同总体还是不同总体，就需要利用统计检验来判断。统计检验是评价对象差异程度的重要指标。

统计检验的基本思想是用反证法来验证所要研究的结论，它的目的的是检验两个同类参数之间是否存在显著差异。它是先建立虚无假设，即先假定两个同类参数之间无差异,再通过统计运算,确立虚无假设成立的概率的大小,最后判断两参数之间是否存在显著差异。

统计检验步骤如下:

(1) 建立虚无假设 H_0:$\mu_1 = \mu_2$。

(2) 设定差异显著水平等级:一般 $p = 0.01$ 或 $p = 0.05$。

(3) 通过统计计算,确定 H_0 成立的概率:

$p < 0.01$,H_0 成立的概率极小,差异非常显著;

$p < 0.05$,H_0 成立的概率较小,差异显著;

$p > 0.05$,H_0 成立的概率较大,差异不显著;

统计检验主要有 Z 检验、t 检验和 χ^2 检验。

2. Z 检验

Z 检验是对于大样本($n > 30$)时的平均值差异程度的检验。具体有两种方式:单总体的 Z 检验与双总体的 Z 检验。

(1) 单总体的 Z 检验

如果要对来自一个总体(单总体)的大样本平均数差数进行显著性检验,用单总体的 Z 检验。用公式表示为

$$Z = \frac{\bar{X} - \mu_0}{\frac{S}{\sqrt{n}}}$$

其中:$\bar{X}$ 表示样本平均数;μ_0 表示总体平均数;S 表示总体标准差;n 表示样本的容量。

(2) 双总体的 Z 检验

如果要对两个全然无关的组别随机抽取的样本均数进行显著性检验,而且 $n > 30$,用双总体的 Z 检验。用公式表示为

$$Z = \frac{|\bar{X}_1 - \bar{X}_2|}{\sqrt{\frac{S_1^2}{n_1} + \frac{S_2^2}{n_2}}}$$

【例 8-3-5】某市一次外语考试成绩平均为 80 分,某校 49 名考生均分为 90 分,标准差 20。问该校学生的外语成绩是否优于全市水平?

解:检验步骤为:

(1) 建立虚无假设 H_0:$\mu = \mu_0$。

(2) 计算 Z 值：$Z = \dfrac{|90-80|}{\dfrac{20}{\sqrt{49}}} = 3.50$。

(3) 查 Z 值表，确定检验水平的临界值，$Z_{0.01} = 2.58$。

(4) 比较统计量与临界值：$p = 3.50 > 1.65$，从 Z 值表查出 $p < 0.01$，拒绝虚无假设 H_0。

所以，可以认为该校外语考试均分非常显著地高于市平均分。

【例 8-3-6】某校某年级中随机抽取男生 40 名，女生 40 名，分别计算其数学成绩的平均数和标准差如表 8-3-8 所示，问男女生的数学成绩是否存在显著性差异？

表 8-3-8　某校某年级学生数学成绩的平均数和标准差记录表

性别	人数（n）	平均数（$\bar{x}$）	标准差（S）
男（样本 1）	40	72.07	18.15
女（样本 2）	40	80.07	15.32

答：检验步骤为：

(1) 建立虚无假设：H_0：$\mu_1 = \mu_2$。

(2) 代入公式计算出 Z 值：$Z = 2.12$。

(3) $Z = 2.12 > Z_{0.05} = 1.96$。

$p < 0.05$，拒绝虚无假设 H_0。所以，可以认为该年级男女生数学成绩存在显著差异。

3. t 检验

t 检验是对于小样本（$n < 30$）时的平均值差异程度的检验。

单样本 t 检验用于检验单个样本的均值是否显著不同于某个预设的总体均值。该检验的核心在于评估样本数据与特定常数之间的差异性。例如，研究者可能对样本均值是否等于某一理论值或标准值感兴趣。

独立样本 t 检验则用于比较两个独立样本的均值是否存在显著差异。这种检验适用于研究两个不同群体在同一变量上的表现是否存在统计学上的显著性差异。例如，比较两个不同处理条件下的实验结果。

配对样本 t 检验关注的是同一样本在两个不同时间点或条件下的均值差异。这种检验适用于前后对比研究，如评估某一干预措施对同一组受试者的影响，通过比较干预前后的数据来确定变化是否具有统计学意义。

样本平均数和总体平均数之间的差异程度：

$$t=\frac{\overline{X}-\mu_0}{\frac{S}{\sqrt{n}}}$$

$$df=n-1$$

两组样本平均值的差异程度：

$$t=\frac{\overline{X_1}-\overline{X_2}}{\sqrt{\frac{\sum X_1^2+\sum X_2^2}{n_1+n_2-2}}\times\sqrt{\frac{n_1+n_2}{n_1 n_2}}}$$

$$df=n_1+n_2-2$$

对于同一组样本不同情况下测试结果的差异程度：

$$t=\frac{\overline{X_1}-\overline{X_2}}{\sqrt{\frac{\sum D^2-(\sum D)^2/n}{n(n-1)}}}$$

$$D=X_2-X_1$$

$$df=n-1$$

t 检验一般步骤如下：

(1) 建立虚无假设 H_0：$\mu_1=\mu_2$，即先假定两个总体平均数之间没有显著差异。

(2) 计算统计量 t 值，对于不同类型的问题选用不同的统计量计算方法。

(3) 根据自由度 $df=n-1$，查 t 值表，找出规定的 t 理论值并进行比较。理论值差异的显著水平为 0.01 级或 0.05 级。不同自由度的显著水平理论值记为 $t(df)_{0.01}$ 和 $t(df)_{0.05}$。

(4) 比较计算得到的 t 值和理论 t 值，推断发生的概率，依据表 8-3-9 给出的 t 值与差异显著性关系表做出判断。

表 8-3-9　t 值与差异显著性关系表

t	p 值	差异显著程度
$t\geqslant t(df)_{0.01}$	$p\leqslant 0.01$	差异极其显著
$t\geqslant t(df)_{0.05}$	$p\leqslant 0.05$	差异显著
$t<t(df)_{0.05}$	$p>0.05$	差异不显著

(5) 根据以上分析，结合具体情况，做出结论。

【例 8-3-7】某班学生外语期中考试成绩平均为 73 分，标准差 17。期末考试后，随机抽取 20 人，其平均成绩为 79.2 分。问该班学生的外语成绩是否有显著进步？

答：检验步骤为：

(1) 建立虚无假设：H_0：$\mu = \mu_0$。

(2) 代入公式计算出 t 值：

$$t = \frac{|79.2 - 73|}{\frac{17}{\sqrt{20}}} = 1.63$$

(3) 自由度：$df = n - 1 = 20 - 1 = 19$。

(4) 查表得 $t(19)_{0.05} = 2.093$。

由于 $t < t(19)_{0.05}$，$p > 0.05$，

接受虚无假设 H_0，说明该班级学生的外语成绩进步不显著。

【例 8-3-8】某项教学改革在实验班与对照班各 10 名同学中实施。改革前实验班的均数是 58，标准差为 5.47；对照班均数为 56.8，标准差为 4.57。改革后实验班的均数是 63.6，标准差为 5.28；对照班均数为 56.7，标准差为 6.10。应当如何评价这项教学改革？

答：分析：评价教学改革的成效，也就是评价改革后与改革之前相比是否存在显著性差异。这至少要从两个方面进行比较：一是改革前两个班的情况是否相仿，应该要求两个班的均数不存在显著性差异；二是看改革后两个班的均数是否有了显著差异。为此，就得分两步进行检验。

(1) 实验前两班均数的差异性检验：

① 假设 H_0，即两班成绩无显著差异。

② 将有关数据代入公式，计算后得：$t_1 = 0.51$。

③ 自由度 $df = 10 + 10 - 2 = 18$。

④ 查 t 表得：$t(18)_{0.1} = 1.734$，$0.51 = t < t_{0.1} = 1.734$，$p > 0.1$。

接受 H_0，即两班不存在显著性差异，即两个班级的原始基础大致相当。

(2) 实验后两班均数的差异性检验：

① 假设 H_0，即两班成绩无显著差异。

② 将有关数据代入公式，计算后得：$t_2 = 2.56$。
③ 自由度 $df = 10 + 10 - 2 = 18$。
④ 查 t 表得：$t(18)_{0.05} = 2.10$，$2.56 = t_2 < t_{0.05} = 2.10$，$p > 0.05$。拒绝 H_0，即两班均数存在显著性差异，即实验班显著优于对照班。

综合上述两次检验，可以确定地说该项教学改革是有成效的。

使用 SPSS 进行 t 检验分析的基本步骤如下：

(1) 单样本 t 检验操作步骤如下：
① "分析"—"比较均值"—"单样本 t 检验"。
② 放入想检验的变量，填写检验值。
③ 点击"确定"。

(2) 独立样本 t 检验操作步骤如下：
① "分析"—"比较均值"—"独立样本 t 检验"。
② 放入想检验的变量（以"信息化教学素养"为例），放入分组变量（以性别为例），这里检验的是男性和女性是否在信息化教学素养这个题项的得分上有显著差异。
③ 点击"定义组"，设置分组的值，示例中"性别"题项得分为 1 的是一组，得分为 2 的是一组，点击"继续"。
④ 点击"确定"。

(3) 配对样本 t 检验操作步骤如下：
① "分析"—"比较均值"—"配对样本 t 检验"。
② 放入想检验的两个变量（以"信息化教学素养""信息化教学能力"为例），这里检验的是同一组人中信息化教学素养和信息化教学能力两个题项得分的平均值是否有显著差异。
③ 点击"确定"。

配对样本 t 检验的结果主要通过 p 值（显著性水平）来解释，p 值小于 0.01 表示差异在 1% 的水平上显著，意味着有 99% 的置信度认为差异是真实存在的；p 值小于 0.05 则表示差异在 5% 的水平上显著，即有 95% 的置信度认为差异是显著的。一旦确定了显著性，研究者通常会进一步比较均值的具体数值，因为这些差异是由均值的差异所引起的。

【例 8-3-9】单样本 t 检验分析

如表 8-3-10 所示的为单样本 t 检验分析结果，表中详细列出了检验的关键统计指标,包括样本量(N)、均值、标准差、t 值、自由度(df)以及 p 值,用以评估样本均值与预设值之间的差异性及其统计显著性。单样本 t 检验用于比较单个样本的均值与某个特定数值(如理论值或预期值)之间的差异。在问卷研究中,这种检验常用于评估样本均值是否显著偏离中立值(如 3 分,代表中立态度)。若 p 值小于 0.05,表明样本均值显著不同于中立值,显示出明显的态度倾向。具体而言,如果样本均值显著高于中立值,则表明样本群体对该维度持更积极的态度;若显著低于中立值,则表明持更消极的态度。

表 8-3-10 单样本 t 检验表

变量名称	N	均值	标准差	t	df	p
信息化教学素养	1 568	3.58	0.82	10.09	201	0.00
信息化教学能力	1 568	3.74	0.87	11.99	201	0.00
信息化教学规范	1 568	2.59	1.06	−5.51	201	0.00
信息化求助意识	1 568	3.83	0.84	14.07	201	0.00
教师满意度	1 568	3.49	0.83	8.30	201	0.00

【例 8-3-10】独立样本 t 检验与配对样本 t 检验分析

如表 8-3-11、表 8-3-12 为独立样本 t 检验与配对样本 t 检验的结果。独立样本 t 检验和配对样本 t 检验用于比较两个独立样本或同一样本在不同条件下的均值差异。首先,研究者需检验 p 值以确定是否存在显著性差异。如果 p 值小于 0.05,表明存在显著差异,随后通过对比两个样本的均值来具体揭示差异的性质。这种分析为研究者提供了量化样本间差异的统计依据,从而支持或反驳研究假设。

表 8-3-11 独立样本 t 检验

	性别(均值±标准差)		t	p
	男	女		
信息化教学素养	5.54±1.03	5.55±1.05	0.109	0.914
信息化教学能力	5.39±0.89	5.32±0.88	−0.521	0.603
信息化教学规范	5.34±0.95	5.39±0.88	0.293	0.769
信息化求助意识	5.47±0.85	5.41±0.99	−0.410	0.682
教师满意度	5.58±0.90	5.04±0.96	−3.651	0.000

表 8-3-12　配对样本 t 检验

	性别		t	p
	男	女		
信息化教学素养	3.68 (.71)	3.53 (.87)	1.33	0.19
信息化教学能力	3.84 (.76)	3.68 (.93)	1.35	0.18
信息化教学规范	2.60 (.97)	2.58 (1.11)	0.13	0.9
信息化求助意识	3.85 (.77)	3.83 (.88)	0.17	0.86
教师满意度	3.42 (.84)	3.53 (.83)	−0.89	0.37

4. χ^2 检验

χ^2 检验（卡方检验，Chi-Square Test）是对计数资料的检验，是检验实际观测所获得的分类计数资料与依据某种假设所期望的理论次数之间是否符合的问题。即对态度、品质等参数两者差异的显著性进行检验。它可以对单组样本、多组样本态度的差异程度进行检验，还可以对某项研究实际观测数据的正态分布特性进行检验。

在研究中，分类变量如性别、学历、职业状态等经常作为研究的焦点。研究者可能对这些变量之间的潜在联系感兴趣。例如，探讨性别与教育水平之间是否存在某种相关性，即不同学历层次的男女生比例是否存在显著差异，从而推断性别是否可能影响个体获得更高学历的概率。在这种情况下，卡方检验可以被用来检验两个名义尺度变量（如性别和学历层次）之间的独立性。研究者将性别视为因变量，而随机分派的学历层次视为自变量。通过卡方检验，可以评估观察到的频数分布与在变量独立假设下的期望频数分布之间的差异。如果得到的卡方统计量显著（即 p 值小于预定的显著性水平），则拒绝原假设，认为两个变量之间存在关联；反之，如果 p 值较高，则认为两个变量在统计上是独立的。通过卡方检验，研究者能够揭示分类变量之间可能存在的关联性，为进一步的分析和解释提供依据。

χ^2 检验一般步骤：

(1) 建立虚无假设 $H_0: f_0 = f_e$，观测结果与期望结果（f_e）无差异。

(2) 设定差异显著水平等级：一般 $p = 0.01$ 或 $p = 0.05$。

(3) 通过统计计算 χ^2 值，确定 H_0 成立的概率。

$$\chi^2 = \sum \frac{(f_0 - f_e)^2}{f_e}$$

式中：f_0 是实得次数（观察次数）；f_e 是理论次数（期望次数）。

（4）按类别项目的自由度 $df=n-1$ 或 $df=(n_1-1)(n_2-1)$ 查 $df(0.01)$ 和 $df(0.05)$ 的数值表（查 χ^2 值表），找出理论 χ^2 值。这里的 n 指态度的数目。

（5）比较判断，把计算所得的 χ^2 值与查表所得的理论 χ^2 值进行比较，依据 χ^2 值与差异显著性关系表判断检验结果，如表 8-3-13 所示。

表 8-3-13　χ^2 值与差异显著性关系表

χ	p 值	差异显著程度
$\chi^2 \geqslant \chi^2(df)0.01$	$p \leqslant 0.01$	差异极其显著
$\chi^2 \geqslant \chi^2(df)0.05$	$p \leqslant 0.05$	差异显著
$\chi^2 < \chi^2(df)0.05$	$p > 0.05$	差异不显著

【例 8-3-11】为了了解某班学生对某事件的看法，对全班 44 名同学进行调查，结果如表 8-3-14 所示。请问大家的态度有没有显著性差异？

表 8-3-14　某班学生对某事件看法的统计表

很同意	同意	不同意	很不同意
23	13	6	2

解：（1）建立虚无假设 H_0：$f_0=f_e$。

（2）设定差异显著性水平等级：$p=0.01$。

（3）则理论上的次数 $f_e=\dfrac{N}{4}=\dfrac{44}{4}=11$，$\chi^2=\sum\dfrac{(f_0-f_e)^2}{f_e}=23.09$。

（4）计算自由度 $df=n-1=4-1=3$，查 χ^2 表得 $\chi^2(3)_{0.01}=11.34$。

（5）因为 $\chi^2=23.09>\chi^2(3)_{0.01}$，

所以在 0.01 水平上拒绝 H_0，即学生态度差异极其显著。

【例 8-3-12】为了了解一年级男女生对某事件的看法，对一个班级的 48 名同学进行调查，结果如表 8-3-15 所示。请问，不同性别对事件的看法有没有显著性差异？

表 8-3-15　一年级男女生对某事件看法的统计表

	赞成	反对	中立	$\sum$
男生	18（15.3）	9（8.7）	5（8）	32
女生	5（7.7）	4（4.3）	7（4）	16
$\sum$	23	13	12	48

解：检验步骤：

(1) 做虚无假设 H_0：$f_0 = f_e$。

(2) 计算理论次数 f_e

男生赞成的理论次数：$48 \times \frac{23}{48} \times \frac{32}{48} = 15.3$

男生反对的理论次数：$48 \times \frac{13}{48} \times \frac{32}{48} = 8.7$

......

女生中立的理论次数：$48 \times \frac{12}{48} \times \frac{16}{48} = 4.0$

(3) 代入公式，计算统计量

$$X^2 = \frac{(18-15.3)^2}{15.3} + \frac{(9-8.7)^2}{8.7} + \cdots + \frac{(7-4)^2}{4} = 4.83$$

$$df = (3-1) \times (2-1) = 2$$

(4) 查 χ^2 表得临界值 $\chi^2_{0.05}(2) = 5.99$，

$\chi^2 = 4.83 < \chi^2(2)_{0.05} = 5.99$，$p > 0.05$

因此，接受 H_0，认为性别对事件的看法没有显著差异。

使用SPSS进行卡方分析的基本步骤如下：

(1) "分析"—"描述统计"—"交叉表"。

(2) 在"行"和"列"分别放入需要检验的两个分类变量，点击"确定"。

(3) 在统计量中勾选"卡方"，点击"确定"。

【例 8-3-13】SPSS 做卡方分析

如表 8-3-16 所示为卡方分析表，该表格提供了检验分类变量之间独立性的统计数据。

表 8-3-16 卡方分析表

题目	选项	性别 男	性别 女	总计	X^2	p
学历	本科生	20 (40.00)	40 (80.00)	60 (60.00)	16.667	0.000
	研究生（含硕、博）	30 (60.00)	10 (20.00)	40 (40.00)		
	合计	50 (100.00)	50 (100.00)	100 (100.00)		

卡方检验的结果主要依据概率值 p 值来判断变量之间是否存在统计学

上的显著关联。如果 p 值小于 0.01，则表明在 1% 的显著性水平上存在显著关联，即有 99% 的置信度认为两个变量之间存在关联；如果 p 值小于 0.05，则表明在 5% 的显著性水平上存在显著关联，即有 95% 的置信度认为两个变量之间存在关联。在发现显著关联的情况下，研究者通常会进一步分析具体的关联方向和强度，这可以通过比较不同类别的频数百分比来实现。

若 p 值大于 0.05，则未能拒绝原假设，表明在统计学上没有足够证据证明两个变量之间存在关联。在这种情况下，研究者可能会得出结论，认为在当前样本中，两个分类变量的分布是相互独立的。

在解释卡方检验结果时，研究者应注意样本大小、期望频数的分布以及可能的偏倚因素，以确保分析结果的准确性和可靠性。此外，卡方检验的结果应结合研究背景和理论框架进行综合解释，以提供对研究问题的深入理解。

研究与思考

请参考表 8-3-17 讨论分析三种检验的主要特点和区别，对自己研究获取的数据进行检验分析。

表 8-3-17　Z 检验、T 检验与 χ^2 检验比较表

假设	Z 与 t 检验	χ^2 检验
适用	计量资料分析平均数差异	计数资料分析，态度、品质均衡性
检验参数	样本容量	样本容量及分类标志数
H_0	$H_0: \mu = \mu_0$，$H_0: \mu_1 = \mu_2$	$H_0: f_0 = f_e$
df	$n-1$ 或 $n_1 + n_2 - 2$ N 为样本容量	$L-1$ 或 $(R-1)(L-1)$ R、L 为分类标志数
查表	Z 值表、t 值表	χ^2 值表

步骤三　了解其他分析方法

1. 方差分析

（1）基本内涵

单因素方差分析（One-Way ANOVA）旨在检验两个或多个群体在同一变量的均值上是否存在显著性差异。该方法适用于评估分类自变量（因素）

的不同水平对连续因变量的影响。例如，研究者可能对不同学历层次的学生（如专科生、本科生、硕士生和博士生）在某一特定变量（如教育信息化的接受程度）上的表现感兴趣。通过单因素方差分析，可以确定这些不同学历群体的均值是否存在统计学上的显著差异。

单因素方差分析的基本假设是，除了研究中考虑的分组变量外，所有群体的方差应该是相等的，且数据应呈正态分布。该分析通过计算组间差异（组内均值之间的差异）与组内差异（同一群体内个体间的差异）的比率，即 F 统计量，来评估差异的显著性。如果计算出的 F 值大于临界 F 值，或者 p 值小于预定的显著性水平（通常为 0.05 或 0.01），则拒绝原假设，认为至少有两个群体的均值存在显著差异。

在进行单因素方差分析时，不能像独立样本 t 检验那样预先设定组的均值或分割点。分组是基于自变量的类别来自然形成的。例如，如果"学历"是一个分类变量，包含 2、3、4、5 四种类别值，那么在不进行任何进一步操作的情况下，这些值将自然地形成四个组。如果研究者希望以不同的方式进行分组（如将学历为 2 的分为一组，学历为 3 的分为另一组，而将学历为 4 和 5 的合并为一组），则需要创建一个新的分组变量，并以此作为方差分析的因子。通过这种方式，研究者可以更灵活地探索数据并回答特定的研究问题。

需要注意的是，单因素方差分析专注于评估不同组之间的均值差异，如果要分析同一组内多个变量之间的关系，则一般可用重复测量方差分析（Repeated Measures ANOVA）或混合设计方差分析方法。

(2) SPSS 分析

使用 SPSS 进行单因素方差分析的基本步骤为：

①"分析"—"比较均值"—"单因素 ANOVA"。

② 将想要检测的变量放入"因变量列表"，将分组变量放入"因子"，示例为检验各种学历的人在信息化教学素养上的得分的平均值是否有显著差异。

③ 点击"确定"。

如表 8-3-18 所示为单因素方差分析的结果，列出了检验的关键统计指标。

表 8-3-18 单因素方差分析结果

	学历（均值±标准差）				F	p
	专科生	本科生	硕士生	博士生		
信息化教学素养	3.67±1.41	3.92±0.77	3.38±0.69	3.61±0.84	1.36	0.26
信息化教学能力	4.33±0.47	3.88±0.73	3.66±0.82	3.74±0.90	0.48	0.70
信息化教学规范	2.33±0.94	2.38±1.28	2.67±0.93	2.58±1.09	0.22	0.89
信息化求助意识	4.33±0.47	3.79±0.96	3.70±0.84	3.86±0.84	0.62	0.60
教师满意度	4.00±0.47	3.46±1.05	3.23±0.75	3.55±0.84	1.77	0.15

单因素方差分析的结果主要通过 p 值来判断组间均值是否存在统计学上的显著差异。p 值，也称为显著性水平，是评估观察到的差异是否超出了随机变异所能解释的范围的概率指标。如果 p 值小于 0.01，表明在 1% 的显著性水平上存在显著差异，这意味着有 99% 的置信度认为观察到的差异不是由随机因素引起的。类似地，如果 p 值小于 0.05，这表明在 5% 的显著性水平上存在显著差异，即有 95% 的置信度认为组间均值的差异是真实的。

2. 因子分析

（1）基本内涵

因子分析主要包括探索性因子分析（Exploratory Factor Analysis，EFA）和验证性因子分析（Confirmatory Factor Analysis，CFA）。探索性因子分析（EFA）是一种探索性的统计过程，用于发现数据中的潜在结构或因子。验证性因子分析（CFA）则是一种推断性的统计过程，它基于预先设定的假设来检验变量之间的关系是否符合特定的理论模型。验证性因子分析（CFA）是推断统计的一种方法，而探索性因子分析（EFA）更多地被视为描述性或探索性的方法。

验证性因子分析（CFA）是一种用于评估和测试理论模型中潜在变量与观测变量之间关系的统计技术。CFA 的核心功能在于确认一个预先设定的模型结构是否与实际收集到的数据相吻合。这一方法为研究者提供了一种强有力的工具，以检验特定的理论假设或概念模型在定量数据中的体现。

在 CFA 中，研究者首先基于理论构建一个模型，明确指出哪些观测变量与潜在因子相联系，以及这些潜在因子之间可能存在的关系。然后，CFA 通过使用复杂的数学估计程序，如最大似然估计（Maximum Likelihood，ML），来测试这些预设关系在数据中是否成立。CFA 不仅关注单个变量的测量关系，还考虑了变量间的相关性，以及潜在因子之间的相关性或因果关系。

CFA 的主要功能包括：① 因子结构的确认。CFA 有助于确认潜在因子的存在性和独特性。通过检验各个潜在因子之间的相关性，研究者可以了解不同因子之间的关系，以及它们是否相互独立。② 模型拟合度的评估。CFA 提供了多种统计指标来评估模型与数据的拟合程度，如卡方值（Chi-square）、比较拟合指数（Comparative Fit Index，CFI）、均方根误差近似（Root Mean Square Error of Approximation，RMSEA）等。这些指标帮助研究者判断模型是否适合数据。③ 效度评估。CFA 提供了评估测量模型效度的工具，特别是构造效度（即观测变量是否真实反映了潜在构造）。通过分析观测变量对潜在因子的载荷，研究者可以判断每个变量是否有效地测量了其对应的潜在因子。

(2) SPSS 分析

执行 CFA 的步骤通常包括以下几个关键环节：

① 模型规范。根据理论或先前的研究，明确指定潜在因子和观测变量之间的关系。这包括确定哪些观测变量加载到哪个因子上，以及潜在因子之间的相关性。

② 数据准备。确保数据满足 CFA 的前提条件，如多元正态性、无多重共线性等。数据清洗和预处理是这一步骤的重要部分。

③ 选择估计方法。CFA 可以使用多种估计方法，如最大似然估计、广义最小二乘法（Generalized Least Squares，GLS）等。选择合适的估计方法取决于数据的特性和研究目的。

④ 模型拟合。运用统计软件（如 SPSS AMOS、Mplus 等）进行模型估计，得到模型参数的估计值。

⑤ 模型评估。通过各种拟合指标（如卡方值、CFI、TLI、RMSEA 等）评估模型与数据的拟合程度。如果模型拟合不佳，可能需要对模型进行修改。

CFA 的结果分析主要包括：

① 提供结构模型图。模型结构图能够清晰展示各个因子及其对应的观测变量。检查各个观测变量对应的因素负荷量。理想情况下，因素负荷量应大于 0.3，表明观测变量与其对应因子之间存在较强的关系。如果因素负荷量普遍较高，表明模型在结构上具有较好的区分度。在检验中文版探究社区（CoI）量表的三个因子的拟合程度的研究中，得到的结构模型图见图 8-3-1。

根据图 8-3-1 可知，中文版探究社区量表（CoI）包含三个因子，分别是 CP（认知存在）、SP（社会存在）和 TP（教学存在）。这些因子由不同的题项组成，每个题项与相应的因子有直接的关联。结构模型图中的因素载荷值较高，且因子间相关性合理，表明量表的结构设计是合理的。

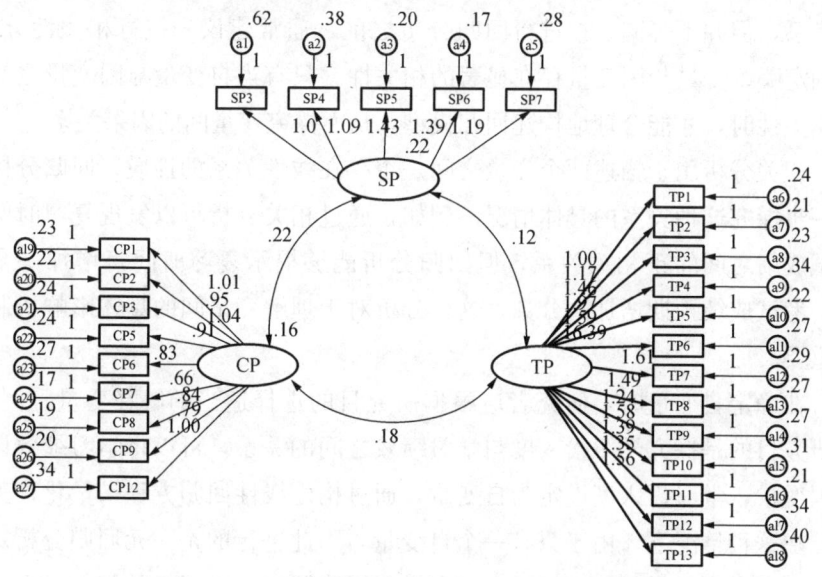

图 8-3-1 验证性因素分析（CFA）结构模型图

② 评估模型拟合度。检查模型的拟合度，这是通过一系列拟合指数来完成的。这些指数包括卡方值（χ^2）、卡方/自由度比率（χ^2/df）、规范拟合指数（NFI）、增量拟合指数（IFI）、塔克-刘易斯指数（TLI）、比较拟合指数（CFI）以及近似均方根误差（RMSEA）。理想的拟合指数标准通常是：χ^2/df 值小于 3，NFI、IFI、TLI、CFI 值大于 0.90，RMSEA 值小于 0.08。这些指标表明模型与观测数据之间有良好的拟合。在检验中文版探究社区（CoI）量表的三个因子的拟合程度的研究中，模型拟合度的结果见表 8-3-19。由表 8-3-19 可知，各种拟合指数均达到理想标准，说明模型对数据拟合良好，修订后的包含 27 个题项的中文版探究社区（CoI）测量量表具有良好的结构效度。

表 8-3-19 验证性因素分析（CFA）模型拟合度

卡方（χ^2）=809.160	自由度（df）=321	χ^2/df	NFI	IFI	TLI	CFI	RMSEA
809.16	321	2.52	0.808	0.875	0.862	0.874	0.082

3. 回归分析

(1) 基本内涵

回归分析是一种统计技术，旨在探究解释变量（自变量，X）与响应变量（因变量，Y）之间的影响关系。在统计学中，相关性与回归影响关系虽有联系，但并不等同。在进行回归分析之前，通常建议先执行相关性分析，以确定哪些变量与因变量存在显著的相关性。只有当自变量与因变量之间存在相关性时，才能合理地构建回归模型，从而探究变量间的因果关系。

相关分析用于描述两个变量之间是否存在线性关系的性质，回归分析则进一步探究这种关系的具体情况。例如，通过相关分析可以发现复习时间与考试成绩之间的正相关关系，但回归分析能够揭示复习时间每增加一个单位，考试成绩预期增加的分数。这种分析对于理解变量间的具体影响机制至关重要。

在确定自变量时，研究者应根据研究目的选择适当的解释变量。例如，若研究目的是探究学习投入度与学习绩效之间的关系，可以将学习绩效设定为因变量，学习投入度设定为自变量，通过构建线性回归方程来量化这种关系。在这种情况下，由于只有一个自变量，因此进行的是一元回归分析。当存在多个自变量时，如学习投入度和学习风格同时与学习绩效相关，则可以将这两个变量一同纳入模型，进行多元回归分析，以共同预测学习绩效。

通常情况下，多元回归分析由于考虑了多个自变量，能够提供更为精确的预测和更全面的解释，因此在实际应用中往往优于一元回归分析。线性回归是最常见的回归分析类型，它适用于量化如学习投入度与学习绩效之间正向关系的情况。通过回归分析，研究者能够深入理解变量间的动态关系，并为科学研究和实际决策提供坚实的统计基础。

(2) SPSS 分析

回归分析的基本操作步骤为：

① "分析"—"回归"—"线性"。

② 将被预测的变量（即 Y）放入因变量，将具有预测能力的变量（即 X）放入自变量中。

③ 点击"确定"。

回归分析结果的解读通常遵循以下步骤：

① 检验模型的整体显著性，即 F 统计量的 p 值是否小于 0.05。若 p 值

小于 0.05，则表明至少有一个自变量对因变量具有统计学上的显著影响。

② 评估模型的拟合优度。通过 R^2 值来衡量自变量对因变量变异的解释程度。例如，R^2 值为 0.369 表示自变量共解释了因变量变异的 36.9%。此外，杜宾-沃森检验值（Durbin-Watson，DW）用于检测残差的自相关性，理想情况下应接近 2，而方差膨胀因子（Variance Inflation Factor，VIF）值用于评估多重共线性，一般认为 VIF 值小于 5 表示不存在多重共线性问题。

③ 对每个自变量的影响关系进行分析。首先关注 p 值，若 p 值小于 0.05（或 0.01），则认为该自变量对因变量有显著影响。接着，通过未标准化系数（B）或标准化系数（Beta）来判断影响的方向和强度。系数的正负号表示影响的方向，正值表示正向影响，负值表示负向影响。

④ 比较自变量影响大小。在所有显著的自变量中，可以通过比较未标准化系数（B）的大小来评估各个自变量对因变量影响的相对重要性。未标准化系数（B）也称为原始系数或非标准化系数，它直接反映了自变量每变化一个单位对因变量的影响大小。未标准化系数的绝对值越大，表明该自变量对因变量的影响越强烈。

4. Logistic 回归分析

（1）基本内涵

Logistic 回归分析是一类广泛应用于分类问题的统计方法，二项 Logistic 回归分析是较为常用的一种 Logistic 回归分析。

二项 Logistic 回归分析是一种用于处理因变量为二分类的统计方法。其主要功能在于建立一个模型，以预测一个事件的发生概率，即因变量的两种可能结果（通常编码为 1 和 0）的概率。这种分析方法特别适用于处理存在二分结果的情况，如疾病的有无、产品的合格与否等。

在二项 Logistic 回归模型中，自变量可以是连续的，也可以是分类的。模型通过最大似然估计法来估计自变量对事件发生概率的影响。模型的输出形式是逻辑函数（Logistic Function），它将自变量的线性组合转换为介于 0 和 1 之间的概率值。这个概率值可以通过逻辑函数的逆函数转换为事件发生的对数几率（log odds），从而估计自变量对事件发生几率的影响。

二项 Logistic 回归模型的核心优势在于其能够提供关于自变量如何影响事件发生概率的定量信息。模型的系数可以解释为自变量每变化一个单位，事件发生的对数几率的变化量。正值系数表示自变量与事件发生几率正相关，负值系数则表示负相关。此外，模型还能够计算出每个自变量的显著性水平，从而帮助研究者识别对结果影响显著的预测因子。

（2）SPSS 分析

Logistic 回归分析的基本操作步骤为：

①"分析"—"回归"—"二元 Logistic"。

②将被预测的变量放入"因变量"中，将有预测作用的一个或多个变量放入"协变量"中。

③点击"确定"。

二项 Logistic 回归分析的结果分析流程如下：

① 模型描述。在这一步，首先需要明确指出因变量（DV）的性质，即它是二分类变量，通常编码为 0 和 1。接着，列出所有的自变量（IV），并简要描述它们可能与因变量之间的关系。此外，还应说明模型的构建目的，即预测因变量发生的概率，并评估自变量对这一概率的影响。

② 模型拟合评估。在这一部分，需要评估模型的整体拟合情况。Hosmer and Lemeshow Test 是一个常用的模型拟合检验，如果 p 值大于 0.05，通常认为模型拟合数据是可接受的，即模型的预测结果与实际观测结果没有显著差异。Cox and Snell R 平方是一个衡量模型解释力的指标，它提供了自变量对因变量变异的解释程度，尽管在二项 Logistic 回归中，这个值通常较低。

③ 自变量影响分析。在这一步，需要对每个自变量对因变量的影响进行具体分析。首先，检查每个自变量的 p 值，如果 p 值小于 0.05，则认为该自变量对因变量有显著影响。在报告中，可以指出在 0.05 的显著性水平下，该自变量的影响是显著的。然后，分析回归系数（B 值），如果系数为正，表明自变量与因变量呈正向关系；如果系数为负，则表明两者之间存在负向关系。

对于分类自变量（如性别），需要解释该变量的不同类别（如男性）相对于参照类别（如女性）对因变量的影响。例如，如果男性的回归系数值为正且显著，则可以解释为相对于女性，男性更可能促进因变量的发生。

研究与思考

1. 请分析各种统计分析方法的异同，填写下表 8-3-20。

表 8-3-20　检验方法分析

	方差分析	因子分析	Logistic 回归	线性回归分析
因变量的变量类型				
使用条件				
结果解读				

2. 设计并执行一次统计检验的实验。

（1）设计实验或调查，用以测试某个假设。例如，检验某种教学方法是否比传统方法更有效。（2）收集数据后，选择合适的统计检验方法（如 t 检验、方差分析等）来验证假设，并分析结果。（3）分享实验设计和结果，邀请同伴或导师提供反馈，讨论如何改进实验设计和数据分析方法。

研究阅读

[1] 李毅, 张润清, 杨焱灵. 加强中国教育量化研究的可重复性 [J]. 华东师范大学学报（教育科学版）, 2023, 41 (11): 85-96.

[2] 温忠麟, 谢晋艳, 方杰, 等. 新世纪 20 年国内假设检验及其关联问题的方法学研究 [J]. 心理科学进展, 2022, 30 (8): 1667-1681.

[3] 温忠麟, 方杰, 沈嘉琦, 等. 新世纪 20 年国内心理统计方法研究回顾 [J]. 心理科学进展, 2021, 29 (8): 1331-1344.

[4] 杜育红, 臧林. 学科分类与教育量化研究质量的提升 [J]. 华东师范大学学报（教育科学版）, 2019, 37 (4): 38-46.

[5] 姚计海. 教育实证研究方法的范式问题与反思 [J]. 华东师范大学学报（教育科学版）, 2017, 35 (3): 64-71+169-170.

[6] 李刚, 王红蕾. 混合方法研究的方法论与实践尝试：共识、争议与反思 [J]. 华东师范大学学报（教育科学版）, 2016, 34 (4): 98-105+121.

[7] 邱皓政. 量化研究与统计分析——SPSS 中文视窗版数据分析范例解析 [M]. 重庆：重庆大学出版社, 2009.

[8] 吴明隆. 问卷统计分析实务——SPSS 操作与应用 [M]. 重庆：重庆大学出版社, 2010.

[9] 韩双淼, 谢静. 国外教育研究方法的应用特征——基于 2000—2019 年 34 本教育学 SSCI 收录期刊的文献计量分析 [J]. 高等教育研究, 2021, 42 (1): 68-76.

[10] 吕晶. 中国教育实证研究中的定量方法：五年应用述评 [J]. 华东师范大学学

报（教育科学版），2020，38（9）：36-55.

[11] 温忠麟，方杰，沈嘉琦，谭倚天，李定欣，马益铭. 新世纪20年国内心理统计方法研究回顾［J］. 心理科学进展，2021，29（8）：1331-1344.

[12] 王光明，李健，张京顺. 教育实证研究中的 p 值使用：问题、思考与建议［J］. 教育科学研究，2018（2）：59-65.

[13] 胡钦太，林晓凡，张彦. 信息化何以促进基础教育的结果公平——基于中国教育追踪调查数据的分析［J］. 教育研究，2021，42（9）：142-153.

[14] 王孝玲. 教育统计学［M］. 5版. 上海：华东师范大学出版社，2015.

[15] 张屹，周平红. 教育研究中定量数据的统计与分析［M］. 北京：北京大学出版社，2015.

[16] 杨现民，田雪松，等. 中国基础教育大数据2020—2021：走向数据驱动的规模化因材施教［M］. 北京：科学出版社，2022.

[17] 张一春. 高校数字教学资源共建与共享［M］. 南京：南京师范大学出版社，2013.

[18] 邓敏杰，梁存良，张一春. 基于数据分析的课堂教学质量立体化监控体系研究［J］. 高等理科教育，2018（4）：88-93.

[19] 董建文，张一春，胡燕. 基于决策树算法的学习结果预测模型设计与应用——以某高校微积分课程为例［J］. 广州广播电视大学学报，2022，22（1）：39-46+109.

[20] 陈继祥，张一春. 泛在学习环境下数据库原理支架式教学研究［J］. 长春大学学报，2019，29（8）：121-124.

活动实践

1. 为什么要进行数据的处理分析？如何整理数据？
2. 常用的统计描述与统计推断的分析方法有哪些？如何进行？
3. Excel 有哪些统计分析的功能？如何进行？
4. 如何使用 SPSS 进行数据的处理分析？
5. 请根据实际的调查研究结果进行数据统计分析。

单元 9　图表制作

活动导图

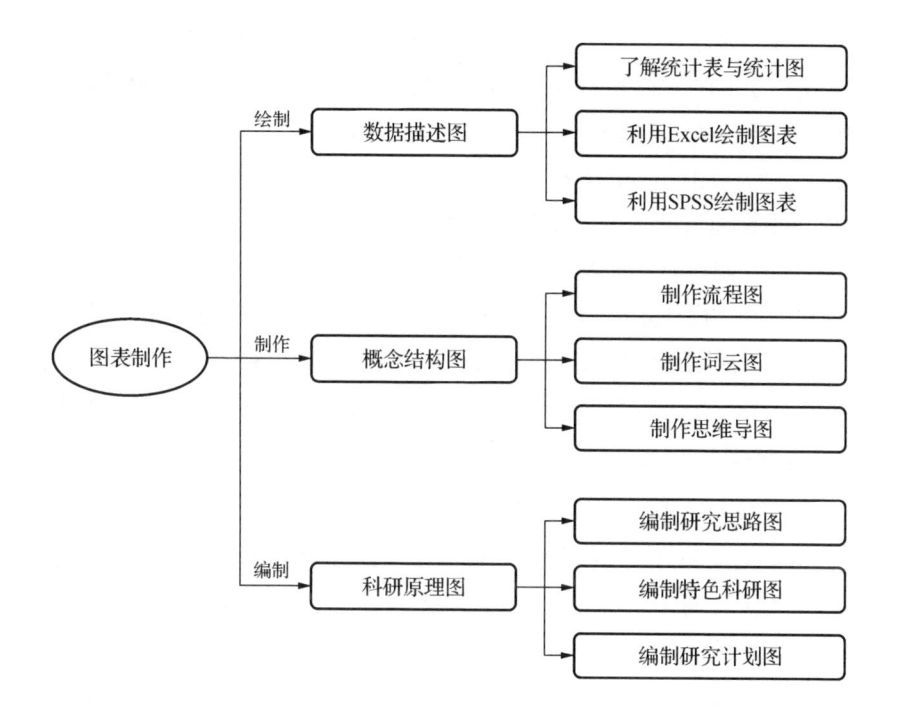

```
                    ┌─ 绘制 ─ 数据描述图 ─┬─ 了解统计表与统计图
                    │                     ├─ 利用Excel绘制图表
                    │                     └─ 利用SPSS绘制图表
                    │
         图表制作 ──┼─ 制作 ─ 概念结构图 ─┬─ 制作流程图
                    │                     ├─ 制作词云图
                    │                     └─ 制作思维导图
                    │
                    └─ 编制 ─ 科研原理图 ─┬─ 编制研究思路图
                                          ├─ 编制特色科研图
                                          └─ 编制研究计划图
```

活动目标

1. 了解绘制数据图表的意义和方法。
2. 能够用工具制作概念图和思维导图。
3. 能够根据研究要求编制科研图表。

绘制数据图表是对数据的内在逻辑关联和整体特征的一个很好的表现，有助于研究者发现问题、探寻规律，也有利于研究成果的展示与表征。

活动一　绘制数据描述图

步骤一　了解统计表与统计图

1. 编制统计表

统计表是表达数字资料的一种重要形式。把经汇总整理后的统计调查数字资料按一定顺序填在一定表格之内，这种表格即统计表。统计表可以避免冗长的文字叙述，便于各项目进行比较，便于总计等计算，便于查错，并且容易记忆。

统计表一般由序号、名称（标题）、项目（纵横项目）、附注和材料来源等组成。根据项目的多少可以分为单项表和复合表。

统计表在制作时要求内容简明、重点突出、标题简洁、标目恰当、线条规范、数字统一、设计紧凑和内容完整。标题应确切地、简明地说明表的内容；内容的安排要照顾到分类的层次；项目不宜过多；表中数字用阿拉伯字母表示，小数的位数要一致；要标明数据来源和其他需要说明的材料，附注于表的下面。

2. 绘制统计图

统计图是利用点、线、面、体、色等来描述表现研究对象的特征、内部结构、相互关系和对比情况等。它可以说明研究对象的量与量之间的对比关系，形象直观，易于获得明确的概念，易于记忆，便于比较和分析，生动形象，但不太精确。

统计图一般由图题、图目、比度、图形、图线和附注等组成。统计图种类较多，折线图易于表现对象发展的趋势，柱状图易于表现对象的分类比较，饼状图易于表现对象的各部分之间的比例。另外根据需要还会经常使用XY散点图、面积图、地图、股价图、曲面图、雷达图、树状图、旭日图、直方图、箱形图、瀑布图、漏斗图、组合图等。

绘制统计图的一般步骤：首先根据统计资料的性质和绘制统计图的任务，选定适当的图形，规划图的结构；其次是定坐标、划分尺度，根据统计表上的数据画图形；而后再书写标题和图例说明等。编制统计图要注意：标题要简明扼要，写在图的正下方；尺度线与图的基线垂直，线条要规范，比例要统一，布局要均称。

步骤二　利用 Excel 绘制图表

1. 基本方法

在 Excel 中制作图形很方便，基本方法如下：

（1）准备数据：首先，确保数据已经正确地输入 Excel 工作表中，通常每个类别的数据应该在不同的列中，而行用于表示不同的数据点。

（2）选择数据：使用鼠标拖动选择想要制作图表的数据区域。要确保数据是连续的，并且没有空白单元格。

（3）插入图表：点击"插入"选项卡，在"图表"组中找到想要创建的图表类型。

（4）选择样式：在"图表"组中，点击选择的图表类型和样式。

（5）格式图表：一旦图表被插入工作表中，可以点击图表并使用"图表工具"进行格式化。可调整图表的标题、轴标题、图例、数据系列的颜色和样式，以及添加数据标签等。

（6）调整设置：如果需要进一步定制图表，可以右键点击图表中的元素（如轴、图例或数据系列），选择"格式化"选项，然后在弹出的侧边栏中进行详细设置。

（7）移动调整：可以点击并拖动图表来移动它在工作表中的位置，也可以通过拖动图表的边缘来调整其大小。

（8）保存导出：完成图表的编辑后，可以将其保存在 Excel 工作簿中。如果需要，还可以将图表导出为图片或其他格式，以便在其他文档或演示文稿中使用。

Excel 的图表制作功能非常灵活，用户可以根据需要轻松创建和定制各种图表，以有效地展示和分析数据。

2. 制图示例

用 Excel 制作图形的方法都类似，下面以直方图为例，简单介绍一下制作方法：

（1）打开 Excel 并确保数据已经正确输入工作表中，通常数据应该在一列中。

（2）选择包含要绘制直方图的数据的单元格区域。

(3) 点击"插入"选项卡,在"图表"组中找到"直方图"图标并点击。

(4) 在下拉菜单中选择"直方图"选项,Excel 将提供几种直方图的变体,选择适合数据的类型。

(5) Excel 将自动在工作表中插入直方图。点击图表,使用"图表工具"进行格式化,包括调整图表标题、轴标题、图例以及数据系列的颜色和样式。

步骤三 利用 SPSS 绘制图表

1. 图表构建器

在 SPSS 中,绘制图表一般用图表构建器来完成,它允许用户通过直观的图形界面轻松创建各种类型的统计图表,如图 9-1-1 所示。该工具可以简化图表的创建过程,使得即使没有编程背景的用户也能够生成复杂的图表。用户可以通过选择图表类型、变量和定制选项来创建图表。它支持多种图表类型,包括条形图、折线图、面积图、饼图、散点图、直方图、箱图等,用户可以根据数据的特点和分析需求选择合适的图表类型。

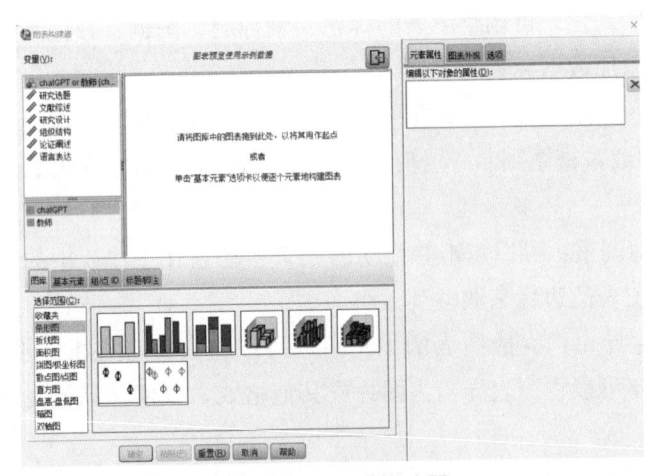

图 9-1-1 图表构建器

在创建图表的过程中,图表构建器允许用户通过拖放变量到图表预览区的相应位置来添加轴、图例、数据系列等元素,并调整坐标轴的类型。此外,用户还可以通过丰富的定制选项调整图表的外观,包括颜色、字体、图例位置、标题和脚注等,以符合报告或演示的需求。图表构建器还提供了显示统计量和添加误差条的功能,以表示置信区间或标准误,增强图表的信息量。SPSS 还提供了一些预设的图表模板和示例数据集,帮助用户学习制作。

2. 绘图示例

在 SPSS 中绘制的图形种类与 Excel 中的差不多，以直方图为例，基本步骤如下：

（1）启动 SPSS 软件并打开包含所需数据的数据集。

（2）在菜单栏中，选择"图形"选项，然后点击"直方图"。

（3）在弹出的"直方图"对话框中，将需要绘制直方图的变量拖放到"变量"列表框中。

（4）根据需要设置直方图的选项，如选择分组间隔、调整颜色、添加标题和轴标签等。

（5）点击"确定"，SPSS 将在输出窗口中生成直方图，展示所选变量的数据分布。

研究与思考

1. 了解 Excel 和 SPSS 中有哪些类型的统计图表。

_____

_____

2. 根据自己的调查数据，用 Excel 和 SPSS 绘制图表。

_____

_____

活动二　制作概念结构图

步骤一　制作流程图

1. 流程图的含义

流程图（Flowchart）是一种视觉化的表示方法，它通过图形符号和连接线来描绘一个过程或工作流程的步骤及其顺序。这种图表的核心在于其直观性和标准化，使得复杂的流程能够被清晰地理解和跟踪。流程图使用一系列标准化的图形符号，如矩形、菱形和椭圆形，来代表不同的流程元素，如活动、决策点和数据存储。箭头则用于指示流程的方向，确保流程的逻辑顺序得以体现。流程图中的各种符号及其名称和含义如图 9-2-1 所示。

符号	名称	含义
▭	开始/结束	标准流程的开始与结束，每一流程图只有一个起点
▭	处理	要执行的处理
◇	判断	决策或判断
▱	文档	以文件的方式输入/输出
→	流向	表示执行的方向与顺序
▱	数据	表示数据的输入/输出
○	页面内引用	同一流程图中从一个进程到另一个进程的交叉引用

图 9-2-1 流程图中的符号

在绘制流程图时要注意：应保持流程图的简洁性，应遵循从左到右、从上到下的逻辑顺序，应保持符号和颜色的一致性，避免箭头交叉引起图表混乱难以理解，对于复杂的流程或决策点可以适当添加文字注释，流程图的布局应该合理，有足够的空间便于阅读和理解。

2. 用 Visio 绘制流程图

Visio 是一款专业的图表绘制软件，它以其直观的用户界面、丰富的模板库和强大的绘图功能而广泛用于流程图、组织结构图、网络图等制作。使用 Visio 绘制流程图的基本步骤为：

（1）打开 Visio 软件，单击"类别"—"流程图"，进入流程图类型选择页面，如图 9-2-2 所示。

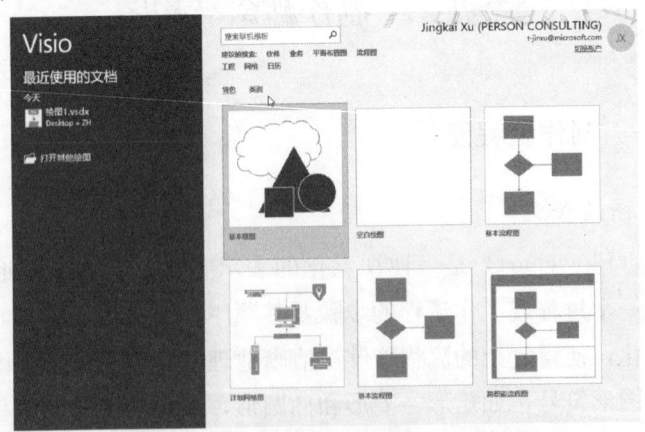

图 9-2-2 启动 Visio 并选择流程图类型

（2）比如我们选择"基本流程图"模板，然后单击"创建"即可打开该类型模板，如图9-2-3所示。

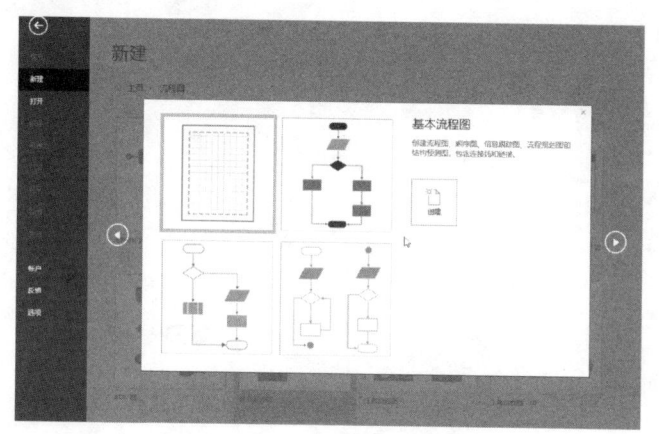

图 9-2-3　加载基本流程图模板

（3）在模板左侧自动显示"基本流程图形状"工具面板，如图9-2-4所示。

图 9-2-4　使用流程图形状

（4）绘图时只要将所需形状从模具面板中拖拽至右侧绘图页面，即可添加流程步骤。单击"开始"选项卡—"工具"—"连接线"，可在绘图页面上绘制连接线，如图9-2-5所示。

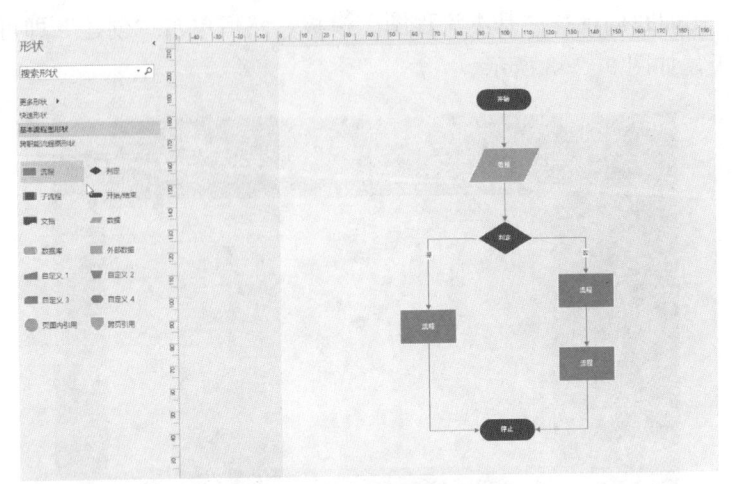

图 9-2-5　添加流程步骤

（5）如果要修改连接线，则只要选中连接线后，点击"开始"—"形状样式"—"线条"—"箭头"，选择适当的箭头方向和样式即可。

步骤二　制作词云图

1. 词云图的含义

词云图（Word Cloud）是一种文本数据可视化工具，它通过不同大小和颜色的文字来展示文本数据中的关键词频率。在词云图中，文字的大小通常与其在文本中出现的频率成正比，而颜色和字体样式可以用于区分不同的类别或强调特定的文字。词云图的特点在于其直观性和艺术性，它能够以一种简洁且吸引人的方式传达大量文本信息的主要内容和结构。词云图可以快速揭示文本数据中的关键主题和模式。词云图也常用于展示和比较不同文本或时间段内的词汇变化，为文本分析提供直观的视角。

制作词云图时要注意：应确保词云图的布局既美观又易于理解，颜色的选择应该有助于区分不同的词汇或主题，字体的选择应确保文字的可读性，词云图的生成应基于有意义的文本数据，应确保所分析的文本数据具有代表性和相关性。

2. 用 Word Art 制作词云图

在线工具如 Word Art、易词云、微词云等都提供了便捷的词云图生成服务。我们以 Word Art 为例介绍词云图的基本制作步骤：

(1) 进入平台。进入 Word Art 在线词云图制作平台，单击"CREATE NOW"按钮以开始制作词云图。如图 9-2-6 所示。

图 9-2-6　访问在线词云图制作平台

(2) 导入数据。单击"Import"按钮。在弹出的窗口中，粘贴包含关键词名称及其对应词频的数据。为确保词云图的美观和可读性，建议选取词频排名前 50 的关键词。若需从网页中提取词汇数据，可点击"Web"按钮并输入网址，平台将自动统计并生成网页内容的词云图。如图 9-2-7 所示。

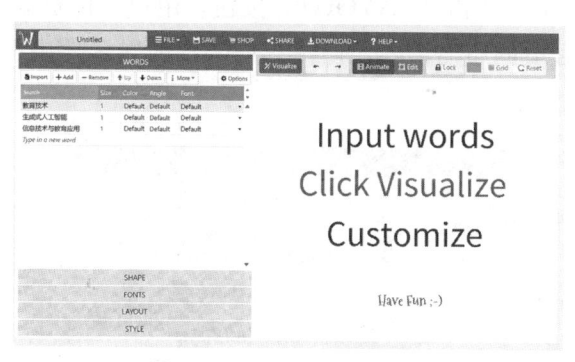

图 9-2-7　文本数据的导入

(3) 选择形状。文本数据输入完成后，单击"SHAPES"按钮以选择词云图的形状。用户也可以上传自定义形状的图片，通过点击"Add image"按钮来实现。如图 9-2-8 所示。

(4) 设置字体。依次点击"FONTS"—Add font—选择所要选择的字体—打开，并选中。如图 9-2-9 所示。

图 9-2-8　底图形状的选择

图 9-2-9　字体的加载与设置

（5）调整布局。单击"LAYOUT"按钮，用户可以根据个人喜好或数据特点，选择合适的布局形式，以优化词云图的展示效果。如图 9-2-10 所示。

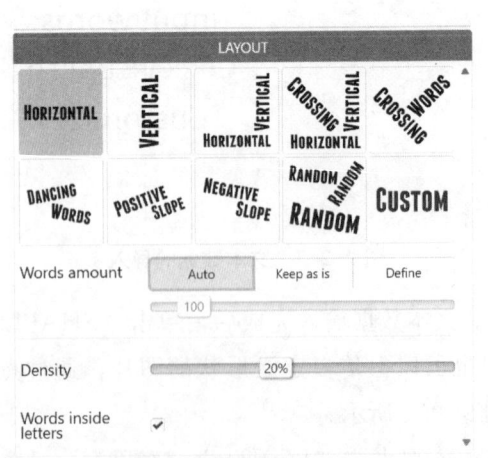

图 9-2-10　布局形式的调整

(6) 生成词云图。点击界面中的"Visualize",即可进行可视化。如图 9-2-11所示。

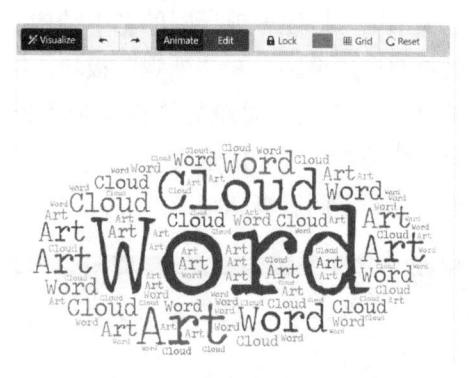

图 9-2-11　词云图的可视化生成

步骤三　制作思维导图

1. 思维导图的含义

思维导图（Mind Map）是一种视觉化的思考工具，它通过中心主题和从中心向外延伸的分支来组织和呈现信息。这种图表的核心在于其结构化和层次性，使得复杂的概念和信息得以清晰展示。思维导图的特点包括其放射性结构，它能够模拟人类大脑的联想思维过程，以及其使用图像、颜色和关键词来增强记忆和理解。思维导图的作用在于促进创造性思维和信息整合。它帮助人们通过视觉化的方式捕捉和组织思维，从而更好地理解和记忆信息。

在制作思维导图时要注意：中心主题应明确且突出，分支应从中心向外自然延伸保持逻辑性和层次性，分支上的内容应简洁明了，颜色和图像的使用应有助于区分不同的主题和子主题，确保思维导图的布局清晰，避免过于复杂、混乱或拥挤。

在信息化教学的研究中，思维导图有许多典型应用场景。例如在文献综述中，可使用思维导图来整理和归纳不同研究的主要观点和发现；在研究规划阶段，可用思维导图明确研究目标、研究问题和方法论；在课程设计中，教师可利用思维导图来构建课程大纲，展示知识点之间的联系；在教学活动中，思维导图也可用来进行学习任务和项目的管理等。

2. 用百度脑图绘制思维导图

思维导图的制作工具很多，下面以百度脑图工具为例，介绍一下基本步骤：

（1）进入平台。进入百度脑图工具的主界面，其主要功能分为"思路""外观"和"视图"三大板块，如图 9-2-12 所示。在"思路"板块，可以通过插入同级主题或下级主题来搭建思维导图的基本结构。此外，还可以添加数字、图标等元素以辅助表达思路。在"外观"板块，提供了不同的思维导图主题样式和背景样式，可将上述思维导图改变成不同主题样式。在"视图"板块，提供了导图的层级预览、搜索功能等，帮助用户在制作过程中更好地管理和查看思维导图的不同层级和细节。

图 9-2-12　启动百度脑图并进入制作界面

（2）制作思维导图。首先确定中心主题，然后围绕中心主题添加分支。例如，可以创建一个简单的目录组织图，以展示信息的层次结构。如图 9-2-13 所示。

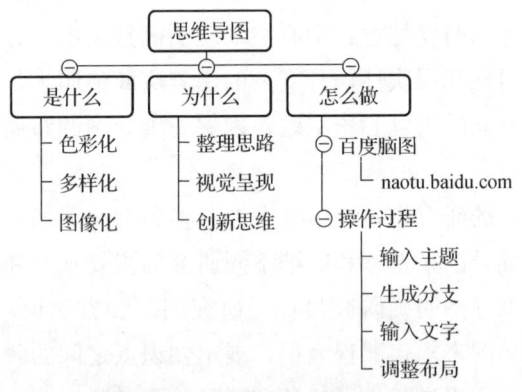

图 9-2-13　创建基本主题与分支

（3）导出思维导图。完成思维导图的制作后，如图 9-2-14 是一个完整的思维导图，用户可以将导图导出为不同格式的文件，以便于分享或进一步的编辑处理。

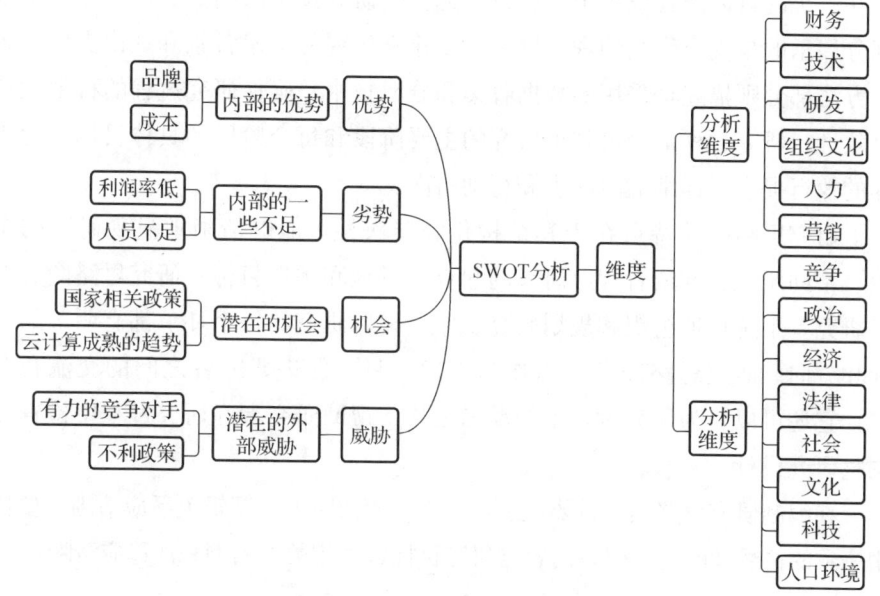

图 9-2-14　思维导图成品展示

研究与思考

1. 请为某堂信息化教学课的全过程设计一个教学设计流程图。

2. 比较常用的思维导图和词云图工具，观察和分析其绘制的图的呈现效果。

活动三　编制科研原理图

步骤一　编制研究思路图

1. 研究思路图的含义

研究思路图是通过图形化的方式展示研究的具体问题、理论基础、方法论以及研究过程的逻辑关系。在研究思路图中，研究问题部分明确阐述研究旨在解决的具体问题或提出的假设，为整个研究设定清晰的方向；理论基础部分展示的是支撑研究的理论框架，以建立研究的学术背景和理论支撑；研究方法部分则描述将采用的数据收集和分析技术，确保研究过程的科学性和有效性；研究过程部分可列出研究的主要阶段和每个阶段的具体目标，为研究的执行提供了详细的时间表和行动指南。

研究思路图的特点在于其结构化和层次性，能够清晰地呈现研究的全貌，帮助研究者和读者理解研究的起点、过程和预期目标。研究思路图有助于研究者系统化地组织和规划研究工作，确保研究的每个环节都有明确的目标和方向。研究思路图还可以作为沟通工具，促进研究者之间的交流和合作，它还可以作为研究过程中的反思工具，帮助研究者在研究过程中检查和调整研究设计。

在编制研究思路图时，要注意：图表应简洁明了，逻辑关系应清晰，要使用一致的符号和颜色编码，内容与研究目标紧密相关，图例和注释应清晰。

2. 用 PowerPoint 编制研究思路图

研究思路图可以用许多工具来编制。下面我们用常用的 PowerPoint 来介绍基本步骤：

（1）绘制主框架。创建一个新的空白演示文稿。使用"插入"选项卡下的"形状"工具，绘制出研究思路图的主框架，以表示研究的核心问题和关键领域。

（2）细化分支。对于每个主要分支，进一步添加子分支和形状，以详细阐述研究的各个方面。这些分支可以代表研究论述的不同方面。如图 9-3-1 所示。

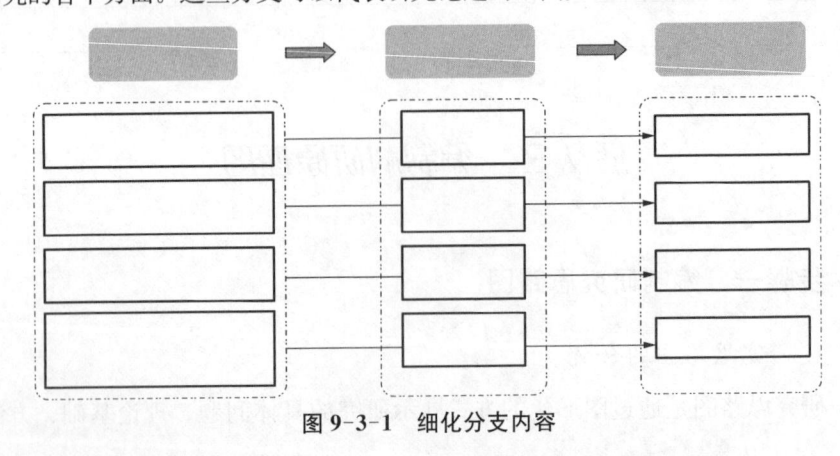

图 9-3-1　细化分支内容

（3）添加说明。在主框架和分支框架中输入相关的文本信息，对研究思路图中的每个部分进行描述。确保文本简洁明了，便于理解。如图9-3-2所示。

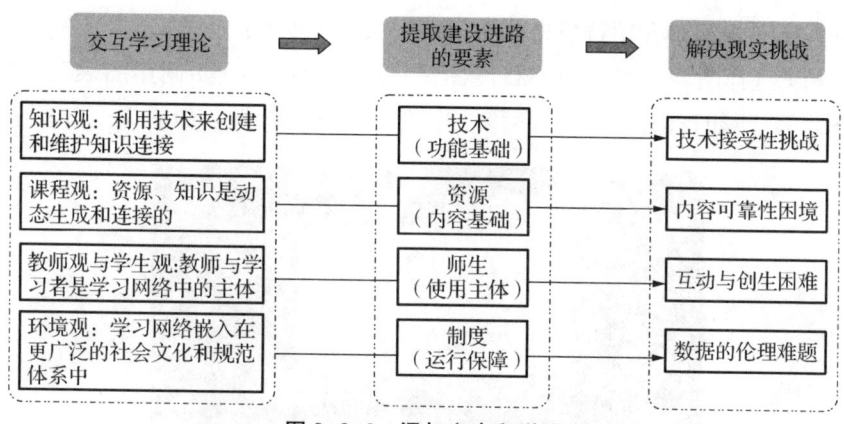

图9-3-2　添加文本和说明

（4）调整图形。使用"形状格式"选项卡中的工具，调整形状的大小、颜色和线条样式，以增强视觉效果和逻辑清晰度。完成之后可以保存或导出图片。

步骤二　编制特色科研图

1. 特色科研图的含义

特色科研图是指那些能够以独特的视觉方式展示复杂数据和关系的工具。这些图表的特点在于它们能够提供直观的多维度信息展示，如热力图通过颜色的深浅展示数值的密集程度，雷达图能够同时展示多个变量的比较，仪表图则用指针和刻度来表示特定指标的状态或进度。这些图表的设计往往更加注重视觉冲击力和信息的快速传递。

特色科研图能够将复杂的数据集以简洁、直观的方式呈现，帮助研究者和观众快速理解数据内容。这些图表能够揭示数据中的模式、趋势和异常，对于数据分析和决策支持具有重要作用。特色科研图在学术报告和论文中，能够吸引读者的注意力，增强信息的传播效果。

在编制特色科研图时要注意：确保图表的设计清晰易懂，避免过度装饰或复杂的元素干扰信息的传递；选择与数据特性和研究目的相匹配的图表类型，确保图表能够有效地传达预期的信息；保持一致的设计风格和颜色方案，以便读者能够轻松地比较和理解不同图表之间的信息。

2. 用百度图说编制特色科研图

Excel 和 SPSS 等软件都可以编制特色科研图。下面我们以百度图说这一在线工具来简单介绍特色科研图表编制的基本步骤：

（1）选择图表类型。访问百度图说官网，选择"开始制作图表"—"创建图表"，比如我们以"雷达图"—"标准雷达图"为例，如图 9-3-3 所示。

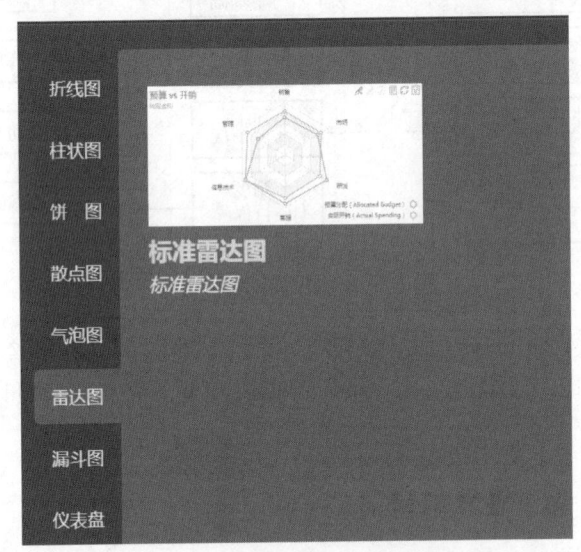

图 9-3-3　启动百度图说并选择图表类型

（2）编辑图表数据。在图表编辑界面，单击"未命名作品"以输入与图相关的标题。随后，通过"数据编辑"修改数据，或者点击"导入 Excel"导入新的数据。在左侧修改数据后，右侧图表将实时显示数据变化。如图 9-3-4 所示。

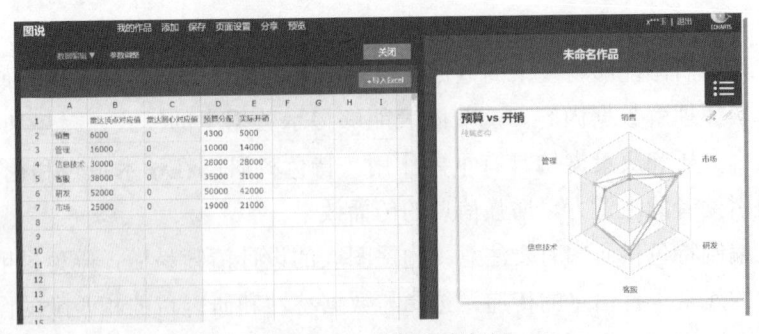

图 9-3-4　编辑图表数据

（3）调整图表参数。在图表编辑界面，单击"参数调整"，图表中的相应元素如标题、图例、提示、工具等，便可进行个性化调整。如图9-3-5所示。

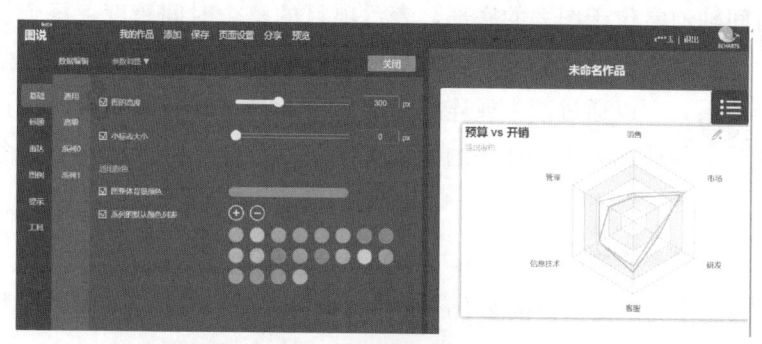

图 9-3-5　调整图表参数

（4）设置页面管理。单击"页面设置"，在弹出的菜单中选择适合的主题，调整页面宽度和边距，以适应不同的展示需求。在右侧菜单中，单击"添加新页面"以创建额外的页面，每个页面中可以插入多张图表，并进行布局调整。此外，还可以添加文字、图片等其他元素。

（5）完成图片绘制。完成科研图的绘制后，单击工具箱中的"保存图片"功能，便可保存图片。如图9-3-6所示。

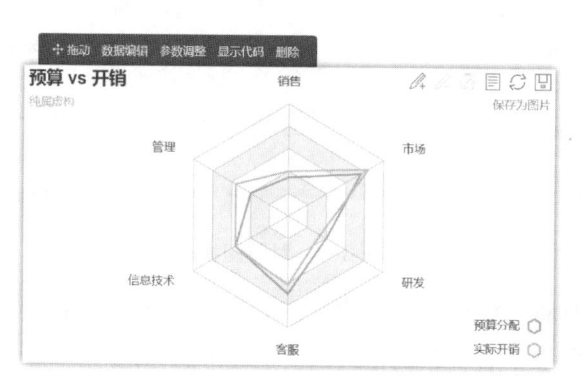

图 9-3-6　作品保存与分享

步骤三　编制研究计划图

1. 甘特图的含义

甘特图（Gantt Chart）是一种流行的项目管理工具，由美国工程师亨利·甘特（Henry L. Gantt）在20世纪初期发明。它是一种条形图，用于规划、调度、协调和跟踪项目的各个任务。

甘特图包括时间轴、任务条、任务依赖关系、进度跟踪以及资源分配等。时间轴通常位于图表的底部，表示项目的整个时间跨度。每个任务都用一个水平条形表示，条形的长度对应任务的持续时间。如果任务之间存在依赖关系，可以通过箭头或连线来表示。此外，甘特图还可以通过不同颜色或阴影的叠加来表示任务的完成进度，以及显示分配给特定任务的资源情况。

2. 用腾讯文档编制甘特图

下面基于腾讯文档模板库中的甘特图模板，介绍编制研究计划甘特图的基本步骤：

（1）选择合适的甘特图模板。访问腾讯文档模板库，选择一个适合的科研计划模板，如图9-3-7所示。

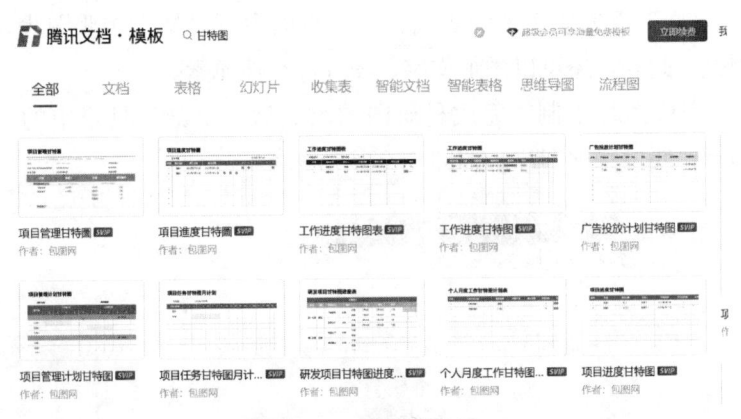

图9-3-7 甘特图模板

（2）调整甘特图模板。打开选定的甘特图模板后，根据实际研究计划，调整时间轴的设置、任务条的格式以及里程碑的标记等。

（3）完成甘特图绘制。在"任务"栏目中，详细列出研究计划中的主要活动。在"时间"填写项目起止时间以及不同项目的时间安排，在"任务条"中设置持续时间和位置。对于复杂的任务，可以进一步细分为子任务，并在甘特图中以嵌套的形式表示。编辑完成后，可将甘特图导出。如图9-3-8所示。

图 9-3-8　基于模板编辑甘特图

研究与思考

1. 请根据自己的研究项目，设计一个科研原理图，展示项目的研究思路、方法、过程和预期成果。

_____

_____

2. 体验多种绘图工具，讨论不同的工具和软件在绘制科研原理图时的优势和局限。

_____

_____

研究阅读

[1] 宁海涛. 科研论文配图绘制指南 [M]. 北京：人民邮电出版社，2023.

[2] 袁吉有. 科研数据分析与绘图指导 [M]. 北京：科学出版社，2020.

[3] 谭春林. Origin 科研绘图与学术图表绘制从入门到精通 [M]. 北京：北京大学出版社，2023.

[4] 郑朝. 信息图表与可视化设计 [M]. 北京：北京大学出版社，2022.

[5] 杜玉霞，贺卫国，杜文柴. 思维导图：如何学、如何用、如何教 [M]. 北京：高等教育出版社，2020.

[6] 樊银亭，夏敏捷. 数据可视化原理及应用 [M]. 北京：清华大学出版社，2019.

[7] 张杰. R 语言数据可视化之美：专业图表绘制指南 [M]. 北京：电子工业出版

[8] 李昕, 张明明. SPSS 28.0统计分析从入门到精通. 技能应用速成系列 [M]. 北京：电子工业出版社, 2022.

　　[9] 王国平. 动手学 Excel 数据分析与可视化 [M]. 北京：清华大学出版社, 2022.

　　[10] 凤凰高新教育. Excel 数据可视化之美 [M]. 北京：北京大学出版社, 2021.

　　[11] 王素华, 李源彬. Python 数据可视化项目教程 [M]. 北京：科学出版社, 2021.

　　[12] 张敏. GraphPad Prism 学术图表 [M]. 北京：电子工业出版社, 2021.

　　[13] 张志贤. 数据信息可视化图像艺术 [M]. 南京：南京大学出版社, 2020.

　　[14] 王国平. 数据可视化与数据挖掘 [M]. 北京：电子工业出版社, 2017.

　　[15] 黄雅鑫. 基于知识图谱的我国不同教育阶段体育教学模式研究的可视化分析 [D]. 河南大学, 2022.

　　[16] 丁雪梅, 徐向红, 邢沈阳, 等. SPSS 数据分析及 Excel 作图在毕业论文中的应用 [J]. 实验室研究与探索, 2012, 31 (3)：122-128.

　　[17] 胡小勇, 许课雪, 张缨斌. 面向教师画像的能力精准测评和可视化呈现 [J]. 中国电化教育, 2024 (1)：104-110.

　　[18] 王菲. 国际教师专业自主研究的图景与趋势——基于 WOS（1985—2020 年）的可视化分析 [J]. 比较教育学报, 2023 (3)：164-176.

　　[19] 陈静, 兰国帅, 张一春. 图文声信息不同呈现方式对学生学习效果影响的实证研究 [J]. 数字教育, 2016, 2 (3)：47-54.

　　[20] 付奎亮, 张一春. 网络课程教育信息的 S-P 表分析——以《计算机应用基础》网络课程为例 [J]. 农业网络信息, 2013 (3)：98-104.

活动实践

　　1. 绘制统计图表的作用是什么？一般的方法是什么？
　　2. 如何制作课堂教学设计的流程图？
　　3. 根据某项教学任务，制作教学活动的思维导图。
　　4. 如何准确有效地编制科研原理图？
　　5. 思考在信息化教学研究中如何准确有效地运用各类图表？

单元 10　成果总结

活动导图

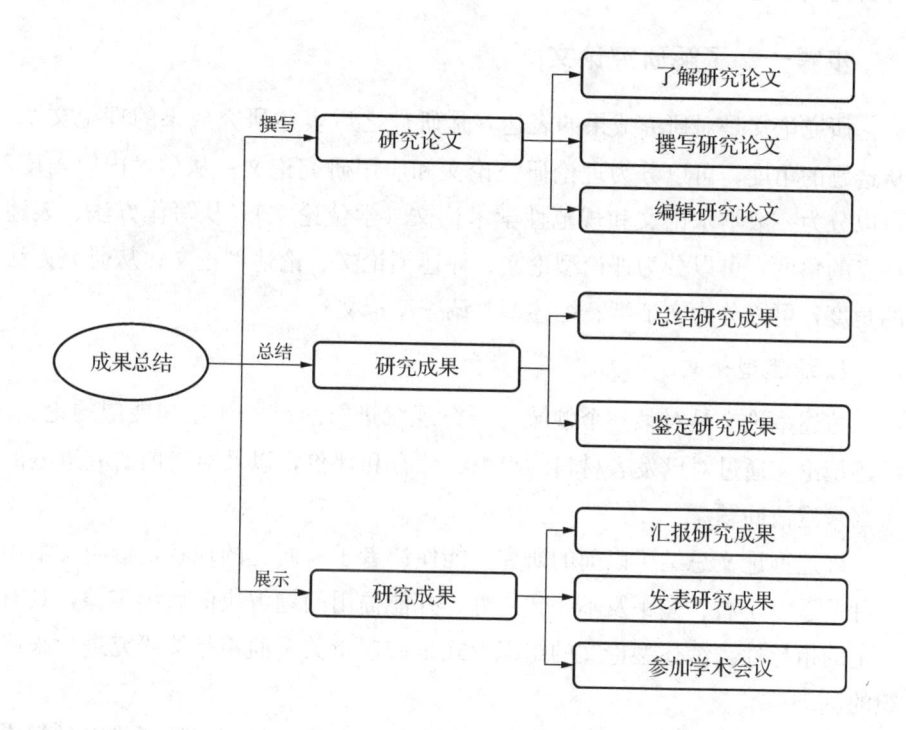

```
                    ┌── 撰写 ──→ 研究论文 ──┬── 了解研究论文
                    │                      ├── 撰写研究论文
                    │                      └── 编辑研究论文
                    │
  成果总结 ─────────┼── 总结 ──→ 研究成果 ──┬── 总结研究成果
                    │                      └── 鉴定研究成果
                    │
                    └── 展示 ──→ 研究成果 ──┬── 汇报研究成果
                                           ├── 发表研究成果
                                           └── 参加学术会议
```

活动目标

1. 了解结题及答辩的基本内容与方法。
2. 掌握研究论文的基本结构与撰写方法。
3. 能够对研究成果进行总结并撰写研究论文。

一项研究完成之后，需要对研究进行总结，并撰写研究论文、开展研究汇报、进行学术交流，从而进行传播、推广与应用。

活动一 撰写研究论文

研究论文是科学研究过程和结果的文字记载形式。撰写研究论文，可以帮助我们提高分析、归纳、演绎、判断、推理的能力，可以让我们更好地进行研究成果的表达。

步骤一 了解研究论文

研究论文是对研究成果的表达，是研究之后表述研究成果的理论文章。从选题的角度，可以分为理论研究论文和应用研究论文；从学术内容角度，可以分为一般学术论文和规范性学术论文（学位论文）；从写作方法、表述特点的角度，可以分为评论型论文、评述型论文、论述型论文；从研究方法的角度，可以分为实证型、综述型、调查型论文。

1. 综述型论文

综述型论文是对某一个领域的研究现状进行总结、评述和展望的论文。综述型论文通过对已发表材料的组织、综合和评价，以及对当前研究进展的考察来澄清问题。

综述型论文总结了以前的研究，能使读者了解研究的现状，辨明文献中各种关系、矛盾、差距及不一致之处，并能提出问题解决的后续步骤，具有一定的指导性。综述型论文的组织形式是按逻辑关系而不是按研究进程来组织的。

根据搜集的原始文献资料数量、提炼加工程度、组织写作形式以及学术水平的高低，综述可分为归纳性、普通性和评论性三类。归纳性综述是将搜集到的文献资料进行整理归纳，并按一定顺序进行分类排列，使它们互相关联、前后连贯而撰写的具有条理性、系统性和逻辑性的学术论文，它能在一定程度上反映出某一专题、某一领域的当前研究进展，但很少有作者自己的见解和观点。普通性综述是在搜集较多资料的基础上撰写的系统性和逻辑性都较强的学术论文，文中能表达出作者的观点或倾向性，对从事该专题、该领域工作的读者有一定的指导意义和参考价值。评述性综述是在搜集大量资料的基础上对原始素材归纳整理、综合分析、撰写的反映当前该领域研究进展和发展前景的评论性学术论文。因论文的逻辑性强，有较多作者的见解和评论，故能帮助读者了解整体研究情况。

2. 调查报告

调查报告是反映调查过程和结果的一种研究报告，是在一定的理论指导下，通过对调查材料的整理、分析而写成的有事实、有分析、有理论观点的文章。

调查研究报告具有真实性、针对性、新颖性、时效性等特征。真实性指调查报告中所反映的全部材料必须都是真实的、客观存在的，而不是虚构的、歪曲的。针对性指调查报告必须明确读者对象和解决的问题。新颖性指调查报告必须新颖，要能提出一些新的观点，形成一些新的结论。时效性指调查报告有较强的时效性，及时反映对象的情况。

调查研究报告要准确、简练、朴实、生动。准确是指概念明确，陈述事件真实可靠，引用数字或语句正确无误，评价问题把握分寸。简练指行文言简意赅，对调查事件的叙述不做过多的描绘，对观点的阐述不做烦琐的论证。朴实指行文通俗易懂，不要随意使用夸张的手法和奇特的比喻，也不用抒情和渲染的描写。生动指行文活泼、形象，不呆板。

撰写调查报告必须依靠调查资料，让调查的事实"说话"。调查资料要注意"点""面"结合，既有典型事例，又有反映总体情况的综合资料，同时要文字、数字、图表三种形式结合使用，使调查报告更有说服力和感染力。

3. 学位论文

学位论文是作者为获得某种学位而撰写的研究报告或科学论文，一般分为学士论文、硕士论文、博士论文三种。

撰写学位论文的体系结构一般比较固定，它包含一些主体项目包括前置部分（封面、题名等）、主体部分（引言、正文、结论等），而且每一个主体项目具有一定的功能，写作时有一定的语言特点和具体要求。

学位论文具有创新性、学术性、应用性、专业性等特征。创新性指所研究的问题是尚未解决的或是未完全解决的。学术性指学位论文要求运用科学的原理和方法，对研究问题进行抽象概括的论述，具体翔实的说明，严密的论证和分析，以揭示事物的内在本质和发展变化的规律。应用性指学位论文都要有一定的学术价值，或是解决了某个理论问题，补充或修正了已有的理论体系，或是针对实践中的有关问题，提供了某种解决方案，具有一定的实用价值。专业性指学位论文的选题和研究的内容，是所在学科的研究领域。

步骤二　撰写研究论文

1. 研究论文的结构

研究论文一般由论文标题、作者信息、摘要、关键词、前言、正文、参考文献和附录等部分组成。

(1) 论文标题。标题要精练、概括、简明、新颖、醒目。中文论文标题一般不超过 20 个汉字，必要时可加副标题。

(2) 作者信息。作者的署名放在文章标题的下方，居中排印。多位作者之间应以逗号隔开。不同工作单位的作者，应在姓名右上角加注序号。作者工作单位直接排印在作者姓名之下，用圆括号括起。一般包括单位全称、所在省市名及邮政编码。多个单位名称之间应以逗号分隔。国外作者应在作者署名前加方括号进行标识，我国港澳台作者应在作者署名前加圆括号进行标识。

(3) 摘要。摘要是说明研究的目的和意义，介绍研究的情况以及文章的主要内容及结论。摘要一般包括：研究的目的和重要性，研究的主要内容和方法，获得的基本结论和研究成果，结论或结果的意义等。摘要要客观、准确、简练和规范，一般 300—500 字。

(4) 关键词。关键词是论文的核心词汇，一般 3 至 5 个，不超过 7 个，多个关键词之间以分号分隔。

(5) 前言。一篇论文的前言，大致包含问题的提出、选题背景及意义、文献综述、研究方法、论文结构安排。有时也可以没有前言直接正文。

(6) 正文。正文是研究论文的主体部分，是对研究内容进行分析和阐述的部分。论文的正文又可以包括导言、主体和结论。导言是介绍研究的背景、过程、方法等。结论是概括和深化主题，总结经验，形成结论，提出改进建议等。

(7) 参考文献和附录。论文要附上论文引用和参考的文献，并根据需要可以附上研究过程中参考或使用的问卷、量表、数据等资料。参考文献和资料要实事求是，不要写没有参考的文献和资料，也不要漏掉参考的文献和资料。

（8）其他信息。在期刊发表论文时，便于文献资源库检索，一般还会增加中图分类号、文献标识码、文章编号等信息。

① 中图分类号采用《中国图书馆分类法》进行分类。一般标识1个分类号。

② 文献标识码用于区别文献类型。文献标识码的位置放在中图分类号后面。

A——理论与应用研究学术论文（包括综述报告）；

B——实用性技术成果报告（科技）、理论学习与社会实践总结（社科）；

C——业务指导与技术管理性文章（包括领导讲话、特约评论等）；

D——一般动态性信息（通讯、报道、会议活动、专访等）；

E——文件、资料（包括历史资料、统计资料、机构、人物、书刊、知识介绍等）。

不属于上述各类的文章以及文摘、零讯、补白、广告、启事等不加文献标识码。

③ 文章编号。文献标识码为A、B、C三类文章必须编号，该编号在全世界范围内是该文章的唯一标识。文章编号由期刊的国际标准刊号、出版年、期次号及文章的篇首页码和页数等5段共20位数字组成。如《中国电化教育》的结构为：1006—9860（YYYY）NN-PPPP-CC，其中YYYY为文章所在期刊的出版年，NN为文章所在期刊的刊次，PPPP为文章首页所在期刊页码，CC为文章页数。

2. 研究论文的撰写

研究论文的撰写步骤一般是确立主题、选择材料、拟定提纲、撰写初稿、修改定稿。

由于研究的内容不一样，研究者的写作水平、习惯等也不一样，因此，论文写作过程往往因人而异。但有一些共性的问题应加以注意：

（1）注意立论、推论和表述的科学性。论文尤其要注意科学性。在写作中，提出论点、运用概念、进行推论时都应该充分注意是否科学严谨。

（2）注意论点、论据和论述的逻辑性。论文必须论点明确，论据确凿，论述严密，形成三者间的逻辑统一。只有观点，没有材料，就会空洞无物，缺乏说服力；如果大量堆砌材料，就会不得要领，缺乏深度；如果缺乏合理、严谨的论述，就会杂乱无序，理不出头绪。

（3）注意数据和文字表述的有机统一。在论文写作中，应该有选择地提供具有代表性的数据，同时，也应该重视对数据的逐层分析，展开充分论述，才能使论文具有较高的可信度和理论深度。

（4）注意典型分析和一般分析的结合。典型分析可以对典型事例进行解剖和分析，较为生动、丰富，但往往缺乏普遍意义，而一般分析正好与之相反。因此在论文撰写中应该注意两者的结合使用，才能更具有说服力。

步骤三　编辑研究论文

论文排版就是把写好的论文按要求的格式进行版式、格式处理的过程。对于研究论文的撰写，我们一般使用 Word 和 WPS 编辑论文，编辑部或出版社还会采用专门的排版印刷软件来排版。下面以 Word 为例介绍。

1. 文档格式

（1）设置样式

使用样式可以帮助我们快速完成各级字体、字号、行间距等设置工作。

① 点击"开始"—"样式"，选中"正文"，鼠标右键选择"更改"进入样式编辑界面。

② 设置中英文的字体和字号。一般正文为小四号或五号字，中文字体为宋体，英文字体为 Times New Roman。

③ 点击左下角的"格式"，切换成"段落"，再设置好行距和首行缩进等等。

④ 按同样的方法为各级标题和正文设置好样式。

（2）多级列表

标题的层次中，一级标题用"一、二、…"来标识，二级标题用"（一）（二）…"来标识，三级标题用"1. 2. …"来标识，四级标题用"（1）（2）…"来标识。标题行和每段正文首行均空两格。

① 在"开始"—"段落"—"多级列表"中，选择"定义新的多级列表"。

② 在"单击要修改的级别"处，选择"1"；在"此级别的编号样式"中，选择"一，二，三（简）……"；这时候在"输入编号的格式"框中会

出现"一"，只需在"一"后面再加上"、"即可。

③ 以此类推，继续修改第二层、第三层标题的编号样式。

④ 全部修改后点击"确定"，文章中的标题编号就设置完成了。一旦添加、移动、删除了某个标题，其他标题的编号也会随之修改，减少了手动编号的工作量。

（3）生成目录

在多级列表生成成功之后，就可以制作目录了。

① 在"引用"—"目录"下，选择"自定义目录"。

② 点击修改，按照格式要求设置字体字号。

③ 选择级别，确定目标显示到哪一级。

需要注意的是，汉字和阿拉伯数字的字体要求是不同的，所以设置好中文的格式后，要再点击左下角的"字体"，将"西文字体"改为 Times New Roman。

（4）页眉页脚

页眉可以统一设置，也可以分奇、偶页设置。页码要注意从哪一页算起，如果封面目录不算，则使用分节符分隔。

① "插入"—"页眉"，输入完成后点击"关闭页眉和页脚"即可。

② 点击"插入"—"页码"—"设置页码格式"，勾选"起始页码"并将其设为"1"；点击"插入"—"页码"—"页面底端"，选择居中的样式；回到"页眉和页脚工具"，点击"关闭"，这样，页码的设置就完成了。

③ 假如要从第三页编页码，则在第三页前设置分节，将光标定位在第三页，双击页面底部唤出"页眉和页脚工具"，将"链接到前一条页眉"和"奇偶页不同"的勾选取消，将"起始页码"设为"1"即可。

2. 图表公式

（1）三线表的制作

三线表是一种常用的论文表格，通常用来记录实验测量的数据。三线表通常只有三条线，即顶线、底线和栏目线。

① 在"插入"—"表格"中，选择你需要的行列数，生成表格。

② 选中整个表格，将文字居中，接着右键，选择"边框"—"边框和底纹"。除了上下两条边框线，将其他的线都点掉，宽度1.5磅，然后点击"确定"。

③ 接着选中第一行数据，同样打开"边框和底纹"，将下边框点上，宽度 0.5 磅，点击"确定"，三线表就制作完成了。

(2) 图表自动编号

插图的图续应放在插图的下方，居中排印，表格的表头应放在表格的上部，居中排印。如果要给图表添加自动编号，操作如下：

① 选中该图片，右键点击"插入题注"。如果"标签"中没有"图"，那么就点击"新建标签"，输入"图"，点击"确定"。

② 点击"编号"，勾选"包含章节号"。

③ 点击确定，题注就生成了。之后插入的图片，只需要右键"插入题注"，标签选择"图"就可以。

④ 插入图片后，正文中往往还有"如图 1.1 所示……"的字样。所以我们先在文中输入"如图示"三个字，接着把光标停在"如"字后。右键"插入"—"链接"—"交叉引用"中，将引用类型改为"图"，就可以选择你想引用的图了。

(3) 公式

公式应单独占一行并居中排印，末了不必加标点符号。一行如有两个以上式子的，可用标点符号隔开，解释公式中的变量应以"式中："作为标识，左顶格排印。

公式的位置容易随着格式的变化而移位，我们还可以在插入公式之前，先为它建立一个表格以固定住其位置。

3. 参考文献

不同类型的研究论文以及不同的期刊对参考文献的规范要求略有不同。一般来说，研究论文的参考文献需要遵照以下要求：

(1) 参考文献按在正文中出现的先后次序排列于文后。

(2) 以"参考文献："（左顶格）作为标识。

(3) 参考文献的序号左顶格，并用数字加方括号表示，与正文中的指示序号格式一致。

(4) 参考文献著录项目主要包括以下几个方面：

① 主要责任者（专著作者、论文集主编、学位申报人、专利申请人、报告撰写人、期刊文章作者、析出文章作者）。多个责任者之间以","分隔，主要责任者只列姓名，其后不加"著""编""主编"等责任说明。

② 文献题名及版本。
③ 文献类型及载体类型标识，如表 10-1-1 所示。

表 10-1-1　主要文献类型及载体类型标识

参考文献类型	专著	论文集	报纸文章	期刊文章	学位论文	报告	标准	专利
文献类型标识	M	C	N	J	D	R	S	P

a. 对于专著、论文集中的析出文献，其文献类型标识建议采用单字母"A"；对于其他未说明的文献类型，建议采用单字母"Z"。

b. 对于数据库、计算机程序及电子公告等电子文献类型的参考文献，建议以表 10-1-2 所列双字母作为标识：

表 10-1-2　电子文献类型及载体类型标识

电子参考文献类型	数据库	计算机程序	电子公告
电子文献类型标识	DB	CP	EB

c. 对于非纸张型载体的电子文献，当被引用为参考文献时需在参考文献类型标识中同时标明其载体类型。建议采用双字母表示电子文献载体类型：磁带—MT，磁盘—DK，光盘—CD，联机网络—OL

以下列格式表示包括文献载体类型的参考文献类型标识：
［文献类型标识/载体类型标识］如：
［DB/OL］—联机网上数据库（database online）
［DB/MT］—磁带数据库（database on magnetic tape）
［M/CD］—光盘图书（monograph on CD-ROM）
［CP/DK］—磁盘软件（computer program on disk）
［EB/OL］—网上电子公告（electronic bulletin board online）

d. 以纸张为载体的传统文献在引用为参考文献时不必注明其载体类型。
④ 出版项（出版地、出版者、出版年）。
⑤ 文献出处或电子文献的可获得地址。
⑥ 文献起止页码。
⑦ 文献标准编号（标准号、专利号……）。

根据以上原则，各类参考文献条目的编排格式如下：
（1）专著、论文集、学位报告、报告
［序号］主要责任者. 文献题名［文献类型标识］. 出版地：出版者，出

版年：起止页码.

(2) 期刊文章

［序号］主要责任者. 文献题名［J］. 刊名，年，卷（期）：起止页码.

(3) 论文集中的析出文献

［序号］析出文献主要责任者. 析出文献题名［A］. 原文献主要责任者（任选）. 原文献题名［C］. 出版地：出版者，出版年：析出文献起止页码.

(4) 报纸文章

［序号］主要责任者. 文献题名［N］. 报纸名，出版日期（版次）.

(5) 国际、国家标准

［序号］国家标准代号. 标准名称［S］. 出版地：出版者，出版日期.

(6) 专利

［序号］专利所有者. 专利题名［P］. 专利国别：专利号，公告日期或公开日期.

(7) 电子文献

［序号］主要责任者. 电子文献题名［电子文献及载体类型标识］.（更新或修改日期）［引用日期］. 获取和访问路径.

(8) 各种未定义类型的文献

［序号］主要责任者. 文献题名［Z］. 出版地：出版者，出版年.

写作论文的时候，一旦参考文献的位置发生变化，那很难修改其他参考文献的顺序，因此在 Word 中可以设置自动编排方式：

① 我们从知网等网站下载来的参考文献是自带编号的，在 Word 中，要把编号去掉。接着点击"开始"—"编号"—"定义新编号格式"，为"编号格式"中的［1］加上方括号［］。

② 选中参考文献，为它们套用新的编号。将光标置于引用的地方，在"插入"中选择"交叉引用"，选择此处引用的文献，并将"插入为超链接"的勾选去掉，点击插入即可。

③ 当论文经过修改，参考文献或增加、或删减、或移动，这时只需要选中引用的标志，右键"更新域"，就可以自动更新了。

研究与思考

1. 请阅读本单元之后的推荐阅读文献，比较各类论文的异同，掌握论文格式及排版技巧。

	综述型论文	调查报告	学位论文
目的			
结构			
撰写方法			
……			

2. 查询教育信息化方面的学位论文，研究其论文结构及写作方法。

活动二　总结研究成果

研究成果需要通过鉴定或发表才能交流与传播。不同的研究成果需要选择不同的发表方式。

步骤一　总结研究成果

研究成果是对研究的记录和总结。对研究成果进行整理、总结并公开发表，从而获得同行的评议和审查，有助于研究的进一步发展。总结研究成果需要对研究的始末进行全面回顾，提取其中理论或实践部分最具典型的创新之处，并用文字或图表形式，分点分类对结论进行呈现。

1. 研究成果的整理

一个完整的研究成果应包含理论成果和实践成果。理论成果是指研究者在研究过程中获得的与研究主题相关的理论验证、理论完善、理论补充或新理论的发现。实践成果一般是指将理论成果运用到实践中后产生的效果和作用，并以文字或产品的形式展现。此外，研究成果应具有创造性和先进性，符合科学规律，具有社会价值，且得到相关领域的认可。

（1）研究成果的基本要求

① 文字精练。使用精准、高效的文字对研究成果进行表述。

② 逻辑清晰。内容连贯，前后呼应，体现研究过程及成果的逻辑性。

③ 巧用图表。巧用图表数据代替大篇幅文字陈述，使内容呈现更科学、直观、生动。

④ 内容真实。成果真实，数据准确，实事求是，谨防弄虚作假。

⑤ 详略得当。突出研究重点及创新之处，使成果表述更富层次。

⑥ 术语专业。避免通篇口语化，必要时提供专业术语的名词解释。

(2) 研究成果的注意事项

① 注重形式创新。在满足基本要求的基础上创新形式，使用更新颖的方式呈现研究成果，体现个人或研究团队的特色。

② 注重反思改进。汇报成果的同时坦然面对并反思研究的不足之处，思考改进方式。

2. 结题报告的撰写

结题报告是一种专门用于科研课题结题验收的实用性报告类文体，它是课题研究材料中最主要的材料，也是科研课题结题验收的主要依据。结题报告侧重于回顾过程和评价成果。

(1) 结题报告的总体要求

结题报告一般要回答研究有何意义、研究如何开展、研究取得了怎样的成果三个主要问题。

① 突出研究的思路和意义。研究需要有一定的理论作指导，研究目标、研究思路、研究内容要清晰，研究要有明显的意义与价值。

② 介绍研究的方法和过程。课题研究一般会采用多种研究方法，需要一一陈述并做说明。研究方法要恰当有效，研究过程要具体清楚，研究步骤要准确有效。

③ 提供有效的佐证材料。研究观点的证实除了通过逻辑推理，还需要依靠科学事实的支撑，做到论点和事实相结合。课题报告一定要有具体材料，尊重事实，从事实中列出观点，处理好理论与事实的关系。

④ 分析讨论要实事求是。在下结论时要注意前提和条件，不要绝对化，不夸大，不缩小，不以偏概全。

(2) 结题报告的撰写内容

结题报告一般包括报告标题、内容提要、研究问题、研究过程、研究结果、成效分析、后续研究等。

(3) 结题报告常见问题

结题报告常见的问题有缺少研究过程的材料、缺少重要的研究数据、缺乏研究创新、报告撰写粗糙不规范等。

因此，结题报告需要整体考虑，仔细分析研究过程，不要遗漏重要内容，在研究基础上要有提炼和总结，要有一定的创新和推广价值。

步骤二　鉴定研究成果

成果鉴定是评价科技成果质量和水平的方法之一，它可以鼓励科技成果通过市场竞争，以及学术上的百家争鸣等多种方式得到评价和认可，从而推动科技成果的进步、推广和转化。

1. 成果鉴定的程序

研究成果的鉴定一般有通信鉴定和会议鉴定两种形式。

（1）通信鉴定

通信鉴定是将鉴定材料寄送专家，请专家审阅后签署意见再寄回。这种方法比较客观，但耗时较长，鉴定结论可能存在较大分歧。

（2）会议鉴定

会议鉴定需要召集鉴定专家进行现场开会，有利于成果的阐述与演示。主要程序是：

① 主持人宣布鉴定会开始，宣布并介绍鉴定专家组成人员。然后由鉴定专家组组长主持鉴定会。

② 成果完成人做相关汇报工作。

③ 鉴定专家根据鉴定材料和汇报，提出疑问，成果完成人进行答疑。

④ 鉴定专家进行评议，形成鉴定意见。

⑤ 由鉴定专家组组长宣布鉴定意见，鉴定组成员签字。

⑥ 领导和项目完成单位讲话，鉴定会结束。

2. 成果鉴定的材料

成果鉴定的材料一般包括成果鉴定申请书、成果总结报告、成果精粹、成果附件等材料。

研究与思考

请查阅了解全国教育科学规划领导小组办公室关于课题鉴定的相关程序、要求和文件材料[1]，了解课题结题及鉴定的方法及要求：

---

[1] http://onsgep.moe.edu.cn.

① 全国教育科学规划课题成果鉴定等级评定表
② 全国教育科学规划课题成果鉴定意见表
③ 全国教育科学规划课题成果鉴定申请书（审批书）
④ 全国教育科学规划课题成果鉴定结题细则
⑤ 全国教育科学规划课题成果鉴定评估参照指标

活动三　展示研究成果

步骤一　汇报研究成果

1. 研究汇报

研究过程中一般会有汇报环节，比如开题汇报、中期汇报等。研究汇报与撰写论文不同，需要将文字转化为语言进行表达，由于汇报时间有限，且观众处于比较被动的地位，因此汇报者需掌握一定的汇报展示技巧。

比如在汇报前要做好充分的准备，包括设备的测试，如电脑、投影仪、U盘、话筒等。在汇报过程中要注意语言表达，汇报要开门见山、主题突出，语言要吐字清晰、言辞流畅，语速节奏恰当，简练大方。汇报时要注重非语言技巧，可以利用非语言行为做一定的互动交流，把握现场。汇报呈现的材料要丰富、明确，重点突出，汇报PPT要简明扼要，有吸引力等。

2. 论文答辩

论文答辩是考察论文质量的重要程序。学位论文答辩一般考察研究者的研究成果、论证能力、专业知识等方面的掌握程度，确定论文是否能够通过。

（1）答辩准备

答辩者在答辩前要做好相关准备，包括：

① 熟悉论文。包括论文结构、选题由来、研究现状、涉及理论、研究逻辑、研究过程、研究数据、研究结论、主要观点、创新之处等。

② 熟悉论文相关材料。对与论文主题相关，但在文中没有具体呈现的其他观点、论文、著作等内容材料的知识储备。

③ 检查谬误。检查文章在用词、立意、材料依据等方面是否存在模糊和谬误，及时补充、完善、改进。

④ 形成提纲。将准备好的材料整理成提纲并记忆。

（2）答辩流程

答辩过程的基本程序是：

① 自我介绍。介绍自己的姓名、学号、专业、指导老师等基本信息。

② 论文陈述。在规定时间内简明扼要并富有逻辑地陈述自己论文的主要内容，包括论文结构、选题由来、研究现状、涉及理论、研究方法、研究过程、研究数据、研究结论、主要观点、创新之处等。

③ 回答问题。答辩教师依据答辩者的陈述进行提问，答辩者当场作答。

④ 记录总结。答辩者记录答辩教师的评价和建议，总结答辩中的问题。

⑤ 致谢。对指导老师、答辩教师以及相关提供帮助的人员表示感谢。

答辩时要着重汇报研究选题的原因和价值，研究论文的结构框架及其逻辑，以及采用了哪些研究方法，取得了哪些重要成果。

（3）注意事项

在答辩过程中要注意：

① 形象得体。着装应简洁、干净、得体，发型清爽，女生可化淡妆。

② 注意礼节。行为举止应落落大方，主动问好，礼貌回应老师的提问和提议。

③ 调整心态。心态应保持自信平和，杜绝过度紧张和焦虑。

④ 语速适中。语速应快慢适中，不宜过快或过慢，吐字要清晰。

⑤ 诚实谦逊。遇到未掌握的知识相关的问题，应诚实回应，虚心请教，不能胡编乱造，对待老师的批评或指导意见应保持谦逊态度。

⑥ 把握时间。详略得当，提高表达效率，把握时间。

⑦ 灵活应对。扬长避短，灵活应对未做充分准备的状况。

⑧ 巧用图表。用图表呈现研究过程、数据、观点等，能够使内容呈现更直观生动，吸引答辩教师的注意力，缓和枯燥紧张氛围。

步骤二　发表研究成果

研究论文撰写完成后一般可以选择合适的期刊投稿发表。

1. 研究论文投稿

论文投稿的一般流程：

(1) 遴选期刊。遴选合适的目标期刊。

(2) 明确需求。了解期刊的基本信息和征稿需求，确保稿件符合要求。

(3) 熟悉流程。熟悉期刊的基本投稿方式和操作流程，尤其是对论文格式和材料的要求。

(4) 开展投稿。将稿件进行投递，并完成后续返修等工作。

论文投稿的注意事项：

(1) 稿件自查自修。论文要根据期刊的投稿指南或约稿简则，确保在格式、内容、字数、参考文献等方面符合要求，做好自查自修。

(2) 选择寄送形式。投送稿件的方式很多，目前普遍采用电子邮件或网站投稿方式。

(3) 注意反馈时间。一般的期刊收到稿件后会有一个审稿期，一般是三个月到半年。如果过了审稿期还没有消息的可以再转投其他期刊。

在选择期刊时要注意：

(1) 对应专业。投稿首先要符合自己论文的专业性，交叉学科的文章要认真考虑投递方向，当然尽量选择覆盖范围比较大的刊物。

(2) 水平相当。衡量自己论文的档次适合发表什么级别的刊物，对自己的文章应该有一个准确的定位，再决定投什么样的期刊。

(3) 针对选题。一般的期刊每年会刊登选题方向，或组稿重点，投稿时尽量针对这些方向，增加命中率。

(4) 其他因素。一些刊物要收取版面费和审稿费，要注意投稿的网址是不是官网，不要被山寨假冒网站及诈骗网站欺骗上当。

2. 国内重要的教育信息化期刊

(1)《电化教育研究》

《电化教育研究》(月刊)创办于 1980 年，西北师范大学主办，是 CSSCI 来源期刊等，是我国教育与电教界的学术理论园地和权威性刊物。杂志网址：http://aver.nwnu.edu.cn。

(2)《中国电化教育》

《中国电化教育》（月刊）创刊于 1980 年，教育部主管，中央电化教育馆主办，是 CSSCI 来源期刊等，是国内外教育技术和信息化教育重要学术期刊。杂志网址：http://zgdhjy.goooc.net。

(3)《现代教育技术》

《现代教育技术》（月刊）创刊于 1991 年，教育部主管，清华大学主办，是CSSCI来源期刊等。杂志网址：http：//xjjs.cbpt.cnki.net。

（4）《开放教育研究》

《开放教育研究》（双月刊）创刊于1983年，上海市教育委员会主管，上海远程教育集团和上海电视大学主办，是CSSCI来源期刊等。杂志网址：http：//openedu.shtvu.edu.cn/。

（5）《远程教育杂志》

《远程教育杂志》（双月刊）创刊于1983年，浙江广播电视大学主办，是CSSCI来源期刊。杂志网址：http：//dej.zjtvu.edu.cn。

（6）《中国远程教育》

《中国远程教育》（月刊）创刊于1981年，国家开放大学主办，是CSSCI来源期刊等。杂志网址：http：//ddjy.cbpt.cnki.net。

（7）《现代远程教育研究》

《现代远程教育研究》（双月刊）创刊于1988年，四川省教育厅主管，四川广播电视大学主办，是CSSCI来源期刊等。杂志网址：http：//xdyjyj.scrtvu.net。

（8）《现代远距离教育》

《现代远距离教育》（双月刊）创刊于1979年，由黑龙江广播电视大学主办，是CSSCI来源期刊等。杂志网址：http：//yuan.chinajournal.net.cn。

（9）《外语电化教学》

《外语电化教学》（双月刊）创刊于1979年，教育部主管，上海外国语大学主办，是CSSCI来源期刊等。杂志网址：http：//www.wydh.cbpt.cnki.net。

（10）《中小学电教》

《中小学电教》（半月刊）创刊于1978年，吉林省教育厅主管，吉林省电化教育馆主办，是全国电教类核心期刊。杂志网址：http：//zxxdj.cn/。

3. 国外重要的教育信息化期刊

（1）Computers & Education

影响因子：5.627（2018），出版商：Elsevier

《计算机与教育》旨在通过发表拓展理论和实践研究的高质量研究报告，以增进读者对数字技术促进教育的理解。

杂志网址：https：//www.journals.elsevier.com/computers-and-education。

(2) The Internet and Higher Education

影响因子：5.284（2018），出版商：Elsevier

《互联网与高等教育》（季刊），致力于解决与高等教育机构互联网在线学习、教学和管理相关的当代问题和未来发展。

杂志网址：https：//www.journals.elsevier.com/the-internet-and-higher-education。

(3) British Journal of Educational Technology

影响因子：2.588（2018），出版商：Wiley

《英国教育技术杂志》面向全球数字教育和培训技术领域的学者和专家。它发表提出理论观点、方法论的发展和高质量教学的实证研究，主要内容有验证教学/教育技术系统、网络、工具和资源的应用能够改善各级正规和非正规教育、初等到高等教育、技术和职业教育，以及专业发展和企业培训。

杂志网址：https：//onlinelibrary.wiley.com/journal/14678535。

(4) Journal of Computer Assisted Learning

影响因子：2.451（2018），出版商：Wiley

《计算机辅助学习》是教育心理学、学习科学、教学技术、教学设计、协作学习、智能学习系统、学习分析、开放远程网络学习、教育评估和等领域硕士生和博士生的丰富资料来源。

杂志网址：https：//onlinelibrary.wiley.com/journal/13652729。

(5) Learning, Media and Technology

影响因子：2.373（2018），出版商：Taylor & Francis

《学习、媒体与技术》旨在激发有关教育中数字媒体、数字技术和数字文化的辩论。该刊试图从社会科学、人文和艺术的视角，呈现对教育和学习、数字媒体和数字技术的所有方面的批判性研究。

杂志网址：https：//www.tandfonline.com/loi/cjem20。

(6) International Journal of Computer-Supported Collaborative Learning

影响因子：2.206（2018），出版商：Springer

《国际计算机支持协作学习杂志》（IJCSCL）作为国际学习科学学会的官方出版物，促进了对计算机支持协作学习（CSCL）的性质、理论和实践的深入理解。

杂志网址：https：//link.springer.com/journal/11412。

(7) Educational Technology Research & Development

影响因子：2.155（2018），出版商：Springer

《教育技术研究与发展》是一本专注于教育技术研究与发展的学术期刊。期刊优先考虑采用严格的原始定量、定性或混合方法对相关技术或教学设计在教育环境中的应用进行的研究。

杂志网址：https：//link.springer.com/journal/11423。

(8) Language Learning & Technology

影响因子：2.113（2017），出版商：Univ. Hawaii, Natl. Foreign Language Resource Center

《语言学习与技术》旨在向外国和第二语言教育工作者传播有关技术和语言教育问题的研究。该刊关注的不是技术本身，而是与语言学习和语言教学有关的问题，以及数字技术的使用如何影响和强化语言学习效果。

杂志网址：https：//www.lltjournal.org。

(9) Interactive Learning Environments

影响因子：1.929（2018），出版商：Taylor & Francis

《交互学习环境》在广泛的意义上发表关于交互学习环境的设计和使用的所有方面的文章，包括支持单个学习者的环境，以及支持学习者或同事组之间协作的环境。

杂志网址：https：//www.tandfonline.com/loi/nile20。

(10) Journal of Science Education and Technology

影响因子：1.785（2018），出版商：Springer

《科学教育与技术》旨在解决科学教育与技术的交叉影响并改善和加强全世界的各级科学教育。主题可分为学科（生物学、化学、物理学以及一些计算机科学与工程的应用，包括学习、教学和教师发展的过程），技术（硬件、软件、设计环境和涉及应用程序的环境）和组织（立法、管理、实施和教师改进）。

杂志网址：https：//link.springer.com/journal/10956。

研究与思考

请查阅以下国际教育信息化期刊，了解杂志情况：

1. Educational Technology & Society

https：//www.j-ets.net/home

2. Australasian Journal of Educational Technology

https：//ajet.org.au/index.php/AJET

3. The Turkish Online Journal of Educational Technology

http：//www.tojet.net/

4. Computer Assisted Language Learning

https：//www.tandfonline.com/loi/ncal20

5. Innovations in Education and Teaching International

https：//www.tandfonline.com/toc/riie20/current

6. Journal of Educational Computing Research

https：//journals.sagepub.com/home/jec

7. International Journal of Technology and Design Education

https：//link.springer.com/journal/10798

8. Canadian Journal of Learning and Technology

https：//ictlogy.net/works/reports/projects.php?idp=1638&lang=es

9. Education and Information Technologies

https：//link.springer.com/journal/10639

10. American Journal of Distance Education

https：//www.tandfonline.com/toc/hajd20/current

步骤三　参加学术会议

1. 学术会议与交流

学术交流主要是指在同一个领域内的学者，针对领域内的有关问题，以相互提问交流的方式提出自己的观点和论述。学术交流形式多样，主要包括线上和线下两种交流途径。线上学术交流即基于互联网的学术交流，包括文字、语音、视频交流，以及依托于平台的综合性的文献交流和论坛交流等。线下学术交流则主要以论坛、会议、座谈、演讲、报告、实验展示等形式进行。

学术会议是学术交流的重要形式之一。第一，参加学术会议可以帮助学者紧跟时代发展，了解领域前沿，拓宽学术视野，从而做出有创新性的学术成果、有价值的学术贡献。第二，参加学术会议可以帮助学者认识志同道合之人，结识领域内的权威学者和青年学者，获得相互沟通交流的机会，同时可以拓展人脉资源。第三，参加学术会议可以使学生跟导师和组内同学进行更多的交流、探讨和合作，有助于推进研究进展，获得学术收获。第四，参加学术会议可以让参会者在汇报、聆听或交流探讨中发现自身不足，从而有机会突破科研盲区和瓶颈，推动研究进程。

参加学术会议的一般流程是：

（1）阅读会议通知。认真阅读通知，提前熟悉和了解会议的主题、时间、地点以及所需的各项材料。

（2）投稿研究成果。一般的学术会议都有研究成果交流与发表，参会者需要投交研究论文。国际学术会议一般会把研究论文分为三类：全篇发表、短篇发表和海报交流三种。要根据会议通知的要求，及时按照时间节点提交会议所需材料。

（3）报名注册。学术会议一般需要提前报名，以方便会务组预定食宿安排。国际会议一般需要提前注册并交费。

（4）报到参会。在指定时间内携带所需证件和材料到指定地点办理相关手续进行报到，并按会议流程和安排参加会议。

（5）结束会议。会议结束后可以与参会人员合影留念，整理好相关材料后安全返程。

参加学术会议时要注意：

（1）会前要按时到官网注册缴费，保留发票。线下会议需提前订好交通票和住宿。下载会议手册，阅读会议指南，明确会议议程，演练汇报内容。确认需要重点关注的和感兴趣的报告内容，可以提前准备问题。

（2）会中要提前到场选择合适的位置，会议期间拍照或录像留存。提问环节尽量争取宝贵提问机会。及时整理消化会议内容，收集问题和意见。

（3）会后要整理和总结会议重点，形成文字资料，促进后续研究开展。

2. 重要的教育信息化会议

教育信息化方面国内外学术会议很多，代表性的有：

（1）美国教育传播和技术协会（AECT）年会

美国教育传播与技术协会（Association for Educational Communications

and Technology，AECT）年会，是由美国教育传播和技术协会于 1952 年开始组织发起的一年一度的国际学术年会，注重通过媒体和技术改进教与学的过程。学术范围包括教学技术、媒体设计与管理、远距离教育等多项内容。现在，AECT 的学术年会已经成为全球教育技术领域的一件盛事。

AECT 网站：https：//www.aect.org/。

（2）国际远程教育大会（ICDE）

国际远程教育大会（International Council for Open and Distance Education，ICDE）是世界远程教育领域最具规模和权威的盛事。会议由国际开放与远程教育协会（ICDE）于 1938 年首次举办，每两年举办一次。ICDE 是联合国认可的并附属于联合国教科文组织的一个非政府组织机构，是世界开放和远程教育领域规模最大且最具影响力的远程教育国际组织。

ICDE 网址：https：//www.icde.org/。

（3）学习科学国际会议（ICLS）

学习科学国际会议（The International Conference of the Learning Sciences，ICLS）1992 在美国伊利诺伊州伊万斯顿（Evanston，IL，USA）召开第一次会议，1996 年开始每两年举行一次，重点关注通过合作学习和在计算机和其他通信技术的帮助下促进富有成效的协作对话的问题。每次会议都包括主题演讲、专题讨论会、研讨会、小组讨论、提交的论文、海报和演示，内容涉及对 CSCL 社区重要问题的研究成果。

国际学习科学学会网址：https：//www.isls.org/。

（4）未来教育技术大会（FETC）

未来教育技术大会（Future of Education Technology Conference，FETC）是一年一度的教育技术盛会。该会议主要讨论如何利用技术手段解决各种教育问题，并展示全球最新最先进的教育科技产品，是一个集展览会、学术会议和相关培训为一体的综合性大型教育科技大会。

未来教育技术大会网站：https：//www.fetc.org/。

（5）全球华人计算机教育应用大会（GCCCE）

全球华人计算机教育应用大会（Global Chinese Conference of Computer in Education，GCCCE）是全球华人计算机教育应用学会主办的国际学术会议，是世界计算机教育应用协会亚太分会创办的一个国际会议系列。首届大会于 1997 年在华南师范大学成功举办，目前已成为颇有影响的国际会议系列之一，为全球华人教育应用研究与工作者提供了一个可共同切磋与探讨信息科技最新研究与发展的良机。

(6) 教育技术国际论坛（IFET）

教育技术国际论坛（International Forum on Educational Technology，IFET）是教育部高等学校教育技术学专业教学指导委员会主办的国际性学术会议，是海内外教育技术学专家学者学术研讨、实践切磋、思想碰撞、信息共享的一个重要平台。

(7) 国际计算机教育应用大会（ICCE）

国际计算机教育应用大会（International Conference on Computers in Education，ICCE）于1992年最早在我国台湾地区举办，每年举办一次，后逐步发展成为世界级的计算机教育应用学术会议，也是该领域最高水准的学术会议。该会议有来自世界各国的研究者和专家参与，针对计算机应用方面的热点问题进行探讨。

国际计算机教育应用大会网址：http://www.icce.org/。

(8) 计算机辅助教育大会（CBE）

计算机辅助教育大会（Computer Based Education Conference，CBE）是全国计算机辅助教育学会（Association of China Computer Based Education，CBE）的年会。1985年全国第一届计算机辅助教育大会学术交流会在上海华东师范大学召开，1987年在第二届CBE学术年会上，成立了全国计算机辅助教育学会，目前CBE学会已经覆盖大学、中小学和有关教育研究等机构。

(9) 技术促进教育变革国际会议（EITT）

技术促进教育变革（International Conference on Educational Innovation through Technology，EITT）国际会议于2012年由清华大学教育研究院教育技术研究所创办，由国际华人教育技术学会（SICET）主办，每年由世界各地的学术机构轮流承办。

(10) 信息技术与教学促进大会（ITET）

信息技术与教学促进大会（The Conference on Information Technology & Enhanced Teaching，ITET）是江苏省高等学校教育信息化研究会自2019年起创立召开的学术会议，旨在研究信息技术，服务教学改革；运用信息技术，提升教学质量；推广信息技术，促进教育发展。大会抓住技术和教学两个基本点，围绕提升教学质量，促进师生发展这一个中心，共同打造新时代的创新教育、智能教育和未来教育。

研究与思考

1. 请查阅了解相关学术会议的召开情况，分析其会议主题及报告情况。
2. 查询以下数据库，了解教育信息化期刊的文章发表情况。

① 国家新闻出版署期刊查询：https://www.nppa.gov.cn/bsfw/cyjghcpcx/qkan/index.html

② 中国知网期刊导航：http://cnki.kmlib.yn.cn/kns55/oldNavi/n_Navi.aspx?NaviID=108

③ 万方中国学术期刊数据库：https://c.wanfangdata.com.cn/periodical?class_code=G_G4

④ 万维书刊网：http://www.eshukan.com/dplist.aspx

⑤ 维普网：http://www.cqvip.com/qikan/

研究阅读

[1] 中华人民共和国国家标准——信息与文献 参考文献著录规则，https://lib.tsinghua.edu.cn/wj/GBT7714-2015.pdf

[2] 杨宗凯，吴砥，郑旭东. 教育信息化2.0：新时代信息技术变革教育的关键历史跃迁[J]. 教育研究，2018，39(4)：16-22.

[3] 林书兵，张倩苇. 我国信息化教学模式的20年研究述评：借鉴、变革与创新[J]. 中国电化教育，2015(9)：103-110+117.

[4] 林晓凡，胡钦太，周玮，等. 信息化何以促进义务教育优质均衡发展——纵向追踪数据下基于广东省的大样本实证研究[J]. 电化教育研究，2022，43(7)：41-47.

[5] 梁媛，张雷，聂国东. 高等教育信息化政策执行是否促进了高等教育"提质增效"——基于双重差分法的实证研究[J]. 现代教育管理，2024(2)：115-128.

[6] 张立国，刘晓琳. 基础教育学校信息化教学创新水平测评——基于典型案例的实证分析[J]. 电化教育研究，2019，40(11)：28-33+55.

[7] 陈新亚，李艳. 近20年来我国教育技术研究的热点与前沿——基于7种CSSCI期刊的文献计量分析[J]. 现代教育技术，2020，30(12)：12-19.

[8] 孙丹，李艳，陈娟娟. 国际教育技术研究的热点与前沿——基于五本SSCI期刊(2000—2019年)的文献计量分析[J]. 现代远程教育研究，2020，32(4)：74-85.

[9] 刘雍潜，王珠珠. 教育技术学科研究现状与发展的调查报告(上)[J]. 中国电化教育，2001(1)：5-9.

[10] 刘雍潜，王珠珠. 教育技术学科研究现状与发展的调查报告(下)[J]. 中国电

化教育, 2001 (2): 16-20.

[11] 郭日发, 周潜. 我国职业教育信息化回顾与展望: 阶段、特征和路径 [J]. 电化教育研究, 2024, 45 (3): 46-53.

[12] 兰国帅, 蔡帆帆. 教育学学术论文投稿与发表 [M]. 北京: 科学出版社, 2024.

[13] 兰国帅. 教育学学术论文写作 [M]. 北京: 科学出版社, 2024.

[14] 蔡基刚. 国际SCI期刊论文写作与发表 [M]. 上海: 复旦大学出版社, 2020.

[15] 周传虎. 学术论文写作与发表指南 [M]. 北京: 中国人民大学出版社, 2019.

[16] 张一春, 汤玲, 马春兰. 人工智能助推教师发展的路径与对策研究 [J]. 电化教育研究, 2023, 44 (10): 104-111.

[17] 金玉, 汤玲, 王瑞喆, 张一春. 国家中小学智慧教育平台省域推进的路径与对策研究 [J]. 中国电化教育, 2022 (9): 30-37.

[18] 张一春, 钟秋菊, 任屹远. 高校教学信息化创新发展的核心内容与实践进路——基于教育数字化转型的TASH视角 [J]. 电化教育研究, 2024, 45 (2): 71-76+83.

[19] 张一春. 挑战传统教学 引领教学创新——谈微课的内涵意义与建设应用 [J]. 江苏教育, 2015 (40): 9-12.

[20] 钟秋菊, 张一春, 兰国帅. 国际学前教师队伍建设: 样态透视与经验启示——基于OECD《建设高素质幼儿教育和保育队伍报告》的解读 [J]. 现代教育管理, 2022 (1): 75-82.

活动实践

1. 为什么要进行研究成果的总结? 有哪些形式?
2. 调查报告与学位论文写作有何不同?
3. 研究论文一般有哪些结构? 论文撰写要注意哪些地方?
4. 教育信息化方面有哪些重要的期刊与会议?
5. 将自己的研究成果撰写成论文, 并寻找合适的期刊进行投稿。

参考文献

[1][美]黛安·荷克丝（Diane Heacox）.差异教学：帮助每个学生获得成功[M].北京：中国轻工业出版社，2004.

[2][美]罗伯特·F.德威利斯（Robert F. DeVellis）.量表编制[M].席仲恩，杜珏，译.重庆：重庆大学出版社，2016.

[3][美]诺曼·布拉德伯恩（Norman Bradburm），[美]希摩·萨德曼（Seymour Sudman），[美]布莱恩·万辛克（Brian Wansink）.问卷设计手册[M].赵锋，沈崇麟，译.重庆：重庆大学出版社，2010.

[4][美]维尔斯曼（Wiersma, W.）.教育研究方法导论[M].袁振国，主译.北京：教育科学出版社，1997.

[5][美]爱因斯坦，[波]英费尔德.物理学的进化[M].上海：上海科学技术出版社，1962.

[6]蔡会娟.基于AHP和BP神经网络的高校研究生综合素质评价研究[D].河南师范大学，2015.

[7]曹禹.浅析我国图书馆文献管理的演变历程及发展趋势[J].吉林化工学院学报，2012，29（10）：113-115.

[8]李婷.多媒体技术在小学数学课堂教学中的应用研究[D].华中师范大学，2023.

[9]昌明.指向教学改进的课堂观察[J].上海教育科研，2017（12）：52-55.

[10]常磊，尚秀芬.我国学校教学质量评价的现状及应对策略[J].教育理论与实践，2016，36（26）：18-20.

[11]陈国庆，王有兰.教育科研课题的选择与确立[J].江西教育科研，2003（8）：25-27.

[12]陈红普，姚媛媛.基于设计的博客辅助学习平台构建研究[J].中国远程教育，2014（2）：82-86.

[13]陈时强，胡兴昌.实验研究设计中变量的分析与控制[J].教育与教学研究，2009，23（3）：119-121.

[14]陈向明.教育研究方法[M].北京：教育科学出版社，2013.

[15] 陈向明. 什么是"行动研究"[J]. 教育研究与实验, 1999 (2): 60-67+73.

[16] 陈向明. 质的研究方法与社会科学研究 [M]. 北京: 教育科学出版社, 2000.

[17] 陈晓慧, 阿不都卡德尔·艾买尔. CSCL 定义的演变和国际 CSCL 会议的主题变革 [J]. 中国电化教育, 2009 (5): 21-24.

[18] 陈秀娟, 汪小勇. 对弗兰德斯互动分析系统应用的探讨——以同课异构为例 [J]. 电化教育研究, 2014, 35 (11): 83-88.

[19] 程桂芳, 王凤蕊. 基于设计的网络协作学习个案研究 [J]. 中国电化教育, 2010 (10): 67-70.

[20] 程云, 刘清堂, 王锋, 等. 基于视频的改进型 S-T 分析法的应用研究 [J]. 电化教育研究, 2016, 37 (6): 90-96.

[21] 仇立. 论六西格玛理论对职业院校信息化教学质量管理的启示 [J]. 中国职业技术教育, 2016 (2): 37-40+53.

[22] 崔艳华, 屈璟峰. 原型—模型翻译理论与晋商文化外译 [M]. 郑州: 河南大学出版社, 2014.

[23] 戴起勋, 赵玉涛, 等. 材料科学研究方法 [M]. 2 版. 北京: 国防工业出版社, 2008.

[24] 单迎杰. 以 S-T 分析法分析教育技术专业课课堂教学问题 [J]. 现代教育技术, 2008 (10): 29-31.

[25] 风笑天. 现代社会调查方法 [M]. 武汉: 华中科技大学出版社, 2009.

[26] 封旭红. 建立研究生学位论文的保证体系提高学位论文质量 [J]. 中国轻工教育, 2008 (3): 38-40.

[27] 冯狄. 质性研究数据分析工具 NVivo 12 实用教程 [M]. 北京: 人民邮电出版社, 2020.

[28] 顾小清, 王炜. 支持教师专业发展的课堂分析技术新探索 [J]. 中国电化教育, 2004 (7): 18-21.

[29] 郭凯, 胡碧颖, 陈月文. 幼儿体力活动水平: 基于幼儿身体活动观察记录系统的评估 [J]. 学前教育研究, 2022 (1): 34-45.

[30] 郭星华, 谭国清. 问卷调查技术与实例 [M]. 北京: 中国人民大学出版社, 1997.

[31] 郭友. 教师教学技能 [M]. 北京: 首都师范大学出版社, 1993.

[32] 何玲. 宾夕法尼亚大学学生的电子档案袋 [J]. 网络科技时代, 2006 (4): 52-54.

[33] 胡健颖, 孙山泽. 抽样调查的理论、方法和应用 [M]. 北京: 北京大学出版社, 2000.

[34] 胡金艳, 蒋纪平, 陈羽洁, 等. 知识建构社区中观点改进的机理研究: 知识进

化的视角[J]. 电化教育研究, 2021, 42 (5): 47-54.

[35] 胡文华, 陈枝清, 张艺缤. 教育信息检索与利用[M]. 北京: 国家图书馆出版社, 2011.

[36] 黄荣怀, 王欢欢, 张慕华, 等. 面向智能时代的教育社会实验研究[J]. 电化教育研究, 2020, 41 (10): 5-14.

[37] 黄盛, 廖利萍. 大学英语分级教学中实施语音"翻转课堂"的实验研究[J]. 外语教育研究前沿, 2021, 4 (1): 33-40+88.

[38] 江毅, 王炜, 康苗苗. 基于行为序列分析的师生互动效果研究[J]. 现代远距离教育, 2019 (6): 53-61.

[39] 蒋纪平, 胡金艳, 张义兵. 知识建构学习社区中"观点改进"的发展轨迹研究[J]. 电化教育研究, 2019, 40 (2): 21-29.

[40] 蒋鸣和. 信息技术与课程整合讲座(五)课堂教学研究的录像分析方法[J]. 现代教学, 2004 (10): 4-8.

[41] 焦建利. 奥兰多现场聆听Ken Robinson演讲[J]. 中国信息技术教育, 2018 (5): 26-27.

[42] 金勇进. 抽样调查[M]. 北京: 高等教育出版社, 2015.

[43] 康苗苗. 交互行为分析软件GSEQ在课堂观察中的应用——以小学科学课为例[J]. 中小学信息技术教育, 2020 (Z1): 116-119.

[44] 黎加厚. e-Education: 电化教育的新定义——关于《电化教育研究》杂志英文译名更新的建议[J]. 电化教育研究, 2000 (1): 3-6.

[45] 李克东. 教育传播科学研究方法[M]. 北京: 高等教育出版社, 1994.

[46] 李克东. 教育技术学研究方法[M]. 北京: 北京师范大学出版社, 2003.

[47] 李灵. 行动研究在学前教育中的应用概述[J]. 教育科学, 2002 (2): 58-60.

[48] 李晓静, 刘祎宁, 冯紫薇. 我国青少年数字素养教育的现状问题与提升路径——基于东中西部中学生深度访谈的NVivo分析[J]. 中国电化教育, 2023 (4): 32-41.

[49] 李亚红. 量表编制理论与应用[M]. 武汉: 湖北人民出版社, 2013.

[50] 刘广平, 甄亚, 陈立文. 大学生听课效率影响因素与对策研究——基于解释结构模型的研究方法[J]. 集美大学学报(教育科学版), 2019, 20 (3): 56-62.

[51] 刘世清, 李智晔. 中国CBE向数字化迈进——全国第十届CBE年会综述[J]. 中国电化教育, 2001 (10): 12-13.

[52] 刘小兵. 用技术支持教学反思——应用S-T编码分析工具进行课堂观察[J]. 信息技术教育, 2004 (10): 21-22+1.

[53] 刘新福. PSIC子空间协作模型与协作学习支持环境的实现技术研究[D]. 华东

师范大学，2003.

[54] 刘颖. 基于设计的研究在《现代教育技术》实验课中的运用 [J]. 现代教育技术，2011, 21 (8)：55-59.

[55] 卢锋, 马荣炜. 基于 SPOC 的"电视作品编导与制作"翻转课堂实验教学行动研究 [J]. 中国电化教育，2018 (4)：111-118.

[56] 卢小广. 社会调查研究实务教程 [M]. 北京：人民邮电出版社，2016.

[57] 麦宏元，陆春桃. 应用数学 [M]. 北京：北京理工大学出版社，2019.

[58] 南国农，李运林. 电化教育学 [M]. 北京：高等教育出版社，1998.

[59] 南国农. 从视听教育到信息化教育——我国电化教育 25 年 [J]. 中国电化教育，2003 (9)：22-25.

[60] 南国农. 谈谈电化教育的几个理论和实际问题 [J]. 电化教育研究，1981 (2)：11-15.

[61] 南国农. 信息化教育概论 [M]. 北京：高等教育出版社，2004.

[62] 倪幸佳. 打开课堂"暗箱"：基于课堂观察数据的教研改进 [J]. 中小学管理，2022 (8)：26-29.

[63] 裴娣娜. 教育研究方法导论 [M]. 合肥：安徽教育出版社，1995：183-189.

[64] 彭张林，张爱萍，王素凤，等. 综合评价指标体系的设计原则与构建流程 [J]. 科研管理，2017, 38 (S1)：209-215.

[65] 皮连生. 教学设计——心理学的理论与技术 [M]. 北京：高等教育出版社，2004.

[66] 乔小燕. 统计软件 SPSS 在"统计学"教学中的应用研究——以因子分析为例 [J]. 教育教学论坛，2023 (21)：37-40.

[67] 邱皓政. 量化研究与统计分析——SPSS 中文视窗版数据分析范例解析 [M]. 重庆：重庆大学出版社，2009.

[68] 任友群. 现代教育技术的建构主义应用 [D]. 华东师范大学，2003.

[69] 阮晓蕾，詹全旺. 混合式学习视域下的大学英语"线上+线下"课程建构行动研究 [J]. 外语电化教学，2021 (5)：101-106+15.

[70] 萨丽·托马斯，彭文蓉. 运用"增值"评量指标评估学校表现 [J]. 教育研究，2005 (9)：20-27.

[71] 沈雪莱. 概念图在知识管理中的应用研究 [D]. 华东师范大学，2006.

[72] 沈阳，王兆雪，潘俊君，等. 虚拟现实学习环境下力反馈交互促进技能习得的实验研究 [J]. 电化教育研究，2021, 42 (9)：76-83.

[73] 施宁华. 论图书馆的文献管理与知识管理 [J]. 大学图书情报学刊，2006 (6)：28-30+9.

[74] 时丽莉."弗兰德互动分析系统"在课堂教学中的应用[J].首都师范大学学报（社会科学版），2004（S2）：163-165.

[75] 宋建清.设计研究视角下外语课程的快速设计方法模型[J].现代教育技术，2013，23（4）：81-85.

[76] 佟德.提出研究假设的方法[J].教育科学研究，2006（8）：59-60.

[77] 汪诚义.模糊数学引论[M].北京：北京工业大学出版社，1988.

[78] 王改花，傅钢善.网络环境下学习者特征模型的构建及量表的研制[J].远程教育杂志，2018，36（3）：64-74.

[79] 王晖，陈丽，陈垦，薛漫清，梁庆.多指标综合评价方法及权重系数的选择[J].广东药学院学报，2007（5）：583-589.

[80] 王君泽.网络舆情应对的关键技术研究[M].武汉：华中科技大学出版社，2017.

[81] 王文静.基于设计的研究：教育研究范式的创新[J].教育理论与实践，2010，30（22）：3-6.

[82] 卫建国，汤秋丽.新时代高校教师教学评价改革与创新论析[J].黑龙江高教研究，2023，41（2）：33-37.

[83] 魏宁.信息技术支持的教学分析方法——S-T篇[J].信息技术教育，2006（1）：55-57.

[84] 魏雪峰，杨帆，石轩，等.协作思维导图策略促进小学生习作的行动研究[J].现代教育技术，2020，30（6）：47-54.

[85] 乌美娜.教学设计[M].北京：高等教育出版社，1994.

[86] 吴明隆.问卷统计分析实务——SPSS操作与应用[M].重庆：重庆大学出版社，2010.

[87] 徐华洋.图书馆绩效评估[M].北京：中国建材工业出版社，2016.

[88] 徐万山.课题开题报告的格式与撰写[J].河南教育（基教版），2015（4）：37-38.

[89] 徐鳃.英语教师教育的有效途径——学习档案袋的运用[J].哈尔滨职业技术学院学报，2007（3）：54-56.

[90] 闫寒冰.信息化教学评价——量规实用工具[M].北京：教育科学出版社，2003.

[91] 严莉，杨宗凯，刘三（女牙），等.《现代教育技术》实验教学中的学习活动设计研究[J].中国电化教育，2010（3）：89-92.

[92] 杨良斌.信息分析方法与实践[M].长春：东北师范大学出版社，2017.

[93] 杨洋，吴志华.高职院校实训课程效能评估指标的构建[J].中国高等教育评

估，2011（1）：4.

[94] 叶澜. 教育研究及其方法 [M]. 北京：中国科学技术出版社，1990.

[95] 殷旭彪，陈琳，李凡，等. 基于设计的数字化学习环境有效性研究 [J]. 中国电化教育，2012（1）：43-49.

[96] 尹俊华. 教育技术学导论 [M]. 北京：高等教育出版社，2002.

[97] 于宁，庞海燕. 科学搜索引擎与学术搜索工具——Scirus 与 Google Scholar 比较研究 [J]. 现代情报，2009，29（6）：159-160+166.

[98] 袁灿，鲍健强，许为民. 科学技术研究方法论 [M]. 杭州：浙江大学出版社，1993.

[99] 张恩铭，盛群力. 培育学习者的数字素养——联合国教科文组织《全球数字素养框架》及其评估建议报告的解读与启示 [J]. 开放教育研究，2019，25（6）：58-65.

[100] 张海. 弗兰德斯互动分析系统的方法与特点 [J]. 当代教育与文化，2014，6（2）：68-73.

[101] 张丽华，王娟，苏源德. 撰写文献综述的技巧与方法 [J]. 学位与研究生教育，2004（1）：45-47.

[102] 张培欣. 翻译教学中的汉译英笔译能力测试分项评分量表研究 [M]. 厦门：厦门大学出版社，2017.

[103] 张鹏君. 信息技术时代智慧课堂的实践逻辑与建构 [J]. 苏州大学学报（教育科学版），2020，8（1）：18-24.

[104] 张艳莉，李艳霞. 模型化方法浅析 [J]. 山东省农业管理干部学院学报，2007（4）：166-167+173.

[105] 张一春. 教师教育技术能力建构——信息化环境下的教师专业发展 [M]. 南京：南京师范大学出版社，2007.

[106] 张一春. 教育技术研究 [M]. 福州：福建教育出版社，2022.

[107] 张一春. 教育技术及学术发展史 [M]. 福州：福建教育出版社，2021.

[108] 张一春. 教育技术研究方法 [M]. 南京：南京师范大学出版社，2008.

[109] 张一春. 教育技术研究方法 [M]. 2 版. 南京：南京师范大学出版社，2015.

[110] 张一春. 信息化教学技术与方法 [M]. 北京：高等教育出版社，2013.

[111] 张一春. 让生本课堂插上信息化翅膀 [J]. 江苏教育，2017（59）：13-16.

[112] 张一春. 现代教育技术实用教程 [M]. 南京：南京师范大学出版社，2005.

[113] 赵冰漫. 基于云平台的中英文分类学术搜索引擎研究与实现 [D]. 长安大学，2019.

[114] 赵俊峰，李志凯. 论心理学中量与质的研究 [J]. 信阳师范学院学报（哲学社会科学版），2006（2）：19-21+76.

[115] 赵丽. 小学生媒介素养培养策略研究 [D]. 南京师范大学，2007.

[116] 赵联斌, 刘治. 原型—模型翻译理论 [M]. 北京：国防工业出版社, 2009.

[117] 郑兰琴. 利用技术有效促进学习——第十四届国际计算机教育应用大会 (ICCE2006) 综述 [J]. 中国电化教育, 2007 (3)：97-99.

[118] 钟正, 陈卫东, 周东波, 张月, 薛飞跃, 葛婉茹. 基于全景视频的空间认知效果实验研究 [J]. 电化教育研究, 2018, 39 (12)：78-84+101.

[119] 钟志贤. 信息化教学模式——理论建构与实践例说 [M]. 北京：教育科学出版社, 2005.

[120] 周彩霞, 宋继华. 教育技术学专业研究生学位论文元分析 [J]. 现代教育技术, 2005 (6)：69-72.

[121] 周平, 杨启良, 蒲先祥. 高职院校项目化课程的信息化教学现状与需求分析——基于西南地区部分高职院校的调查 [J]. 职教论坛, 2019 (5)：72-77.

[122] 朱学庆. 概念图的知识及其研究综述 [J]. 上海教育科研, 2002 (10)：31-34.